第**4**版

判断推理・資料解釈

Logical inferences & Handling data

TAC出版編集部編

問題集

JN007942

TAC出版

TAC PUBLISHING Group

はじめに

　公務員試験が難しいとされる理由のひとつに，「高い教養と優れた人間性の両方が求められる」ということが挙げられます。また，地方初級・国家一般職(高卒者)試験では，1次試験で課される教養試験の合格者のみが面接を中心とした2次試験に進むことができるとされています。つまり，高い志を持って公務員を目指しても，教養試験をクリアすることができなければ，その職に対する熱い思いや憧れ，自分自身の考えを相手に伝えることができません。厳しいことをいうようですが，公務員試験における1次試験は「ゴール」ではなく「スタート」にすぎないのです。だからこそ，何としてもここを突破して，自ら道を切り開いていかなければなりません。

　そのためには，効率よくかつ着実に勉強を進めていく必要があります。「なるべく楽に」と考えるのは人間の性ですが，日々努力を続け，一歩ずつ歩を進めた方が確実に合格に近づくことができます。その方法ですが，基礎を学んだ後，問題に数多くあたり応用力を身につけることがよいでしょう。

　公務員試験は出題内容に一定の偏りがあり，そこを重点的に勉強するのはセオリーではあります。しかし，まったく同じ問題が出題されるわけではありません。類似した問題を多く解くことで応用力を培い，同一分野の問題を落とさないようにすることができれば，1次試験合格は決して難しいことではありません。

　本シリーズは，地方初級・国家一般職(高卒者)試験用の科目別問題集です。基礎的な問題から少し難易度の高い問題まで取りそろえました。似たような問題であっても，重要だと思われるものは，繰り返し学習できるように掲載してあります。最初はまったく解くことができない問題もあるかもしれません。ですが，それでいいのです。学習を進めていって，最終的に解くことができるようになれば，合格はもう目の前です。

　「千里の道も一歩から」

　これこそが，目標達成のための極意といえるでしょう。

　この本を手にした皆さんが，念願の職に就けることを心から願っております。

2024年1月　ＴＡＣ出版編集部

本シリーズの特長

① 科目別の6分冊

　地方初級・国家一般職(高卒者)の教養試験で問われる学習範囲を，分野ごとに編集し，「数学・数的推理」「判断推理・資料解釈」「国語・文章理解」「社会科学」「人文科学」「自然科学」の6冊にまとめました。

※国家公務員試験は，平成24年度から新試験制度により実施されています。新試験制度では，「数的推理」は「数的処理」に，「判断推理」「空間把握」は「課題処理」に，それぞれ名称が変更されています。しかしながら，これはあくまで名称上の変更にすぎず(名称は変更となっていますが，試験内容には変更はありません)，本シリーズでは受験生の方が理解しやすいように，これまでどおりの科目名で取り扱っています。

② 本試験レベルに近い問題構成

　本シリーズは，本試験で出題されるレベルの問題を中心に，比較的平易な問題からやや応用的な問題までをバランスよく掲載しています。これらの問題を繰り返し学習することで，本試験へ向けた問題演習をしっかりと行うことができます。

③ 解答・解説は別冊構成

　学習の便を考慮し，解答・解説が取りはずせる別冊構成となっていますので，よりスムーズに問題と解答を確認することができます。

④ 基本事項の確認のために

　問題演習を進める中で，わからない事項が出てきた際には，本書のシリーズ『地方初級・国家一般職(高卒者)テキスト』(全6冊)をお使いいただくことによって，基本事項の整理やより深い学習を進めていただくことができます。

●またTAC出版では，国家一般職(高卒者)試験の対策として，以下の書籍を刊行しております。本シリーズとあわせてご活用いただければ，より合格が確実なものとなることでしょう。

『ポイントマスター』(全6冊)

　～本試験問題も含め，もっと多くの問題を解いて学習を進めたい方に

『適性試験のトレーニング』

　～適性試験対策にも力を入れたいという方に

判断推理の出題状況

■**国家一般職（高卒者）**
　例年 7 題出題で，うち 2 題は空間把握。集合と論理，対応関係，位置関係，順位関係が頻出。最近は時間や手順の問題も出題されている。空間把握は平面系 1 題，立体系 1 題が多く，軌跡，折り紙の切り取り，正多面体の展開図，立体の切り口，立体構成など。

■**地方初級**

全 国 型	例年 6 ～ 8 題程度出題，うち 3 ～ 4 題が空間把握。基本的には国会一般職（高卒者）の出題傾向と同じく，論理，対応関係，位置関係，順位関係，平面，展開図，立体構成等が頻出。
東京23区	例年 9 題前後出題。基本的には国会一般職（高卒者）の出題傾向と同じだが，他試験種に比べ暗号問題の出題率が高い。

＜対策について＞

　頻出問題の基礎的解法を確実にマスターする。例えば，集合と論理なら記号化と対偶。対応関係は文章で与えられた条件を表にする。位置や順位は図式化など，基本を頭に入れたうえで様々なバリエーションの問題を自分なりに工夫しながら解くことで，実力を身につけていく。

　空間把握は，最初なかなかイメージをつかめない場合も多いので，実際に紙などを使って立体を作成し，展開したり切断したりすることで問題に慣れていく，というような方法も一考である。図形全般を平面上で表現する様々な方法を，演習を通して学習することが大切である。

　いずれの場合も，クイズやパズル感覚で楽しみながら学習することである。

資料解釈の出題状況

■**国家一般職（高卒者）**
　例年 2 題出題。表の問題が 1 題，グラフの問題が 1 題である。

■**地方初級**

全 国 型	例年 2 題出題。表の問題が 1 題，グラフの問題が 1 題である。
東京23区	例年 4 題出題。表の問題が 1 題，グラフの問題が 1 題で，少々複雑なグラフも見受けられる。

＜対策について＞

　資料の構造，数字の全体における意味，比較する際の基準点，グラフが何を示しているのかなど，直感力と概略的な計算能力が必要である。

　選択肢の文章から求めるべき数値を読み取り，短時間で正確に計算する力が求められる。日頃から新聞，ニュース等で用いられる表やグラフを見ることで，統計資料を読む訓練をしておくとよい。また，様々な形態の問題を解いていくことが肝要である。

「判断推理・資料解釈」　目次

第1編

判断推理

第1章 命題・論理

No.1 （解答 ▶ P.1）

「人間は労働し，レジャーを楽しむ。」という命題が成立するとき，次の記述の中で正しいのはどれか。

① 人間でないものは労働をしないし，レジャーも楽しまない。

② 労働し，レジャーを楽しむのは人間である。

③ 人間の中で労働しないものは，レジャーも楽しまない。

④ 労働しないかレジャーを楽しまないものは人間ではない。

⑤ 労働とレジャーは切り離せない。

No.2 （解答 ▶ P.1）

「弱い犬はほえる」

「しっぽが短い犬はほえない」

「強い犬は目が褐色である」

以上の3つのことがわかっているとき，確実にいえるのは次の中のどれか。

① 強い犬はほえない。

② 目の褐色でない犬はしっぽが長い。

③ しっぽの短い犬は弱い。

④ ほえない犬は強くて，目が褐色でない。

⑤ 弱い犬はしっぽが短い。

No.3 （解答 ▶ P.1）

ある雑誌に，次のようなことが書かれていた。

「日本酒のうまさが分かる人は，焼酎のうまさも分かる。焼酎のうまさが分からない人に，ウイスキーのうまさは分からない。ワインのうまさが分からない人は，焼酎のうまさは分からない。」

この文章から確実にいえることは，次のうちどれか。

① 焼酎のうまさが分かる人は，日本酒のうまさも分かる。

② ワインのうまさが分かる人は，日本酒のうまさも分かる。

③ ウイスキーのうまさが分かる人は，日本酒のうまさも分かる。

④ ワインのうまさが分からない人は，焼酎のうまさが分かる。

⑤ ウイスキーのうまさが分かる人は，ワインのうまさが分かる。

No.4

（解答 ▶ P.1）

A～Cの3人の意見は次の通りであった。

A：「協調性のある人は温厚である。」

B：「宣伝広報に才能のある人は協調性がある。」

C：「協調性のある人は明朗である。」

以上の発言が正しいとすれば，次の中で正しい結論はどれか。

① 温厚な人は宣伝広報に才能がある。

② 協調性のない人は明朗でない。

③ 宣伝広報の才能がある人は温厚でない。

④ 温厚でない人は宣伝広報の才能がない。

⑤ 温厚な人は明るい。

No.5

（解答 ▶ P.2）

次の推論のうち正しいものはどれか。

① 食事中の人はテレビを見ていない。

　　テレビを見ている人は新聞を読んでいない。

　　ゆえに，食事中の人は新聞を読んでいない。

② 野球をする人はテニスをしない。

　　テニスをする人はサッカーをしない。

　　ゆえに，野球をする人はサッカーをする。

③ 自然を愛する人は動物が好きである。

　　自然を愛さない人は，山に登らない。

　　ゆえに，山に登る人は動物が好きである。

④ 美しい花には香りがない。

　　香りのある花にはトゲがある。

　　ゆえに，美しい花にはトゲがない。

⑤ すべての高級品は値段が高い。

　　この時計は値段が高い。

　　ゆえに，この時計は高級品である。

ある病院の入院患者に病気に関わる意識調査をしたところ，以下の結果が得られた。

通院が好きな人は，薬が嫌いである。

検査が嫌いな人は，薬が好きである。

検査が好きな人は，問診が嫌いである。

これらのことから，確実にいえることは以下のどれか。

①　薬が好きな人は，問診が好きである。

②　通院が好きな人は，問診が好きである。

③　検査が好きな人は，通院が好きである。

④　薬が好きな人は，検査が嫌いである。

⑤　問診が好きな人は，通院が嫌いである。

● Aは赤色が好きである。

● Bは黄色が好きである。

● Cは黒色が好きである。

● 赤色の嫌いな人は情熱家でない。

● 黄色の好きな人は黒色を嫌いである。

このことから正しくいえるのは次のうちどれか。

①　Aは情熱家である。

②　Bは黒色が好きである。

③　Cは黄色が好きである。

④　黒色の好きな人はBではない。

⑤　黄色の好きな人はBである。

No.8

(解答▶P.3)

A～Eの5人のドアの開閉を調べたところ，アからウのことがわかった。このとき，確実にいえるのは次のうちどれか。

ア　Aがオープンしている時はBもオープンしている。

イ　Cがオープンしている時はAもオープンしている。

ウ　Cがクローズしているか，またはDがクローズしている時はEもクローズしている。

① Cがオープンしている時はEもオープンしている。

② Aがクローズしている時はBもクローズしている。

③ Bがオープンしている時はDもオープンしている。

④ Eがオープンしている時はBもオープンしている。

⑤ Dがオープンしている時はEもオープンしている。

No.9

(解答▶P.3)

「A君は旅行好きである」という結論が導かれるのは次のうちどれか。

① A君は活発である。活発でない人は旅行好きでない。

② A君は内向的でない。旅行好きな人は内向的でない。

③ A君は活発ではない。旅行好きな人は活発ではない。

④ A君は活発である。旅行好きな人は活発である。

⑤ A君は内向的でない。旅行好きでない人は内向的である。

No.10

(解答▶P.3)

A町に住んでいる人は，全員が必ず朝食に米を食べるか，パンを食べている。この条件に以下の条件が加わったとき，論理的に正しいものはどれか。ただし，条件および選択肢の「人」とは，A町の人のことを指している。

●朝食に米を食べている人は，骨が強い。

●たばこを吸う人は，骨が強くない。

●やせている人は，朝食にパンを食べている。

●食欲があまりない人は，たばこを吸わない。

① たばこを吸う人は，朝食にパンを食べる。

② 食欲がある人は，やせていない。

③ 朝食にパンを食べる人は，骨が強くない。

④ やせている人は，骨が強い。

⑤ 朝食に米を食べる人は，食欲がある。

ある学者が，「ビルが倒壊する原因はいろいろあるが，震度7以上の地震がくるとこのビルは必ず倒壊する。」と言った。その数日後，実際に地震が起き，学者の言ったことが事実だとすると，次のA～Dの事実と判断のうち，論理的に正しいものをすべてあげているものはどれか。

事　　　実	判　　　断
A　震度7以上の地震	ビルは倒壊している
B　ビルが倒壊している	震度7以上の地震
C　震度7未満の地震	ビルは倒壊していない
D　ビルが倒壊していない	震度7未満の地震

①　B・D

②　A・D

③　B・C

④　A・C

⑤　A・B

次の条件が正しいとき，結論として誤っているものを選べ。

ア　AはBに包含される。

イ　CでないものはAでもないし，かつBでもない。

①　AはBかつCである。

②　BはAである。

③　BはCである。

④　BでないものはAでない。

⑤　CでないものはAでない。

Aは天気のよい日は散歩する。天気が悪い日は読書するか，書きものをすることがわかっているとき，次の中で正しくいえるのはどれか。

①　Aは天気の悪い日は散歩しない。

②　Aが読書する日は天気の悪い日である。

③　Aは散歩しない日は読書をする。

④　Aは読書をしないか書きものをしない日は散歩をする。

⑤　Aは読書も書きものもしない日は散歩をする。

No.14

（解答 ▶ P.4）

ドーベルマンは大型で毛は短い。

ドーベルマンは喧嘩が強い。

大型で毛の短い犬は原産地がA地方である。

以上のことがいえるとき，以下の中で正しいのはどれか。

① A地方原産の犬は大型で毛は短い。

② A地方原産の犬は喧嘩が強い。

③ ドーベルマン以外の犬は喧嘩が強くない。

④ 喧嘩の強い犬はドーベルマンである。

⑤ A地方原産でない犬はドーベルマンではない。

No.15

（解答 ▶ P.4）

全員が最低2カ国語を話す日本人の集団がある。当然日本語は全員が話す。また，次のことがわかっている。

ア　英語を話す人はドイツ語はできない。

イ　フランス語を話す人はスペイン語も話す。

ウ　スペイン語を話す人は英語・ドイツ語はできない。

このとき，確実にいえるのはどれか。

① 日本語以外にドイツ語とスペイン語を話す人がいる。

② 日本語以外にスペイン語と英語を話す人がいる。

③ 日本語以外にドイツ語とフランス語を話す人がいる。

④ 日本語以外に3カ国語を話す人はいない。

⑤ 日本語以外にフランス語と英語を話す人がいる。

No.16

（解答 ▶ P.4）

あるクラスで家庭で購読している新聞について調査したところ，次のことがわかった。

ア　A紙を読んでいる家庭ではB，C紙は読んでいない。

イ　A紙を読んでいないか，B紙を読んでいない家庭ではC紙を読んでいる。

このことから確実にいえるのは次のどれか。

① A紙を読んでいる家庭はC紙を読んでいる。

② B，C紙を読んでいる家庭はA紙を読んでいない。

③ C紙を読んでいる家庭はA紙もB紙も読んでいない。

④ C紙を読んでいない家庭はA紙もB紙も読んでいる。

⑤ A紙もB紙も読んでいる家庭はC紙を読んでいない。

● 自動車がある家は，パソコンがある。

● 乾燥機がある家は，クーラーがある。

● クーラーのない家は，パソコンがない。

● 乾燥機がないか，クーラーがなければ，自動車はない。

以上の条件が正しいとき，次のうちどれが正しくないか。

① パソコンがない家は，自動車はない。

② パソコンのある家は，クーラーがある。

③ 自動車がある家は，乾燥機がある。

④ クーラーのない家は，自動車がない。

⑤ 乾燥機もクーラーもある家は，自動車がある。

ある高校で生徒を志望別にクラス編成したが，収容人員の都合もあり必ずしも完全志望別クラスにはなっていない。

今，Aクラスは全員国立大学かつ理科系志望である。

　Bクラスにも一部国立大学かつ理科系志望がいる。

　Cクラスは，大半が私立大学かつ理科系志望である。

このことから論理的に正しくいえるのは次のうちどれか。

① 国立大学理科系志望の生徒はAクラスにいなければBクラスにいる。

② A，B，Cクラスに文科系志望の生徒はいない。

③ 国立大学理科系志望でBクラスにいないものはAクラスにいる。

④ 国立大学理科系志望はAクラスかBクラスのどちらかにいる。

⑤ 国立大学志望でないかまたは理科系志望でないものはAクラスにはいない。

No.19

（解答 ▶ P.5）

以下のＡ，Ｂ，Ｃの３つの命題から確実にいえることは以下のうちどれか。

Ａ　冬は気温が低く雪が降る時期である。

Ｂ　桜の咲く季節は冬ではない。

Ｃ　気温が低い時期は家の中で過ごす時間が長い。

①　雪が降る時期は桜の咲く季節ではない。

②　家の中で過ごす時間が長いのは雪が降る時期である。

③　冬は家の中で過ごす時間が長い。

④　気温が低い時期は桜の花が咲く季節ではない。

⑤　気温が低い時期は冬である。

No.20

（解答 ▶ P.5）

以下のＡ〜Ｅの５つの命題から確実にいえることは以下のうちどれか。

Ａ　物理が得意な人は，実験好きである。

Ｂ　生物が得意でない人は，飼育観察ができない。

Ｃ　生物が得意な人は，物理が得意ではない。

Ｄ　データ収集ができないか飼育観察ができない人は，研究に興味がない。

Ｅ　飼育観察ができる人は，実験好きではない。

①　データ収集ができる人は，実験が好きではない。

②　飼育観察ができる人は，研究に興味がある。

③　データ収集ができる人は，物理が得意ではない。

④　生物が得意な人は，データ収集ができない。

⑤　研究に興味がある人は，物理が得意ではない。

次のうち成立するのはどれか。

① すべての野球選手は速く走れるか，または速い球を投げる。

　速く走れない野球選手もいる。

　ゆえに，速く走れないが，速い球を投げるのは，野球選手である。

② 野球選手は体力的に優れている。

　芸術家は体力的に優れていない人がいる。

　ゆえに，芸術家は野球選手ではない。

③ 体力的に優れていれば野球選手になれる。

　彼は体力的に優れていない。

　ゆえに，彼は野球選手になれない。

④ 体力的に優れていなくても野球選手になれる。

　体力的に優れていない人にも速く走れる人がいる。

　ゆえに，野球選手になれなくても速く走れる人がいる。

⑤ 速く走れなければ野球選手になれない。

　体力的に優れている人は速く走ることができる。

　ゆえに，体力的に優れていない人は野球選手になれない。

以下の４つの命題から，正しくいえることはどれか。

● A君は，ギターとピアノの演奏ができる。

● ギターの演奏ができない人は，音楽家ではない。

● 手先が器用でない人は，ピアノを演奏できない。

● ピアノの演奏ができて，なおかつ楽譜を読むことができれば，音大に入学できる。

① A君は音大に入学できる。

② A君は音楽家である。

③ A君は手先が器用である。

④ 音大に入学できない人はピアノを弾くことができない。

⑤ ピアノを演奏できる人はギターも演奏できる。

No.23

（解答▶P.7）

次のア，イ，ウの条件がある。

(ア)　AはBには含まれない。

(イ)　CにはBに含まれるものもある。

(ウ)　AはすべてCである。

以上の条件から正しくいえるのは次のどれか。

① 　CはAである。

② 　BでないものはCではない。

③ 　BでないものはAではない。

④ 　AであるCは，Bではない。

⑤ 　BであるCはAである。

No.24

（解答▶P.7）

ア～エのことがいえるとき，理論的に正しく推論されるものは以下のどれか。

ア　チョコレートが好きな人はアイスが好きでない。

イ　キャラメルが好きな人の中にはアイスを好きな人もいる。

ウ　チョコレートが好きな人はすべてキャラメルが好きである。

エ　プリンが好きな人の中にアイスやキャラメルを好きな人もいるが，チョコレート好きはいない。

① 　3種類好きな人はいない。

② 　アイスを好きな人は全てキャラメルが嫌いである。

③ 　キャラメルだけ好きな人はいない。

④ 　チョコレートだけ好きな人はいない。

⑤ 　4種類とも好きな人がいる。

次のア，イ，ウにおいて，ウが**論理的に正しくいえる**ためには，アにどれを当てはめればよいか。

ア ☐

イ A君は数学が得意でない。

ウ ゆえにA君は，物理が得意でない。

① 数学が得意でない者は，物理も得意でない。

② 数学が得意な者のなかには，物理が得意でない者がいる。

③ 数学が得意な者は，物理も得意である。

④ 物理が得意な者のなかには，数学が得意でない者がいる。

⑤ 物理が得意でない者は，数学も得意でない。

第2章 暗号

No.1

（解答 ▶ P.8）

ある暗号によれば福岡は「ＭＦＭＢＫＡＯＢ」であり，猿は「ＯＣＭＩ」である。この暗号で「ＮＦＫＩ ＮＣＯＧ」は次のうちどれか。

① 熊本
② 大分
③ 岡山
④ 山口
⑤ 広島

No.2

（解答 ▶ P.8）

ある暗号によれば「上野に桜咲く」は「51，31，15，75，93，52，99，93，52」で表される。この暗号を使って「沖縄」を表したものは，次のうちのどれか。

① 11，72，95，109
② 11，52，59，910
③ 11，74，59，910
④ 11，62，59，190
⑤ 11，72，95，910

No.3

（解答 ▶ P.9）

「円は日本の通貨」が「41・011・16・25・56・011・55・34・31・12」で表される暗号がある。これを使って「54・32・23・17・42・011・16・15・25・24・56・31・12」を解読したときの答えとして正しいものは，次のうちどれか。

① 54・31・56・32
② 12・011・54・31
③ 22・011・22
④ 54・31・12・21
⑤ 23・52・32

No.4 (解答 ▶ P.9)

「今6時15分」が「12：20，18：10，20：50，13：30，14：25，14：25，19：37，12：30，13：55，17：30，22：00」で表されるとき，「20：50，14：10，22：00，14：45，20：30，14：30，17：10，15：55，13：50，16：50，13：30，16：20」の答えとして，正しいものは次のうちどれか。

① 日本
② アメリカ
③ イギリス
④ フランス
⑤ ドイツ

No.5 (解答 ▶ P.10)

ある暗号では，「弥生」を「ＺＢＺＰＪ」，「師走」を「ＴＩＪＸＢＴＶ」と表す。このとき，「ＴＢＵＴＶＬＪ」で表される暗号ともっとも関係が深いものはどれか。

① 5月
② 6月
③ 7月
④ 8月
⑤ 9月

No.6 (解答 ▶ P.10)

ある暗号でＨＡＮＤは「やあした」ＦＯＫＴは「はちんう」ＳＱＣＺは「りひさむ」で表されるとき，ＵＪＢＹＷＲＬＶＥを表した暗号から2文字抜き出して単語を作った。このとき，作ることができないものは次のうちどれか。

① 柿（かき）
② 茄子（なす）
③ 岩（いわ）
④ 靴（くつ）
⑤ 文（ふみ）

No.7　（解答▶P.10）

ある暗号では「仙台」を「ＡＤＮＥＳＩ」と表し，「広島」を「ＭＩＨＳＯＲＩＨＡ」と表すとき，「熊本」を表しているものは次のうちどれか。

① ＴＯＭＵＭＡＫＯ

② ＴＯＭＯＫＵＭＡ

③ ＭＡＴＯＭＯＵＫ

④ ＴＯＡＭＭＫＵＯ

⑤ ＴＯＭＡＭＵＫＯ

No.8　（解答▶P.10）

ある規則によって作られた次のような暗号がある。

「衣笠雁（イカサガン）」は「長崎」

「亜多議員（アタギイイン）」は「新潟」

「色もＡ（イロもア）」は「青森」を表している。

それでは「根皮2来（ネカワ2コ）」は何を表しているか。

① 福岡市

② 山口市

③ 沖縄県

④ 広島県

⑤ 東京都

No.9　（解答▶P.11）

表は大部分が欠落している暗号解読表である。

「ハニワ」は「31・41・15」，「イタチ」は「11・12・54」であることがわかっている。それでは「43・42・53・23」は何を表しているか。

① 関取

② 沖縄

③ 社会

④ 熱湯

⑤ 岡山

イ			ホ
ワ			

No.10 （解答 ▸ P.11）

ある暗号では「和歌山」を「２Ｂ１Ｂ１Ｅ２Ｅ」，「栃木」を「７Ａ７Ｂ<u>５Ｆ</u>」，「新潟」を「４Ａ１Ａ１Ｂ２Ｃ」と表すことができる。この暗号で「２Ｇ３Ｆ<u>１Ｆ</u>」は，次のうちどの都道府県の都市か。

① 福島県
② 東京都
③ 愛知県
④ 京都府
⑤ 兵庫県

No.11 （解答 ▸ P.12）

ある暗号「ｃｕｙｋｗｅｒｏｌｐｚｌｈｂｏｄｖｗ」から連想される花は「ひまわり」であったとき，「ｋｌｇｐｆｒｗｘｅｊｑｅｌｓｎ」から連想される野菜として，最も妥当なものはどれか。

① トマト
② にんじん
③ ピーマン
④ もやし
⑤ だいこん

No.12 （解答 ▸ P.12）

ある暗号では，「野球」はＡＥＡＬ，「花」はＬＷＲである。このとき，ＯＦＥで表されるものは次のうちどれか。

① オフィス
② コーヒー
③ オレンジ
④ 靴
⑤ ノート

第3章 対応関係(1)勝敗

(解答 ▶ P.13)

No.1

A〜Eの5つの野球チームが総当たりのリーグ戦を行った。AはBに勝ったがCには負け，Bは1勝しかできなかった。CはDにもEにも勝っており，EはDに勝った。また，同じ成績のチームはなく，また引き分けはなかったとき，確実にいえることはどれか。

① Aは3勝した。
② BはEに勝った。
③ DはBに勝った。
④ Aは3位または4位だった。
⑤ Eは2位または3位だった。

(解答 ▶ P.13)

No.2

少年野球の全国大会が行われる。今，A〜Eの5チームのリーグ戦（総当たり戦）によって優勝チームを決め，全国大会に送るため試合が行われた。その結果について次のことがわかっている。

AはBとDに勝った。
BはDに勝った。
CはDとEに負けた。
EはBに勝った。
同率はなく，1位から5位まで決まった。

以上のことから次の中のどれが正しいか。ただし，引き分け試合はなかったものとする。

① Aが優勝した。
② Bは2位であった。
③ Cは1勝した。
④ Eは2位であった。
⑤ Dは4位であった。

（解答 ▶ P.14）

A～Eの5人が戦ったバドミントンのリーグ戦について，以下のことがわかった。

● BはAに勝ったが，Dに負けた。

● DはAに，EはCにそれぞれ負けた。

● 全勝の人と，全敗の人が1人ずついる。

以上のことから確実にいえることは次のうちどれか。

① Aは3勝1敗だった。

② Bは2勝2敗だった。

③ CはEに負けた。

④ Dは1勝3敗だった。

⑤ すべての人の勝ち数は異なっていた。

（解答 ▶ P.14）

A～Gの7大学でサッカーのリーグ戦が行われた。引き分けゲームはなく，また同率のチームもなく，1位から7位が決まった。ある観戦者がバラバラに次のように語った。

A大学は，B，C，D，F，G大学に勝った。

B大学は，C，G大学に勝ち，D大学に敗れた。

C大学は，D，E大学に敗れた。

E大学は，D，F，G大学に勝った。

F大学は，D大学に敗れ，C，G大学には勝った。

以上が断片的にわかっているとき，結果について確実にいえるのはどれか。

① A大学は1位である。

② C大学は7位である。

③ E大学は2位である。

④ D大学は3位である。

⑤ F大学は6位である。

No.5　(解答▶P.15)

A～Gの7人の選手がテニスのトーナメントに出場した。対戦表は図のとおりで，対戦状況について以下のことがわかっている。

● AとDはいずれも2回戦で姿を消した。

● FはAに勝った。

● CはEに敗れた。

● Eは2回勝ったが優勝できなかった。

● AとG，FとGは対戦していない。

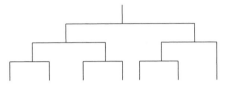

このとき，確実にいえるのは次のうちどれか。

① Dの1回戦の相手はBだった。

② Gの1回戦の相手はFだった。

③ Eが決勝戦で敗れたのはBだった。

④ Aは2回戦から登場した。

⑤ Aは2回戦でFと戦った。

No.6　(解答▶P.15)

ア～クの8人が，下のトーナメント表を使って優勝者を決めるクイズ大会に出場した。1回戦，ア，イ，ウの3人は向かって左側の第1ブロック，オ，カ，キの3人は右側の第2ブロックに出場した。アとク，ウとオ，エとカが対戦したことがわかっているとき，確実にいえるものは次のうちどれか。

第1ブロック　←　┊　→　第2ブロック

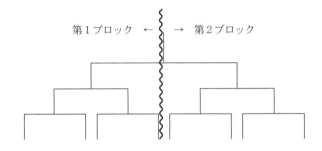

① 優勝したのはオである。

② アは1回戦に勝った。

③ クは1勝1敗だった。

④ イは1回戦で負けた。

⑤ カはオに敗れた。

（解答 ▶ P.15）

A～Eの5人がボウリングの総当たり戦を行い，勝ちを2点，引き分けを1点，負けを0点として順位を決めた。試合の結果を尋ねたところ，以下のようなことがわかった。

- 合計点数が同じ人はいなかった。
- Aの合計点数は5点で，Dとは3点差だった。
- Bは全勝した。
- Cは引き分けた試合があった。
- EはAに負け，合計点数は4点だった。

このとき，確実にいえることは以下のうちどれか。

① CはDに勝った。
② CとEは2点差だった。
③ CとDは1点差だった。
④ Cは引き分けが2試合あった。
⑤ Dは引き分けが2試合あった。

 （解答 ▶ P.16）

A～Eの5人が，柔道の総当たり戦を行った。このリーグ戦では一本勝ちした者は「勝ち」として勝ち点3，一本負けした者は「負け」として勝ち点0，それ以外はすべて「引き分け」として双方に勝ち点1を与える方式によって進められ，勝ち点の合計で順位を決定した。

ア　Aは1勝2敗1分けだった。
イ　Bは2勝1敗1分けだった。
ウ　Cは一本負けをした試合はなかった。
エ　Dはすべての試合で引き分けた。
オ　Eは一本勝ちした試合がなかった。

以上のことが分かっているとき，確実にいえることはどれか。ただし，勝ち点の合計が同じだったときは，一本勝ちした試合数が多い者を上位とする。

① AはCと引き分けた。
② Bは2位だった。
③ CはBと引き分けた。
④ Dは3位だった。
⑤ EはAと引き分けた。

No.9

（解答 ▶ P.17）

サッカーの試合で前期優勝したＡチームと後期優勝したＢチームが，年度優勝を決めるため試合を行うことになった。試合はどちらかのチームが先に４勝に達したら，その時点で優勝が決まることにした。次のことがわかっているとき，確実にいえるものを選べ。

ア　引き分け試合はなかった。

イ　３連勝したチームはなかった。

ウ　６試合で優勝が決まった。

エ　第１試合はＡが，第４試合はＢが勝った。

①　Ｂが優勝した。

②　Ａは連敗しなかった。

③　Ｂは第３試合に勝った。

④　Ａは第５試合に勝った。

⑤　Ｂは第２試合に負けた。

第4章 対応関係(2) 対応

No.1　　（解答 ▶ P.18）

A〜Eの5人のハンターが，自分の犬を1匹ずつ連れて猟に出かけた。各自の犬はセッター，ビーグル，ポインターのどれかである。では，次の条件があるとき，確実にいえるのはどれか。

ア　Aの犬はセッターではない。

イ　Bの犬はビーグルではない。

ウ　Cの犬はポインターではなく，Aと同じ種類の犬である。

エ　ビーグルを連れているのは2人だけである。

① 　Dの犬はポインターである。

② 　Bの犬はセッターである。

③ 　Cの犬はビーグルである。

④ 　Eの犬はセッターかビーグルである。

⑤ 　Eの犬はポインターかビーグルである。

No.2　　（解答 ▶ P.18）

A〜Eの5人が中国，フィリピン，シンガポール，マレーシアの中の2カ国を選んで訪問することになり，それぞれ次のような発言をした。

A：「私はシンガポールを希望する。」

B：「私はマレーシアを希望するが，中国は希望しない。」

C：「私はシンガポールを希望するが，中国は希望しない。」

D：「私はマレーシアを希望するが，シンガポールは希望しない。」

中国とシンガポールの希望者が3人ずつ，フィリピンとマレーシアの希望者が2人ずつで，希望する組合せが一致する者はいないとすると，次の中で正しいのはどれか。

① 　Aはフィリピンを希望している。

② 　Eはシンガポールを希望している。

③ 　CとDは同じ国を希望していない。

④ 　Dは中国を希望しなかった。

⑤ 　AとBは同じ国を希望していない。

No.3

（解答▶P.19）

Ａ～Ｅの５人は乗用車としてベンツ，クラウン，スカイライン，セドリックのうち２車種を持っている。次の証言から考えて正しいのはどれか。

Ａ：「私とＢのうち一方はセドリックを持っている。」

Ｂ：「私はクラウンを持っていない。」

Ｃ：「スカイラインとセドリックを持っているのは私だけ。」

Ｄ：「私もＥもベンツは持っていない。」

Ｅ：「セドリックを持っているのは３人。

　　クラウンを持っているのは３人。

　　スカイラインを持っているのは２人である。」

①　Ｂはクラウンとセドリックを持っている。

②　ベンツを持っているのは一人。

③　Ａはベンツとスカイラインを持っている。

④　ベンツとクラウンを持っている人がいる。

⑤　Ｄはセドリックを持っていない。

No.4

（解答▶P.19）

テーブルの上にリンゴ，ナシ，バナナ，桃が２つずつある。

Ａ～Ｄの４人が２つずつ食べた。同じものを２つ食べた者はいない。

４人は次のような発言をした。

Ａ：「私はリンゴを食べた。リンゴとナシを食べた者はいない。」

Ｂ：「私はＤとは１つは同じだった。」

Ｃ：「私とＤはバナナは食べなかった。」

Ｄ：「私とＡは同じものは食べなかった。」

以上のことがわかっているとき，次の中で正しいのはどれか。

①　Ａはリンゴとバナナを食べた。

②　Ｂはリンゴとバナナを食べた。

③　ナシを食べたのはＣとＤである。

④　桃を食べたのは，ＢとＤである。

⑤　ＢとＣは１つだけ同じものを食べた。

あるレストランで食事をしたA～Eの5人について，注文した品を調べたところ，次のア～キのことが分かった。

ア　A～Eは少なくともピザ又はスパゲッティのいずれか1品を注文し，両方を注文した者はいなかった。

イ　Aはサラダを注文し，ジュースを注文しなかった。

ウ　Cはジュースを注文しなかった。

エ　Eはピザを注文した。

オ　ピザを注文した者は2人であり，その2人はサラダも注文した。

カ　スパゲッティを注文した者のうち，サラダとジュースの両方を注文した者は2人であった。

キ　サラダを注文した者は4人であり，ジュースを注文した者は2人であった。

以上から判断して，確実にいえるのはどれか。

①　Aはスパゲッティを注文した。

②　Bはピザを注文した。

③　Cはピザを注文した。

④　Dはスパゲッティを注文した。

⑤　Eはジュースを注文した。

A～Eの5人が野球，サッカー，テニス，バレー，バドミントンの中から好きなスポーツを1つ選んだ。5人とも好きなスポーツは異なっており，また5人の好みについて以下のことがわかっている。

A：「わたしは野球とバレーが嫌いです。」

B：「わたしが好きなのは野球かサッカーです。」

C：「わたしとEのどちらかはサッカーが好きです。」

D：「バレーは好きではありません。」

E：「バドミントンが好きなのはわたしかDです。」

このとき，確実にいえることは以下のうちどれか。

①　Aが好きなスポーツはバドミントンである。

②　Bが好きなスポーツはサッカーである。

③　Cが好きなスポーツはサッカーである。

④　Dが好きなスポーツはバドミントンである。

⑤　Eが好きなスポーツはバレーである。

（解答▶P.21）

No.7

A～Dの4人が両手に旗を持っている。各人の持っている2本ずつの旗は赤，白，黄，緑の4色のいずれかである。次のことがわかっているとき，正しい記述はどれか。

ア　A，B，Cの持っている旗のうち1本は同じ色の旗である。他の1本は3人共異なる色である。

イ　Dの持っている旗のうち1本は白で他の1本はCの持っている旗と同じ色である。

ウ　BとDの持っている4本の旗はすべて色が異なる。

エ　Aは緑の旗は持っていない。

オ　白と赤の旗を持っているものはいない。

① Aは白と緑の旗を持っている。

② Bは黄と赤の旗を持っている。

③ Cは黄と赤の旗を持っている。

④ Dは緑と黄の旗を持っている。

⑤ AとDはどちらも黄の旗を持っている。

（解答▶P.21）

No.8

A～Eの5人が，タレントa，b，c，d，eの中で好きな人は誰かについて話している。各自好きなタレントは2人ずついた。aが好きな人は3人，bが好きな人は1人，c，d，eはそれぞれ2人ずつであった。またAはaとc，Cはb，Eはdが好きであることがわかっている。さらにAは，BおよびCと好きなタレントが共通していない。

このとき，確実にいえることは以下のうちどれか。

① Cはeが好きである。

② Dはdが好きである。

③ Eはcが好きである。

④ AとEは好きなタレントが1人も共通していない。

⑤ BとDは好きなタレントが少なくとも1人共通している。

A～Dの4人に，1組のトランプからカードを2枚引いてもらった。このことについて，以下のことがわかっている。

● ハート，スペードを引いた人はそれぞれ2人，ダイヤは3人だった。

● Aはハートを引いたが，ダイヤは引かなかった。

● Bはクラブを引いた。

● Dはスペードを引かなかった。

このとき，確実にいえることは以下のうちどれか。

① 　Aはクラブを引いた。

② 　Bはスペードを引いた。

③ 　Cはスペードを引いた。

④ 　Cはハートを引いた。

⑤ 　Dはクラブを引いた。

A～Eの5人がそれぞれ北海道，東北，近畿，四国，九州に行き，友人S，T，U，V，Wに会った。行き先も友人も全て異なるとき，以下のうち確実にいえるのはどれか。

● Aは北海道に行き，Tに会った。

● Bは東北，四国以外の場所に行った。

● Eは九州でS，U以外の人と会った。

● Wは近畿にいる。

● CはSに会った。

① 　BはVさんに会った。

② 　Dは四国へ行った。

③ 　Cは東北へ行った。

④ 　Bは近畿へ行った。

⑤ 　Uは東北にいる。

A〜Eの5人が映画，テニス，旅行，ショッピング，ドライブのいずれかをa，b，c，d，eのうちの1人と一緒にすることにした。以下のことがわかっているとき，確実にいえるのは次のうちどれか。

Aはdと旅行に行った。

aはドライブに出かけたが，Bと一緒ではなかった。

Eはcと出かけた。

bは映画もショッピングもしていない。

Dはa以外の人と出かけた。

映画を見たのはeである。

① Bはテニスをした。

② Dは映画を見た。

③ eはDと一緒だった。

④ bはBと出かけた。

⑤ Eはショッピングに行った。

第5章 対応関係 (3) 類推

A～F6人の生徒がいる。そのうち4人は男子である。

A，B，C，Dのうち1人は女子

C，D，E，Fのうち1人は女子

A，B，D，Eのうちに女子は2人いる

以上のことがわかっているとき，次の中で正しいのはどれか。

① Cは女子である。

② D，Eの中に女子はいない。

③ Dは女子である。

④ A，Bのどちらかが女子である。

⑤ E，Fは男子である。

A～Eの5人が，図のようなトーナメント方式でテニスの試合を行った。試合後，この中の1人が次のような発言をした。

1 優勝したのはAさんだった。

2 田中さんは私と対戦したが，田中さんはそれ以外試合をしていない。また，田中さんも私もCではない。

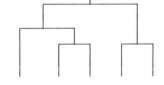

3 私は3回試合をしたが，優勝しなかった。

4 私とEさんは対戦しなかった。

以上の条件から，発言者はA～Eのうちの誰か。

① B

② D

③ AかB

④ AかD

⑤ BかD

No.3

（解答 ▶ P.25）

赤，青，黄，緑の色がついた４つの箱がある。箱と同じ色のボールを１つずつ計４つ用意し，１つの箱に１つずつボールを入れてふたをする。

その状況について，以下のことがわかっている。

赤い箱には，青か黄のボールが入っている。

青い箱には，黄か緑のボールが入っている。

黄色の箱には，青か緑のボールが入っている。

このとき，確実にいえることは以下のうちどれか。

① 緑の箱には，青か黄のボールが入っている。

② もし青い箱の中が緑のボールなら，赤い箱には青のボールが入っている。

③ もし緑の箱の中が黄のボールなら，青い箱には青のボールが入っている。

④ もし黄色の箱の中が青のボールなら，青い箱には黄のボールが入っている。

⑤ もし赤い箱の中が黄のボールなら，黄色の箱には青のボールが入っている。

No.4

（解答 ▶ P.26）

A～Dの４人が青のボール３個，赤のボール４個から，目をつぶって１個のボールを選び，それを自分では見ないようにして頭の上にのせた。背の低い順でA，B，C，Dと並んでいるとき，以下のことがわかっている。

●一番背の高いDはAとBとCの３人すべてのボールの色を見ることができる。

●二番目に高いCはAとBの２人のボールの色を見ることができる。

●二番目に低いBはAのボールの色だけ見ることができる。

●一番低いAは誰のボールも見ることができない。

●４人とも青のボールが３個，赤のボールが４個あることは知っている。

一番背の高いDから「自分のボールの色がわかるか」を尋ねていったところ，Dは「わかる」と答えた。確実にいえるものは次のうちどれか。

① Aは赤のボールである。

② Bは赤のボールである。

③ Cは赤のボールである。

④ Dは赤のボールである。

⑤ Dは青のボールである。

白紙のカードが5枚ある。表にA，B，C，D，Eと書き，裏には順不同で適当に1，2，3，4，5と書いた。この5枚のカードをバラバラにして3回並べたら，次のようになった。

1回目　D，4，C，3，A

2回目　B，C，1，E，2

3回目　A，2，B，4，C

各々のカードの表と裏の組合せとして正しいのは，次のどれか。

①　Dの裏は2

②　Aの裏は5

③　Eの裏は3

④　Bの裏は5

⑤　Cの裏は2

荒川，村主，安藤の3人がある二者択一の試験を受けた。この試験はアかイのどちらかで答える問題が10問あり，1問1点だった。3人の解答と得点は，下の表のようになった。

	問1	問2	問3	問4	問5	問6	問7	問8	問9	問10	得点
荒川	ア	ア	イ	ア	ア	ア	イ	ア	イ	ア	7点
村主	ア	イ	イ	イ	イ	イ	ア	ア	イ	イ	5点
安藤	イ	イ	ア	イ	イ	ア	ア	イ	ア	イ	2点

このとき，安藤が確実に間違っているといえるのはどれか。

①　問2

②　問4

③　問6

④　問8

⑤　問10

No.7

（解答 ▶ P.27）

トランプのスペード・ハート・ダイヤ・クラブが，2枚ずつ伏せておいてある。A〜Eの5人が表を見ないように1枚ずつ引いて，自分以外の4人には見えるようにトランプを持った。A〜Dが以下のような発言をしているとき，Eが持っているトランプの種類として確実にいえることはどれか。

A：「ハートとダイヤとクラブが見える。」

B：「ハートが2枚見えるが，それ以外の種類は異なっている。」

C：「ダイヤとクラブとハートが見える。」

D：「クラブが2枚見えるが，それ以外の種類は異なっている。」

① スペード

② ハート

③ ダイヤ

④ クラブ

⑤ ハートかクラブ

No.8

（解答 ▶ P.27）

A〜Eの5人はテニス，野球，ゴルフ，水泳のうち2種目のスポーツを趣味としている。

以下に各人の発言がある。この発言から判断して正しいのは次のうちどれか。

A：「私とBのうち，一方は水泳をしている。」

B：「私はゴルフはしていない。」

C：「ゴルフと水泳をしているのは私だけ。」

D：「水泳を趣味としている人は3人以下。

　　野球も3人以下。

　　ゴルフは2人である。」

E：「私もDもテニスはしていない。」

① Bは野球と水泳をしている。

② テニスをしているのは1人だ。

③ Aはテニスとゴルフをしている。

④ テニスと野球をしている人がいる。

⑤ Dは水泳をしていない。

(解答 ▶ P.28)

赤，青，白，黄のバトンと鉢巻きが各一本ずつある。

今，A，B，C，Dの4人がバトンと鉢巻きを受け取ったが，4人共バトンと鉢巻きの色は異なっている。

4人が次のような発言をした。

A：「黄色のバトンを持っている人は，赤の鉢巻きをしている。私は赤の鉢巻きではない。」

B：「私の鉢巻きは青で，靴は白。白い靴は私しかはいていない。」

C：「私の鉢巻きは赤ではない。」

D：「白のバトンを持っている人は，Aではなく，白い靴ははいていない。」

以上の発言から確実にいえるのは次のうちどれか。

①　Aの鉢巻きは黄色である。

②　Bのバトンは黄色である。

③　Cの鉢巻きは白である。

④　青いバトンを持っている人は白い靴をはいている。

⑤　黄色の鉢巻きの人は白い靴をはいていない。

 (解答 ▶ P.28)

ある試験問題を作成するのに，A〜Cの3人の教師が合計して英語の問題6題，数学の問題5題，国語の問題3題を作成することになった。

(ア)　数学は，AとCが同数ずつ作成した。

(イ)　Bは，数学と国語を同数ずつ作成した。

(ウ)　Cは，作成題数が最も少なかった。

(エ)　AとBは同数ずつ作成した。

(オ)　A，B，Cのうち2人は3科目とも少なくとも1題は作成し，他の1人は2科目だけ作成した。

以上のことが判明しているとすれば，A，B，Cの英語の作成題数の比は次のどれか。

	A	B	C
①	1	3	2
②	3	1	2
③	1	1	1
④	2	3	1
⑤	3	2	1

No.11

（解答 ▶ P.29）

12問の数学の問題がある。

Aに5問，Bに4問，Cに3問解答してもらうことにした。ところが3人のうち2人が全問正解ではなかった。1人ができなかった問題数は，もう1人のできなかった問題数の2倍であった。

AとBはCの3倍以上の数を正解した。

3人とも1問以上は正解であった。

以上のことがわかっているとき，次の記述で確実にいえるのはどれか。

① 正解数の最も多い人と最も少ない人では4問の差がある。

② 正解数はAが最も多く，次にB，次にCであった。

③ AとBの正解数の差は2問である。

④ 不正解はCが最も多い。

⑤ Bは4問とも正解であった。

No.12

（解答 ▶ P.29）

ミルフィーユ，ショコラ，レアチーズのケーキがそれぞれ5個ずつあり，それをA～Cの3人で分けたところ，次のようになった。

1 Aはミルフィーユを1つ，Bはショコラを1つとった。

2 BとCのとったケーキの合計数は，同じだった。

3 Cのとったショコラの数は，Bのとったミルフィーユの数の2倍だった。

4 Aのとったレアチーズの数と，Cのとったミルフィーユの数は同じだった。

これから確実にいえることは，次のうちどれか。

① Aのとったレアチーズの数は，1個である。

② Aのとったミルフィーユの数は，Bの2倍である。

③ Bのとったミルフィーユの数は，2個である。

④ Bのとったショコラの数は，Cの半分である。

⑤ Cのとったレアチーズの数は，1個である。

田口，浜村，池田，西村，水口，岩崎の6人が，ボウリングを2ゲームした。このときの成績について，以下の3人が次のように発言した。

西村：「私は1ゲーム目はトップだったけど，2ゲーム目は2位でした。」

岩崎：「私は1ゲーム目は4位だったけど，2ゲーム目は1位でした。」

池田：「私と水口さんは，1ゲーム目も2ゲーム目も順位が変わりませんでした。」

以上のことから，確実にいえるものは次のうちどれか。ただし，2ゲームとも同点の者はおらず，必ず1位から6位までの順位が決まったものとする。

①　1ゲーム目の順位より2ゲーム目の順位の方がよかった者が2人いる。

②　1ゲーム目で3位だった者の2ゲーム目の成績は，1ゲーム目で2位だった者よりも上である。

③　1ゲーム目で最下位だった者は，2ゲーム目4位以下だった。

④　1ゲーム目で2位だった者は，2ゲーム目5位か6位だった。

⑤　1ゲーム目で5位だった者の2ゲーム目の成績は，1ゲーム目で最下位だった者よりも上である。

A〜Eの5人が参考書を買いに出かけた。5人とも，数学，理科，英語のどれか1冊だけ買い，どの教科も3冊は買われていなかった。また，各人が以下のような発言をした。

A：「BとEは違う教科を買った。また，僕はCと違う教科を買った。」

B：「A，C，Dのうち，2人が同じ教科を買っていた。」

C：「僕は数学を買っていない。」

D：「僕は理科を買った。」

E：「僕は英語を買っていない。また，DとAは違う教科を買っていた。」

このとき，確実にいえることは以下のうちどれか。

①　Aは数学を買った。

②　Bは英語を買った。

③　AとBは数学を買った。

④　AとBは英語を買った。

⑤　英語を買った人は2人いた。

No.15

（解答▶P.31）

A～Eの5人が一緒に買い物に行き，洋服を買った。洋服の種類はスーツ，セーター，ジーンズ，Tシャツの4種類あり，その中から異なる種類を1人3着ずつ選んだ。その状況が以下のようにわかっている。

● AはCと同じ洋服を2種類とスーツを買った。
● BとDは3種類とも同じ洋服を買った。
● Eはセーターを買わなかった。
● ジーンズ以外は4人が買った。

このとき確実にいえるものは，次のうちどれか。

① Aはセーターを買わなかった。
② Bはジーンズを買った。
③ CはTシャツを買わなかった。
④ DはTシャツを買った。
⑤ Eはスーツを買わなかった。

No.16

（解答▶P.32）

A～Fの男性6人と，G～Lの女性6人が男女でペアになってテニスのダブルスの試合を2日間行った。次のア～クのことがわかっているとき，2日目の組合せとして考えられるものは次のうちどれか。

ア　1日目にAとG，EとJが組んだ。
イ　1日目でBと組んだ人は，2日目にEと組んだ。
ウ　1日目でCと組んだ人は，2日目にDと組んだ。
エ　1日目にJと組んだ人は，2日目にHと組んだ。
オ　1日目にGと組んだ人は，2日目にJと組んだ。
カ　1日目にAと組んだ人は，2日目にCと組んだ。
キ　Iは，1日目にHと組んだ人と2日目に組んだ。
ク　Lは2日とも同じ人と組んだ。

① BとI
② CとH
③ DとG
④ EとL
⑤ FとK

A～Dの4人に，1組のトランプからカードを1枚選んでもらった。カードはスペード・ハート・クラブ・ダイヤがそれぞれ1枚ずつ選ばれ，数字はエース（1）・ジャック（11）・クイーン（12）・キング（13）が1枚ずつである。また，このとき以下のことがわかっている。

● Aのカードはハートではない。

● Bのカードはジャックである。

● Cのカードはキングである。

● ハートはクイーンである。

● クラブはエースではない。

● ダイヤはエースではない。

このとき，確実にいえることは以下のうちどれか。

① Aはスペードを選んだ。

② Aはクイーンを選んだ。

③ Bはクラブを選んだ。

④ Cはダイヤを選んだ。

⑤ Dはエースを選んだ。

A～Eの5人が，スーパーで5種類の果物の中から，3種類を選んで買った。果物は値段が高い順にメロン，スイカ，ブドウ，オレンジ，リンゴの5種類で，それぞれの値段は異なっている。オレンジの値段が200円で，かつ以下のことがわかっているとき，A～Eが払った金額として正しいものはどれか。

1 Aはリンゴを買ったが，オレンジは買わなかった。

2 Bはメロンを買った。

3 Dはメロンとオレンジを買った。

4 Eはスイカを買わなかった。

5 オレンジを買ったのは2人，ブドウを買ったのは3人，スイカとリンゴはそれぞれ4人ずつが買った。

6 3種類のすべての果物の組合せのうち，代金が最も高いのは1,900円，2番目に高いものが1,800円，最も安いものが650円，2番目に安いものが750円である。

① Aの代金は850円である。

② Bの代金は1,800円である。

③ Cの代金は900円である。

④ Dの代金は1,750円である。

⑤ Eの代金は800円である。

第6章 対応関係(4)嘘つき問題

No.1 （解答▶P.36）

A～Eの5人が先日の行動について各々述べたが，本当のことを言っているのは1人しかいない。本当のことを言っているのは誰か。

A：「私は登山をした。Cも一緒だった。」

B：「私はCと一緒にサイクリングをした。」

C：「私はBと一緒でなくAと一緒に登山をした。」

D：「私は遊園地に行き，Eと会った。」

E：「私は子供と遊園地に行ったが，そこでDと会った。」

① A

② B

③ C

④ D

⑤ E

No.2 （解答▶P.36）

子供達が何本かのバラの苗を植えた。花の色は赤，黄色，ピンク，白の4色だった。子供達は一番最初に咲いた花の色を次のように言った。

翔太：「赤でも黄色でもない。」

大輔：「赤か白のどちらか。」

美咲：「ピンクでも白でもない。」

この発言のうち1人だけが本当のことを言っているとすると，花の色は何色か。

① 赤か白

② 赤かピンク

③ ピンクか白

④ 黄色か白

⑤ 黄色かピンク

カードが3枚あり，表面にそれぞれ1・2・3と書かれている。このカードの裏にはX・Y・Zのいずれかのアルファベットが書かれてあり，3枚とも別のアルファベットである。このカードについて，以下の情報が知らされている。

「1」と書かれたカードの裏は，Zではない。

「1」と書かれたカードの裏は，Yである。

「2」と書かれたカードの裏は，Yである。

「3」と書かれたカードの裏は，Zではない。

ところが，この中に1つだけ嘘の情報が混じっている。このとき，カードの数字と裏のアルファベットが正しく対応しているものは以下のうちどれか。

① 　1の裏はX

② 　1の裏はZ

③ 　2の裏はY

④ 　2の裏はZ

⑤ 　3の裏はY

A～Fの6人が100 m競走を行い，その結果について次のように語った。

A：「私はBにもEにも勝った。」

B：「私はFにもCにも負けた。」

C：「私はBの次にゴールインした。Dは本当のことを言っている。」

D：「私は2位で，Bは4位だった。」

E：「私はAより早くゴールインした。Cは嘘をついている。」

F：「私はCの次にゴールインした。4位の者は嘘をついている。」

この6人のうち，4人はすべて本当のことを言っているが，2人はすべて嘘をついているとすると，同着の者がいなかったとき確実にいえることはどれか。

① 　Aは1位だった。

② 　Bは6位だった。

③ 　Cは2位だった。

④ 　Dは3位だった。

⑤ 　Eは4位だった。

No.5

（解答 ▶ P.37）

昨年末のサッカーの試合について得点したのは A ～ C の 3 人の中の誰だったかを問い合わせたところ，A，B，C が次のように答えた。

A：「私は得点していない。B もしてない。」

B：「私は得点していない。C もしてない。」

C：「私は得点してない。誰がやったか知らない。」

このとき，3 人とも発言の半分は本当で半分は嘘を言っているとすると，得点したのは誰か。

① 　B と C

② 　A と C

③ 　A

④ 　B

⑤ 　C

No.6

（解答 ▶ P.38）

A ～ E の 5 人が総当たり戦でテニスの試合をして順位を決めた。同率はなく，引き分けもなくて順位が決まった。5 人の発言は次のようであった。

A：「D は 2 位で自分は 3 位。」

B：「C は 3 位で自分は 2 位。」

C：「B は 5 位で自分は 4 位。」

D：「E は 4 位で自分は 1 位。」

E：「A は 1 位で自分は 2 位。」

しかし，各人の発言は半分は嘘で半分は本当であることがわかっている。A の順位として正しいのはどれか。

① 　1 位

② 　2 位

③ 　3 位

④ 　4 位

⑤ 　5 位

（解答 ▶ P.38）

陸上の選手Ａ～Ｅの５人の中からマラソンに出場する選手を選ぶことになった。選考会の後で５人は次のように語った。

Ａ：「私は出場します。２人の出場が決まりました。」

Ｂ：「私は出ません。Ｅ君は出場します。」

Ｃ：「Ａ君は出ません。３人出場が決まりました。」

Ｄ：「Ｃ君は出ます。２人以上出場します。」

Ｅ：「Ａ君は出ます。Ｂ君は出ません。」

しかしこの５人の発言はすべて半分は本当で半分は嘘であることが分かっているとき，次の記述の中で正しいのはどれか。

① 　Ａは出場，Ｂは不出場である。

② 　ＢもＣも不出場。

③ 　Ｃは出場したがＤは不出場。

④ 　Ｄは不出場，Ｅは出場。

⑤ 　２人が出場する。

（解答 ▶ P.39）

ある会社ではＡ～Ｅの５人が社員として働いている。ある日，社長が朝一番で出社すると会社の鍵が開いており，社員は誰も出社していなかった。そこで，昨日退社した順番を社員に尋ねたところ，以下のことがわかった。

Ａ：「私が一番早く退社し，最後はＣが退社しました。」

Ｂ：「私は３番目に退社し，Ｄは４番目に退社しました。」

Ｃ：「Ｂは２番目に退社し，私は４番目に退社しました。」

Ｄ：「私は３番目に退社し，Ｅは一番早く退社しました。」

Ｅ：「Ａは３番目に退社し，最後は私が退社しました。」

しかし５人の証言は，すべて前半か後半のどちらかに１つ嘘が含まれていた。このとき，確実にいえることは以下のうちどれか。

① 　１番早く退社したのはＡである。

② 　３番目に退社したのはＡである。

③ 　３番目に退社したのはＢである。

④ 　２番目に退社したのはＤである。

⑤ 　３番目に退社したのはＥである。

No.9

(解答▶P.40)

Ａ大学を受験した江口，山崎，松井，辻，山本に，合格発表後，５人の合格状況について尋ねたところ，次のように回答した。

江口：「２人以上受かったよ。山崎は合格した。」

山崎：「山本は不合格だった。でも３人受かったよ。」

松井：「辻は受かったけど，俺は落ちちゃった。」

辻：「山本は合格したけど，松井は不合格だった。」

山本：「２人合格したよ。俺は受かったよ。」

その後，この５人の発言は，すべて半分本当半分嘘であることがわかった。このとき，以下の記述のうち確実にいえるものはどれか。

① 松井は合格したが，辻は不合格だった。

② 江口は合格したが，松井は不合格だった。

③ 山崎は合格したが，江口は不合格だった。

④ 辻は合格したが，山本は不合格だった。

⑤ 山本は合格したが，山崎は不合格だった。

No.10

(解答▶P.41)

Ａ～Ｅの５人が，デパートで待ち合わせをした。その到着順について，５人はそれぞれ以下のように話したが，５人とも発言の前後半のうち，１つが本当でもう１つが嘘であることがわかった。このとき，３番目にデパートに到着したのは誰か。ただし，同時に到着した者はいなかったとする。

Ａ：「私はＥよりも先に到着した。Ｂは私よりも後に到着した。」

Ｂ：「私は４番目に到着した。Ｄは２番目に到着した。」

Ｃ：「私は４番目に到着した。Ｅは最後に到着した。」

Ｄ：「私は３番目に到着した。Ａは４番目に到着した。」

Ｅ：「私はＡよりも早く到着した。Ｃが最初に到着した。」

① Ａ

② Ｂ

③ Ｃ

④ Ｄ

⑤ Ｅ

A〜Eの5人がくじでキャプテンを決めることになった。くじの結果については5人は次のように言った。

A：「当ったのはCだ。」

B：「当ったのはAだ。」

C：「僕は当っていない。」

D：「私は当っていない。」

E：「当ったのはBだ。」

しかし，この中で本当のことを言っているのは1人だけで，残りの4人は嘘を言っていることがわかった。キャプテンに決まったのは誰か。

① A

② B

③ C

④ D

⑤ E

紙幣が1枚入った封筒がある。これをA〜Fの6人に見せた。これについて，6人から以下の証言を得た。

A：「Eは本当のことを言っている。」

B：「封筒の中身は1,000円札だった。」

C：「封筒の中身は5,000円札か10,000円札だった。」

D：「封筒の中身は1,000円札か5,000円札だった。」

E：「封筒の中身は5,000円札だった。」

F：「Cは嘘をついている。」

しかし，封筒の中を確かめたところ3人が本当のことを言い，3人が嘘をついていることがわかった。このとき，封筒の中に入っている金額はいくらか。また嘘をついているのは誰か。

① 1,000円，AとCとEが嘘

② 1,000円，CとEとFが嘘

③ 5,000円，AとBとFが嘘

④ 5,000円，AとCとFが嘘

⑤ 10,000円，BとDとEが嘘

No.13

（解答 ▶ P.42）

A～Eの5人にマウンテンバイクを持っているか尋ねたところ，以下のように発言した。

A：「CとEは持っていない。」

B：「AとD以外が持っている。」

C：「AかCが持っている。」

D：「AとCとEは持っていない。」

E：「AかBかCが持っている。」

しかし，5人のうち1人だけ嘘を言っていた。実際にマウンテンバイクを持っているのは誰と考えられるか。ただし，5人の中で実際にマウンテンバイクを持っている者は1人とする。

① A

② B

③ C

④ D

⑤ E

No.14

（解答 ▶ P.42）

A～Eの5人のうち，1人だけが車を持っている。誰が持っているのかを聞いたところ，各人以下のような証言をした。

A：「車を持っているのはCかEです。」

B：「Dは嘘をついていない。Eは車を持っていない。」

C：「車を持っているのはBかEです。」

D：「私は車を持っていない。」

E：「Bは嘘をついている。」

しかし，この中で本当のことを言っているのは2人だけだった。このとき，本当に車を持っているのは以下のうち誰か。

① A

② B

③ C

④ D

⑤ E

（解答 ▶ P.43）

食堂でA〜Cの3人がそれぞれオムライス，スパゲティ，ハンバーグのいずれかを注文した。遅れてきたZが3人に何を注文したか尋ねたところ，以下の証言を得た。

A：「オムライスを注文したのはBで，ハンバーグを注文したのはC。」

B：「スパゲティを注文したのはCで，ハンバーグを注文したのはA。」

C：「スパゲティを注文したのはBで，ハンバーグを注文したのはA。」

しかし実際に注文の品が運ばれたとき，3人のうち1人は本当のことを言っているが，1人は証言の前半か後半で嘘を，残りの1人は嘘のみを言っていることがわかった。

このとき，正しいと考えられるものは以下のうちどれか。

① Aがオムライスを注文した。

② Aがハンバーグを注文した。

③ Bがハンバーグを注文した。

④ Bがオムライスを注文した。

⑤ Cがスパゲティを注文した。

 （解答 ▶ P.44）

ア〜オの5人が，期末考査の平均点を比較した。各人の点数を聞いたところ，それぞれ以下のように発言をした。

ア：「エよりもオの方が点数がよかった。」

イ：「私よりも点数がよかった人が，少なくとも2人いた。」

ウ：「私の点数が一番悪かった。」

エ：「私よりも点数が悪かった人が，少なくとも2人はいた。」

オ：「私の点数が5人の中で2番目によかった。」

後で調べてみると，ア，イ，ウ，エの発言は本当だったが，オだけ嘘をついていることがわかった。このとき，確実にいえるのは次のうちどれか。ただし，同じ点数の者はいなかったとする。

① アはオよりも点数が悪かった。

② エはアよりも点数がよかった。

③ アはイよりも点数が悪かった。

④ エはこの5人の中で2番目に点数がよかった。

⑤ この5人を点数がよかった順に並べると，イとエの間に少なくとも1人はいる。

第7章 順位・順序(1)序列・大小

No.1

（解答 ▶ P.45）

A～Fの6人が100m走を行った。同順位はなくAが優勝した。CはBには勝ったがEには負けた。DはFには負けたが4位であった。

上記の説明から正しくいえるのはどれか。

① Eは2位である。

② Fは2位である。

③ Cは3位である。

④ Bは最下位である。

⑤ Dは3位である。

No.2

（解答 ▶ P.45）

A～Eの5人が，各自のスマートフォンの値段を比べた結果，以下のことがわかった。

●同じ値段のスマートフォンを使っている者はいなかった。

●AはDより高いスマートフォンを使っていた。

●EはC，Dより高いスマートフォンを使っていた。

●Bは一番高いスマートフォンを使っていた。

●Cのスマートフォンは一番安い機種ではなかった。

このとき，確実にいえることは以下のうちどれか。

① Aは2番目に高い機種を使っている。

② Aは3番目に高い機種を使っている。

③ Cは4番目に高い機種を使っている。

④ EはAよりも高い機種を使っている。

⑤ Dは一番安い機種を使っている。

No.3 (解答 ▶ P.45)

A～Gの7人の小遣いの額について，以下のことがわかった。

ア　CとFは同じ額だった。

イ　BはC・Eよりも多かった。

ウ　Dより少ない人が1人いた。

エ　EはGより少なかった。

オ　Gより多い人が2人いた。

これから確実にいえることは，次のうちどれか。

①　AはDより多い。

②　CはGより多いが，Dよりは少ない。

③　一番少ないのはAである。

④　一番多いのは，CかFのどちらかである。

⑤　Bが一番多い。

No.4 (解答 ▶ P.45)

A～Fの6人がお互いの誕生日について話している。6人の誕生日はすべて異なっており，また，以下のことがわかっている。

● CはEよりも誕生日が後であった。

● Eの誕生日はAよりも前だが，Fよりも後であった。

● Fの誕生日はD，Bの2人よりも後であった。

誕生日の早い順に6人を並べると，5番目になる可能性のある者は以下のうち誰か。

①　AかC

②　AかE

③　BかF

④　CかE

⑤　CかF

No.5

（解答 ▶ P.46）

陸上競技大会のリレー種目に出場したA～E高校の5校の成績について，以下のことがわかった。

● 出場したのはこの5校だけで，同着の高校はなかった。

● E高校は，A高校の1つ後にゴールした。

● A高校は，B高校よりも早く，C高校よりも遅くゴールした。

● D高校とE高校の間に1校ゴールした。

D高校の順位が，3位か4位か5位だったとしたとき，確実にいえるのは次のうちどれか。

① A高校はD高校よりも下の順位だった。

② B高校は4位だった。

③ D高校は3位だった。

④ E高校はC高校よりも上の順位だった。

⑤ C高校は2位だった。

No.6

（解答 ▶ P.46）

A～Fの6人がマラソンをした。6人はすべてゴールし，また同着はなく，結果について以下のことがわかっている。

● Aの次にEがゴールした。

● AかBのどちらかは4位だった。

● BはDよりも先にゴールした。

● CはBの直後か，Fの直後にゴールした。

● FはDより遅れてゴールした。

このとき，3番目にゴールしたのは以下のうち誰か。

① A

② B

③ C

④ D

⑤ E

A～Eの5人が，マラソン競走をした。以下のような状況のとき，確実にいえるのは次のうちどれか。ただし，折り返し地点での順位の変動はないものとし，この状況より前にすれちがった人はいなかったとする。

● Bは3人目にCとすれちがった。

● Cは2人目にEとすれちがった。

● AはEの次に折り返した。

① Aは5位で折り返した。

② Bは1位で折り返した。

③ Cは3位で折り返した。

④ Dは2位で折り返した。

⑤ Eは4位で折り返した。

旅行会の幹事が友人A，B，Cからの返答を待っていたところ，10月1, 2, 3日の各日に1人ずつ連絡してきた。3人の連絡手段はすべて異なっており，ファックス，電子メール，電話であった。次のことが分かっているとき，確実にいえるのはどれか。

● Cからの連絡より先に，Bからの連絡を受けた。

● ファックスによる連絡より先に，電子メールによる連絡を受けた。

● ファックスによる連絡より先に，Aからの連絡を受けた。

● 電話による連絡より先に，Bからの連絡を受けた。

① Aは電子メールにより連絡した。

② Aから連絡のあった日の翌日に，Bからの連絡を受けた。

③ Bから連絡のあった日の翌日に，電話による連絡を受けた。

④ 電子メールによる連絡のあった日の翌日に，ファックスによる連絡を受けた。

⑤ Cからの連絡より先に，電話による連絡を受けた。

（解答 ▶ P.48）

A～Eの5人の選手が，それぞれ赤，青，黄，緑，黒の異なる色のゼッケンを着け，長距離走を行った。次のことが分かっているとき，確実にいえるのはどれか。

- 青のゼッケンの選手がゴールした後，1人おいてからAがゴールした。
- Bは，赤のゼッケンの選手よりも先にゴールした。
- Cは，Eよりも先にゴールした。
- Dがゴールした後，3人おいてから緑のゼッケンの選手がゴールした。
- 黒のゼッケンの選手は，4番目にゴールした。

① 最初にゴールした選手は，青のゼッケンを着けていた。

② Aは，4番目にゴールした。

③ 黄のゼッケンの選手の次に，赤のゼッケンの選手がゴールした。

④ Cは，黒のゼッケンの選手よりも先にゴールした。

⑤ Eは，緑のゼッケンを着けていた。

第8章 順位・順序(2)数値

No.1 (解答 ▶ P.49)

A～Fの6人が，デパートで待ち合わせをした。6人がデパートに着いた状況が次の通りであったとき，正しくいえるものはどれか。

- BはEの7分前に到着した。
- FはDの11分後に到着した。
- DはAの16分前に到着した。
- CはFの3分前に到着した。
- AはBの10分後に到着した。

① EはAの3分前で，Fの3分後に到着した。

② BはFの5分前で，Dの6分後に到着した。

③ 最初に到着したのはDで，Eの12分前に到着した。

④ CはAの7分前で，Bの2分後に到着した。

⑤ 一番到着が遅かったのはAで，Fの6分後に到着した。

No.2 (解答 ▶ P.49)

A～Cの3人が英語，数学，国語（それぞれ100点満点）のテストを受けた。

- Aの3教科の合計点は243点で，Bの合計点より3点低かった。
- Aの数学の得点は75点だった。
- Bの3教科の平均点は，Cの3教科の平均点より3点高かった。
- Bの国語はAの英語より2点高く，自分の英語の得点とは20点の差があった。
- Cの数学の得点は，Aの国語の得点より2点高かった。
- Cの国語は自分の3教科の平均点と同じで，自分の英語の得点より3点高かった。

以上のことがわかっているとき，正しいものは次のうちどれか。

① 3人の英語の平均点とAの3教科の平均点の差は4点だった。

② 3人の英語の平均点とBの3教科の平均点の差は2点だった。

③ 3人の数学の平均点とBの3教科の平均点の差は1点だった。

④ 3人の数学の平均点とCの3教科の平均点の差は3点だった。

⑤ 3人の国語の平均点とCの3教科の平均点の差は5点だった。

No.3

（解答 ▶ P.49）

A～Eの5人が英語の豆テストを受けた。各人の点数について以下の発言が得られた。

A：「私とBの点差は10点だった。」

B：「Eの点数にはかなわなかった。」

C：「私とDの得点差は15点。また私の点はBより7点低かった。」

Cの点数が5人の平均点を超え，同点の者がいなかったとする。確実にいえるものはどれか。

① 1位はAである。

② 2位はEである。

③ 3位はBである。

④ 4位はCである。

⑤ 5位はDである。

No.4

（解答 ▶ P.50）

A～Fの6人のうち，最年長者はAで2番目の者とは4歳はなれている。また，BとCは6歳，CとFは3歳，EとDは7歳はなれており，Bは29歳，Eは26歳である。6人の年令の平均は30歳であるとき，確実にいえることはどれか。

① CとDは16歳はなれている。

② EとFは4歳はなれている。

③ Eは4番目に年長である。

④ 2番目に年長なのはFである。

⑤ Dは33歳である。

A～Eの5人がお互いの腕時計の時間を比べている。5人の時計はすべて異なった時間を示しており，以下のことがわかっている。

AとBの腕時計を比べると9分の差があった。

AとDの腕時計を比べると6分の差があった。

BとEの腕時計を比べると6分の差があった。

CとDの腕時計を比べると7分の差があった。

CとEの腕時計を比べると2分の差があった。

このとき，DとEの腕時計を比べると何分の差があるか。

① 5分

② 6分

③ 7分

④ 8分

⑤ 9分

A～Eの5人が100点満点のテストを受けた結果について，次のことがわかっている。

● AとBの得点差は16点である。

● BとCの得点差は33点である。

● CとDの得点差は25点である。

● DとEの得点差は37点である。

● EとAの得点差は29点である。

Dの得点がこの5人の平均点52.4点より低いとき，Bの得点は何点か。

① 30点

② 32点

③ 34点

④ 36点

⑤ 38点

No.7

（解答▶P.51）

ある店では，A〜Eの5つの商品を売っている。AとBおよびBとCは値段が100円違い，AとEおよびCとDは値段が200円違う。また，DとEは値段が400円違っている。

このとき，同じ値段と考えられる商品の組は何と何になるか。

① AとC

② AとD

③ BとD

④ BとE

⑤ CとE

No.8

（解答▶P.52）

小田，竹田，豊田，徳田，池田の5人は，同じ飲食店でバイトをしている。ある月のアルバイト代について，以下のことがわかっている。

●豊田のアルバイト代は，池田と竹田のアルバイト代をたした金額より少ないが，竹田のアルバイト代よりは多い。

●徳田と豊田のアルバイト代をたした金額と，他の3人のアルバイト代をたした金額は同額であった。

このとき，「徳田のアルバイト代が最も多い」ことがわかるためには，以下のどの条件が必要か。

① 池田のアルバイト代は，小田のアルバイト代よりも多かった。

② 小田のアルバイト代は，竹田のアルバイト代よりも少なかった。

③ 豊田のアルバイト代は，小田のアルバイト代よりも少なかった。

④ 池田のアルバイト代は，竹田のアルバイト代よりも多かった。

⑤ 豊田のアルバイト代は，池田のアルバイト代よりも少なかった。

No.9

（解答▶P.52）

A〜Cの3人がお互いの所持金について話したところ，3人の所持金の平均は17,000円で，AとBの所持金の差は900円，BとCの所持金の差は1,500円であった。

3人の所持金のうち，1番高い所持金額はいくらと考えられるか。

① 17,600円

② 17,800円

③ 18,000円

④ 18,300円

⑤ 18,600円

A～Gの7人がマラソン競走をした。以下のことがわかるとき，確実にいえるのはどれか。

● 最も早く着いたFから最も遅かったGまで105秒の差があった。

● Eはちょうど真ん中にゴールした。

● EとAは15秒差，EとCは20秒差であった。

● BはGのすぐ前に13秒差でゴールした。

● AとDは5秒差で，Dは3位であった。

● BとCは12秒の差があった。

① EF間は50秒差であった。

② DF間は45秒差であった。

③ BD間は35秒差であった。

④ CD間は30秒差であった。

⑤ CG間は23秒差であった。

A～Fの6人に年齢を尋ねたところ，以下の結果を得た。

● CとFは10歳はなれている。

● 一番年上の人と一番年下の人とは50歳以上はなれている。

● Aは上から2番目でEと6歳はなれている。

● Fの年齢を2倍するとEの年齢になる。

● BとDは8歳差で，CとDは28歳はなれている。

● Eは60歳である。

この結果から確実にいえるのはどれか。

① Dは上から4番目である。

② Eは上から3番目である。

③ Cは一番年下である。

④ Bは下から4番目である。

⑤ Fは下から3番目である。

No.12

（解答 ▶ P.53）

A〜Fの6人が，1学期中間考査の英語の点について以下のような話をした。

A：「私とCは7点差だった。」

B：「私とEは3点差だった。」

C：「6人の平均点は，ちょうど66点だった。」

D：「私は2位の人と4点差でトップだった。」

E：「Aは62点，Fは65点だった。」

F：「私とBは6点差だった。」

このとき，確実にいえることは次のうちどれか。

①　Aは6人の中で4番目に点数が高い。

②　Cは69点だった。

③　AとEは4点差だった。

④　この6人の中で2番目に点が高いのはEである。

⑤　BとCの点数差は16点だった。

No.13

（解答 ▶ P.54）

A〜Cの3人が，PM7：00にレストランで待ち合わせをし，そのことについてそれぞれ次のような発言をした。

A：「自分の時計で，PM6：58に着いた。」

B：「自分の時計で，3分の遅刻だった。」

C：「到着したときに自分の時計を見たら，PM7：05だった。」

ところが，3人の時計はすべて正確な時間を示しておらず，実際の時間ではAがPM6：55に到着し，Bはその6分後に到着していた。Bの時計がCの時計よりも4分進んでいたとすると，確実にいえるものは次のうちどれか。

①　一番早く到着したのはCである。

②　Aが到着したのは，Cの時計でPM6：53である。

③　Bが到着したのは，Aの時計でPM7：02である。

④　Cが到着したのは，Aの時計でPM7：08である。

⑤　Bの時計は，Aの時計より5分遅れていた。

A～Cの3人は午前11：00に駅で待ち合わせをした。以下のことがわかっているとき，正しいものはどれか。

● Aの時計は駅の時計より3分遅れていて，着いた時に駅の時計は10：58であった。

● Bの時計は駅の時計より4分進んでいて，着いた時に駅の時計は11：01であった。

● Cの時計は駅の時計より5分遅れていて，着いた時に駅の時計は11：03であった。

正しい時刻では，Cは1分遅刻したが，Bは待ち合わせ時間1分前に到着した。

① 正しい時刻では2人が遅刻した。

② 正しい時刻では，Aは10：55に到着している。

③ Aの時計では待ち合わせ時間ぴったりに来た人がいる。

④ Bの時計では2人が遅刻した。

⑤ Cの時計では1人が遅刻した。

A～Dの4人が10：00に待ち合わせをして，以下のことがわかっている。

● Aは自分の時計は5分遅れていると思っていたので，9：55に着いたと思った。

● Bは自分の時計は3分進んでいると思っていたので，10：00ちょうどに着いたと思ったが，Cに7分遅刻と言われた。実際はAが着いて4分後に着いた。

● Cは自分の時計が正確だと思っていたので，10:01に着いたと思ったが，実際はDより4分前に着いた。

● Dは自分の時計が2分遅れていると思っていたので，10：02に着いたと思った。

● 実際には，Dの時計が正しかった。

このとき，確実にいえるのは次のうちどれか。

① 時計のずれが最も大きいのはCだった。

② Aが着いたとき，正確な時刻は9：58だった。

③ Bの時計は5分進んでいた。

④ Aが着いたとき，Cの時計は10：05だった。

⑤ Dは2番目に着いた。

（解答 ▶ P.55）

No.16

A～Cの3人が，午後1時に駅の待合室で待ち合わせをした。

● Aは自分の時計が3分遅れていると思っていたので，12時58分に着いたと思った。

● Bは自分の時計が5分進んでいると思っていたので，1時ちょうどに着いたと思った。

● Cは電車に乗り遅れたので遅刻をし，自分の時計が正しいと思っていたので，自分は1時30分に着いたと思った。

● 実際にはAの時計のみが正しく，Cの時計はAより5分遅れていた。

Bが到着したのはAが到着する1分前であるとすると，Cが到着したときBの時計は何時何分を指していたか。

① 1時24分

② 1時35分

③ 1時36分

④ 1時45分

⑤ 1時46分

（解答 ▶ P.56）

No.17

Aが自宅から公園までの道を往復しようとしている。自宅と公園のちょうど中間地点には花屋があり，また，自宅，花屋，公園には，それぞれ時計があるが，これら三つの時計は正確な時刻から常に一定時間だけ早い時刻又は遅い時刻を示している。

いま，Aが出発したとき，自宅の時計は10時ちょうどを示しており，花屋を通過したときに花屋の時計は11時ちょうどを示していたが，Aが公園に到着したとき，公園の時計も11時ちょうどを示していた。その後,公園で60分過ごしてから,これまで来た道を戻って,自宅に到着したとき,自宅の時計は14時ちょうどを示していた。このとき確実にいえるのはどれか。

ただし，Aが歩く速さは一定とし，自宅と公園との間では途中で休まないものとする。

① 花屋の時計は，公園の時計よりも45分進んでいる。

② 花屋の時計は，公園の時計よりも30分進んでいる。

③ 花屋の時計は，自宅の時計よりも45分進んでいる。

④ 自宅の時計は，公園の時計よりも45分進んでいる。

⑤ 自宅の時計は，花屋の時計よりも30分進んでいる。

第9章 順位・順序(3)追い越し・親族関係

No.1

（解答 ▶ P.57）

下はA〜Jの10人の家系図である。次の発言からJは何番に該当するか。ただしこの家系図では，以下のルールがあるものとする。

●夫婦は左に夫，右に妻の名前が入る。

●兄弟は右から年齢上位者が入る。

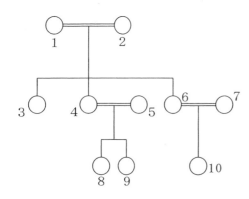

A：「Fは私の義妹です。」

B：「私には孫がいます。」

C：「私はこの家の嫁です。」

D：「私は妻がいます。」

E：「私は長男で妻はAです。」

F：「Gは私の母です。」

H：「Iは私の妹です。」

① 3

② 5

③ 8

④ 9

⑤ 10

下の図は，Aからみた家族および親族の家系図でBからJまで9人いる。次のことがわかっているとき，
確実にいえるのは次のうちどれか。

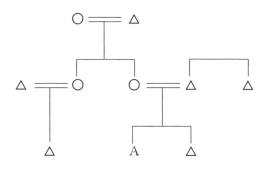

- ●○は男性，△は女性である。
- ●Aの母の義理の弟はHである。
- ●CとD，GとHは夫婦である。
- ●AとBは兄弟（姉妹）である。
- ●AとJの祖母はFである。
- ●DとIは兄弟（姉妹）である。

① Iの子どもはJである。

② DはFの子どもである。

③ Gから見てJは姪である。

④ AはEの孫である。

⑤ DとHは兄弟（姉妹）である。

第10章 位置

No.1 （解答 ▶ P.58）

A～Fの6人が，まるいテーブルの周りに等間隔に座っている。

● FはBの隣に座っている。

● EはAの1人おいて隣に座っている。

● CはBの真正面にいる。

以上3つのことがわかっているとき，確実にいえることは次のうちどれか。

① Aの隣はCである。

② Dの1人おいて隣はBである。

③ Fの正面はAである。

④ Dの隣はEである。

⑤ Eの正面はDである。

No.2 （解答 ▶ P.58）

A～Hの8人が，円形テーブルのまわりに座っている。Aの隣はB，Bと反対側へ1人おいた隣はCで，Dの隣はE，Eと反対側へ1人おいた隣はFで，GとHは向かい合っている。次のうち正しいのはどれか。

① AとFは向かい合っている。

② BとDは向かい合っている。

③ BとEは向かい合っている。

④ BとFは向かい合っている。

⑤ DとFは向かい合っている。

No.3

(解答 ▶ P.59)

円形テーブルにA～Hの8人の男女が座っている。

ア　Aの隣にFが座っている。

イ　Fの1つおいて隣にBが座っている。

ウ　GはAの対面ではない。

エ　CはBの対面である。

オ　DとHは対面同士である。

以上のことがわかっているとき，次の中で確実にいえるのはどれか。

①　Fの対面はEである。　　　　　　②　Aの隣はEである。

③　Fの隣はHである。　　　　　　　④　Eの対面はAである。

⑤　Eの対面はGである。

No.4

(解答 ▶ P.59)

A～Hの8人が円卓に等間隔で座っている。これらはX社やその他の会社から参加した人達である。X社の4人は並んで座っている。

● Aの向かいにDが座っている。

● E，C，D，Fの順に座っている。

● B，D，F，GはX社の人ではない。

以上のことが判明しているとすれば，これから確実にいえるのは次のどれか。

①　Eの向かいにGが座っている。　　②　Bの右隣りにGが座っている。

③　Fの向かいにHが座っている。　　④　Cの向かいにBが座っている。

⑤　Aの右隣りにBが座っている。

No.5

(解答 ▶ P.59)

A地点からF地点までの間の水道管がどこかで破裂し，漏水している。漏水箇所を調べてみた。Aから順にFまでを4地点B，C，D，Eに分けて調べたところEF間は漏水していない。AC間もDF間も漏水していない。このとき漏水区間はどこか。

①　AB間　　　②　AC間　　　③　BC間　　　④　CD間　　　⑤　DE間

5つの点A〜Eが一直線上に並んでいる（順番はわからない）。また，以下のことがわかっている。

● BC = 10cm である。
● BはAとCの中点である。
● CはDとEの中点である。
● DはAとBの中点である。

このとき，AE の長さはいくらか。

① 30cm ② 35cm ③ 40cm ④ 45cm ⑤ 50cm

A〜Dの4人が，寮の連続した4つの部屋に入居している。部屋は左から1号室，2号室，3号室，4号室となっている。今，A，B，Cの3人が次のように言っているとき，正しいのはどれか。

1号室	2号室	3号室	4号室

ア：「私は2号室の隣にいるがAではない。」
イ：「私は3号室に入っている。」
ウ：「私はAとCの間に入っている。」

① Aは1号室に入っている。　　　② Bは3号室に入っている。
③ Cは4号室に入っている。　　　④ Dは4号室に入っている。
⑤ Cは2号室に入っている。

あるアパートは，下の図のような部屋の配置になっている。このアパートの住民について，以下のことがわかっている。このとき，確実にいえることはどれか。

● ア，イ，ウ，エ，オの5人が住んでいて，1つ空室がある。
● オの部屋は1号室か2号室のどちらかで，隣にイしか住んでいない。
● アの部屋は，ウとエの部屋に接している。
● イの東隣にエの部屋がある。

① アの北側にエの部屋がある。
② ウの部屋の隣は空室である。
③ イの部屋が3号室ならば，アの部屋は6号室である。
④ ウの部屋が6号室ならば，アの部屋は4号室である。
⑤ 空室は1号室である。

No.9 （解答▸P.61）

A～Hの8人が，図のような2階建てのアパートに住んでいる。8人の住んでいる場所について次のことがわかっているとき，ありえないものはどれか。

201	202	203	204
101	102	103	104

● Aの部屋の2つおいた隣には，Bが住んでいる。

● Cの部屋の下には，Aが住んでいる。

● Cの部屋の1つおいた隣には，Dが住んでいる。

● Dの部屋の隣には，Gが住んでいる。

● Gの部屋の下には，Hが住んでいる。

● Fは右端または左端の部屋には住んでいない。

① Bは104に住んでいる。

② Cは201に住んでいる。

③ Dは202に住んでいる。

④ Gは204に住んでいる。

⑤ Fは103に住んでいる。

No.10 （解答▸P.61）

下図のような独身寮がある。ここの住人であるA～Dの4人が次のように述べた。

		301	302	303	304	
東	3階	201	202	203	204	西
	2階	101	102	103	104	
	1階					

A：「私の部屋は東から3つ目にあり，Bは1つ下の階に住んでいる。」

B：「私の部屋の東2つ隣はCがいる。」

C：「私の部屋は，AとDの部屋を結んだ斜め直線上にある。」

D：「私の部屋の2階真上の部屋は，Eが住んでいる。」

このことから正しくいえることは，次のうちどれか。

① Aの部屋は303である。

② Bの部屋は104である。

③ Cの部屋は203である。

④ Dの部屋は102である。

⑤ Eの部屋は304である。

南北の方向に引かれた直線がある。その線上にA～Eの5人が東西南北いずれかの方向を向いて立っていて，それぞれ以下のように発言した。

A：「Eは私の左側に立っている。」

B：「私のすぐ後ろにCがいる。」

C：「私の右隣にEがいる。」

D：「5人の中に私と同じ方角を向いている者はいない。」

E：「私の前には2人の人が立っているが，2人とも私と同じ方向を向いていない。」

このとき，反対方向を向いている者の組合せとして，ありえるものはどれか。

① 　A・B

② 　A・C

③ 　C・E

④ 　C・D

⑤ 　D・E

A～Fの6人が，下図のような町に建つア～カの家に住んでいる。6人はみんな独り暮らしで，以下のことがわかっている。

●AとEは，お互い道をはさんだ向かいに住んでいる。

●Bは道をはさんでFの右斜めに住んでいる。

●Cの隣はFである。

●DとEは，お互い道をはさんだ向かいに住んでいる。

このとき，カの家に住んでいるのは誰になるか。ただし「隣」とは，道をはさまずに隣接することとする。

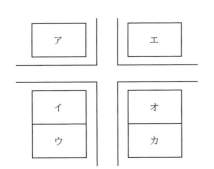

① 　A

② 　B

③ 　C

④ 　DかE

⑤ 　DかF

（解答 ▶ P.62）

No.13

図のように，ある交差点の近くに，A～Gの7軒の家がある。

ア～オのことがわかっているとき，確実にいえることは，次のうちどれか。

ア　AはBの隣である。

イ　CとAは南北方向で向かい合っている。

ウ　DはEより北にある。

エ　EはGより西にある。

オ　Fは交差点の角ではない。

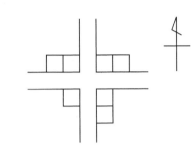

① AはEの向かいである。

② Bは交差点の角である。

③ BはGより北である。

④ EはAより南である。

⑤ Eは交差点の角である。

（解答 ▶ P.62）

No.14

図のようなインターネットカフェのブースがある。今，このブースにはA～Eの5人の人間が入っていて，1つだけ空いている。以下のことがわかっているとき，空いている可能性があるブースをすべて挙げているものはどれか。

ただし，ここにある6台のコンピューターは windows か mac のどちらかであるとする。

101	201
102	202
103	203

1．CとEが使っているコンピューターは windows で，Dが使っているコンピューターは mac である。

2．Aのブースの隣は，Cのブースである。

3．Eのブースの真向かいは空きブースである。

4．Dのブースの真向かいの隣のブースは，mac のコンピューターが入っている。

5．201 のコンピューターは windows で，誰かが入っている。

6．空きブースの隣は，Cのブースである。

7．空きブースにあるコンピューターは，windows である。

① 101 と 103

② 101 と 203

③ 102 と 103

④ 102 と 202

⑤ 202 と 203

A〜Fの6人が，下図のようなマンションで暮らしている。6人はそれぞれ独り暮らしであり，また，このマンションには空室が2部屋ある。

301	302	
201	202	203
101	102	103

さらに，以下のことがわかっている。

- Aは3階に住んでいる。
- Bのすぐ下にはFが住んでいる。
- Cは202号室に住んでいる。
- Dのすぐ上は空室となっている。
- Eのすぐ隣にはAが住んでいる。

このとき，確実にいえることは以下のうちどれか。

①　Aは301号室に住んでいる。

②　Bは203号室に住んでいる。

③　Dのすぐ隣にはFが住んでいる。

④　102号室は空室である。

⑤　201号室は空室である。

No.16

(解答 ▶ P.63)

図のように，道路に面した商店街がある。この7軒の配置について，以下のことがわかっている。

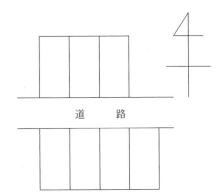

道　路

A　この商店街には，肉屋，魚屋，本屋，薬屋，八百屋，ラーメン屋，ブティックの7軒が入っている。

B　薬屋は，肉屋の道路を挟んだ正面の1軒おいた右にある。

C　本屋は，魚屋の道路を挟んだ正面にある。

D　八百屋は，本屋と同じ側の東にある。

E　ラーメン屋と魚屋は，ブティックよりも西にある。

これにもう1つ条件を付けると，7軒の位置がすべて確定するが，その条件として妥当なものは，次のうちどれか。

①　八百屋は，薬屋と同じ側にある。

②　肉屋は，八百屋の道路を挟んだ正面にある。

③　魚屋は，肉屋よりも東にある。

④　薬屋は，魚屋の道路を挟んだ正面の西にある。

⑤　ラーメン屋は，一番西にある。

第11章 方位

No.1

(解答 ▶ P.64)

ある日の朝，Aさんは公園を散歩していた。はじめはまっすぐ歩き，右へ45°曲がった。またしばらくまっすぐ歩きつづけ，今度は左へ90°曲がった。さらにまっすぐ歩き左に90°曲がると，Aさんは北を向いていた。

はじめにAさんが向いていた方角は，以下のうちどれか。

① 北東　　　② 北西　　　③ 南東　　　④ 南西　　　⑤ 西

No.2

(解答 ▶ P.64)

Aの家から見て，Bの家は西に，バス停は北にあり，Bの家から見て，バス停は北東にある。バス停の西に煙突があって，その煙突の南にBの家があるとき，煙突から見てAの家はどの方角にあるか。

① 北西　　　② 北東　　　③ 南西　　　④ 南東　　　⑤ 東

No.3

(解答 ▶ P.64)

A～Fの6人は，同じ町内に住んでいる。ある日，それぞれの家の窓から外を眺めたときに見える家について話したところ，以下のことがわかった。

Aの家の南東にはEの家がある。

Bの家の南西にはFの家がある。

Cの家の東にはBの家がある。

Dの家の西にはFの家がある。

Eの家の北東にはDの家がある。

Fの家の北にはCの家が，南にはEの家がある。

このとき，可能性がないものは以下のうちどれか。

① Bの家の南にDの家がある。　　　　② Aの家の東にFの家がある。

③ Cの家の南西にAの家がある。　　　④ Bの家の西にAの家がある。

⑤ Eの家の北東にBの家がある。

No.4

(解答 ▶ P.65)

ある人物が，A地点を出発点としてサイクリングに出かけた。まずある方角に向かって一直線に10分間走った後，B地点を南に方角を変えてしばらく走った。その後最初の進行方向に対して直角になるように5分走ったところ，A地点とB地点のちょうど中間点にでた。この人物が最初に向かっていた方角としてあり得るのは，次のうちどれか。ただし，自転車は常に一定の速度で走り続けていたとする。

① 南南西
② 西
③ 北東
④ 南西
⑤ 北北東

No.5

(解答 ▶ P.65)

ある街に住んでいるA〜Dの4人が，自分たちの家の位置関係について，以下のような証言をした。

A：「私の家の真東に，Cの家がある。」

B：「私の家とCの家を結んだ線と，私の家とDの家を結んだ線は，直角に交わっている。」

C：「私の家は，Bの家よりも西にある。」

D：「私の家の真北に，Aの家がある。」

Cの家とDの家を結んだ直線距離は1kmで，そのちょうど中間に駅があったとすると，Bの家に関する記述として，確実にいえるのは次のうちどれか。

① Aの家との直線距離は1kmである。
② 駅との直線距離は500mである。
③ Cの家との直線距離は500mである。
④ Dの家との直線距離は500mである。
⑤ 駅から見ると南東の方角にある。

第12章 集合

No.1
（解答 ▶ P.67）

総数 49 人の生徒の中で自動車のある家が 38 人，新聞を購読している家が 36 人，自動車がなく新聞も購読していない家が 2 人であるとき，自動車がなく，かつ新聞を購読している家の生徒は何人か。

① 10 人
② 9 人
③ 6 人
④ 5 人
⑤ 3 人

No.2
（解答 ▶ P.67）

ある学年で，200 人の生徒を対象として放課後の活動について調べたところ，塾に通う生徒は 158 人，部活を行う生徒は 78 人であった。また，どちらも行わない生徒は 8 人であった。このとき，塾と部活両方を行う生徒は何人いるか。

① 40 人
② 41 人
③ 42 人
④ 43 人
⑤ 44 人

No.3
（解答 ▶ P.68）

町を歩いている 20 歳代の女性 78 人に，「夏のバーゲン」に関するアンケート調査を行った。その結果，「バーゲンに行って服を買った」と答えた人が 49 人，「バーゲンに行ってサンダルを買った」と答えた人が 32 人，「バーゲンに行っていない」と答えた人が 14 人だった。バーゲンに行き，服もサンダルも買った人は何人いるか。

① 17 人
② 18 人
③ 19 人
④ 20 人
⑤ 21 人

No.4

(解答 ▶ P.68)

生徒数 360 人の学年で，部活動入部状況の調査を行った。文化部，運動部，生徒会役員のいずれに所属しているかを調べたところ，次の A〜D のような結果になった。このとき，生徒会役員のうち，部活動に所属している人数として正しいものはどれか。

A　いずれにも所属していない生徒は 110 人である。

B　生徒会役員の人数は 20 人である。

C　文化部と運動部の両方に所属している生徒はいない。

D　文化部または運動部に所属している生徒は 247 人である。

①　13 人　　　②　14 人　　　③　15 人　　　④　16 人　　　⑤　17 人

No.5

(解答 ▶ P.68)

子どもが 42 人いる。その中で，帽子をかぶっている子が 14 人でそのうちスニーカーを履いている子が 5 人，またスニーカーを履いている子が 23 人でそのうち T シャツを着ている子が 5 人，T シャツを着ている子が 16 人でそのうち帽子をかぶっている子が 3 人である。

T シャツだけ着ている子は何人いるか。

①　5 人　　　②　8 人　　　③　10 人　　　④　12 人　　　⑤　13 人

No.6

(解答 ▶ P.69)

生徒が 40 人の学級で英語の小テストを行った。小テストは 1 題 1 点の問題が 3 問出題され，1 問目が正解の生徒は 32 人，2 問目が正解の生徒は 19 人，3 問目が正解の生徒は 17 人であった。また，1 問も正解しなかった生徒はおらず，3 問とも正解した生徒は 11 人であった。このとき，2 点の生徒は何人いたか。

①　4 人　　　②　5 人　　　③　6 人　　　④　7 人　　　⑤　8 人

No.7 (解答 ▶ P.70)

ある書店でその日の客が購入した週刊誌を全員について調べたところ，以下のような結果が出た。

週刊J誌を購入した人は60人で，そのうち28人は週刊J誌のみを購入した。

週刊S誌を購入した人は50人で，そのうち24人は週刊S誌のみを購入した。

週刊M誌を購入した人は38人で，そのうち18人は週刊M誌のみを購入した。

J誌，S誌，M誌のうち，2冊のみを購入した人は21人だった。

週刊誌を購入しなかった人は9人だった。

このとき，書店にその日訪れた客は全部で何人か。

① 92人 　　② 102人 　　③ 112人 　　④ 122人 　　⑤ 132人

No.8 (解答 ▶ P.71)

共学の中高一貫校があり，全校生徒は751人である。中学生は363人，男子は419人，都内から通学している生徒は312人いる。また，高校の女子は160人，東京都以外から通学している中学生は295人，都内から通学している男子は133人いる。では，都内から通学している中学の女子が38人のとき，東京都以外から通学している高校の女子は何人か。

① 19人 　　② 30人 　　③ 103人 　　④ 125人 　　⑤ 141人

No.9 (解答 ▶ P.72)

30人にアンケートをとったところ，白が好きな人が26人，ピンクが好きな人が18人，水色が好きな人が20人，オレンジが好きな人が22人いた。以下のうち確実にいえるのはどれか。

① 白，ピンク，水色を好きな人は，少なくとも6人いる。

② ピンク，水色を好きな人は，少なくとも10人いる。

③ 白，水色が好きな人は，少なくとも4人いる。

④ 白，ピンク，オレンジが好きな人は，少なくとも6人いる。

⑤ ピンク，オレンジが好きな人は，少なくとも8人いる。

No.10

（解答 ▶ P.72）

ある町の魚市場には12軒の魚屋がある。その中の10軒にはタイがあった。また9軒にはイワシがあり，7軒にはイカがあった。タイ，イワシ，イカの3種類ともある店は少なくとも何軒あるか。

① 2軒　　　② 4軒　　　③ 5軒　　　④ 6軒　　　⑤ 7軒

No.11

（解答 ▶ P.72）

専門学校のあるクラスで，資格を持っている学生を調査したところ，次のことが分かった。

● 簿記の資格を持っている者が9人，情報の資格を持っている者が13人，英語の資格を持っている者が8人，漢字の資格を持っている者が8人いた。

● このうち2種類の資格を持っている者が11人，3種類の資格を持っている者が2人いたが，4種類すべての資格を持っている者はいなかった。

このとき，1種類の資格しか持っていない者は何人か。

① 14人　　　② 13人　　　③ 12人　　　④ 11人　　　⑤ 10人

No.12

（解答 ▶ P.73）

ある学級で，週刊誌の購読状況を調べたところ，雑誌Aを読んでいる生徒の $\frac{3}{4}$ が雑誌Bも読んでおり，雑誌Bを読んでいる生徒の $\frac{2}{5}$ は雑誌Aも読んでいることがわかった。

学級の人数の40人のうち，どちらも読んでいない生徒は6人である。このとき，AもBも読んでいる生徒は何人か。

① 10人　　　② 12人　　　③ 14人　　　④ 16人　　　⑤ 18人

第13章 魔方陣

（解答 ▶ P.74）

No.1

下のマス目に1〜9までの数字が入っている。縦・横・斜めの各々の和が等しいとき，上段の真中に1が，左の真中に3が入っているとすると，Aに入る数字は何か。

	1	
3		
		A

① 2
② 4
③ 5
④ 6
⑤ 9

（解答 ▶ P.74）

No.2

下の3×3のマス目に1〜17までの9個の奇数が入っているが，今，わかっているのは，下の4つだけである。この数字の配置は縦，横，斜めの和がすべて等しくなっている。Aに入る数字は何か。

	13	11
17		
7		A

① 1
② 3
③ 5
④ 9
⑤ 15

（解答 ▶ P.74）

No.3

13〜21までの連続する9個の数字を3×3のマス目に入れ，縦，横，斜めのいずれの和も等しくなるようにする。下図のように2つの数字が入っているとき，Aに入る数字は何か。

		A
15		
		14

① 13
② 16
③ 18
④ 19
⑤ 21

No.4

（解答 ▶ P.74）

下図は 1 ～ 16 まで数字を入れて，各縦，横，斜めの数字の和がすべて等しくなるように配列したものである。しかし，一部汚れて数字が見えなくなっており，はっきりわかるのは図の通りの数字である。A に入っていた数字は何か。

	3	2	13
5			8
		A	
4	15	14	1

① 4

② 7

③ 10

④ 12

⑤ 16

No.5

（解答 ▶ P.75）

図のようなマス目に 1 ～ 16 までの数を入れて，縦，横，斜めのどの 4 個の数の和も等しくなるようにしていたが，一部数字が消えてわからなくなってしまった。A と B の和はいくらだったか。

① 12

② 17

③ 19

④ 22

⑤ 24

15		2	
	10	A	7
	8		
1	B		4

No.6

（解答 ▶ P.75）

下図のような 16 個のマス目に，1 ～ 16 の整数を入れて，縦・横・斜めに並んだ 4 つの数のどの和も等しくなるようにしたい。空いているマス目に数字を入れたとき，A に入る数字は何か。

① 5

② 8

③ 10

④ 11

⑤ 13

			1
	7	12	
16	9		
			A

No.7 （解答 ▶ P.76)

図のような 16 のマス目に 1 ～ 16 の数を 1 つずつ入れ，縦または横の 4 つの数の合計がそれぞれ欄外の計の数になるようにしたい。すでに図のように数が入れてあるとき，A・B に入る数はどれか。

	A	B
①	2	7
②	2	15
③	5	7
④	5	11
⑤	7	13

				計
1			6	27
A	16	14		43
	3	9	B	32
10			4	34
計 26	**46**	**36**	**28**	

No.8 （解答 ▶ P.77)

図のような 25 個のマス目があり，1 ～ 25 の数字を入れて縦・横・斜めのマス目の和がすべて同じくなるようにしたい。今，図のように数字が入っているとすると，★部に入る数字は，次のうちどれか。

17	24			15
	5			
4		13		22
			21	
	★	25		

① 6
② 9
③ 16
④ 18
⑤ 19

No.9

（解答▶P.77）

図のように○が９つで構成された図形がある。各○の中には１～９までの数字が１つずつ入っており，各辺の３数の和は 14 となっている。今，下の④－⑨－①だけはわかっているとき，ⓔに入る数はいくつか。

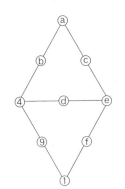

① 2

② 3

③ 5

④ 7

⑤ 8

No.10

（解答▶P.77）

次の図のように円が４個ずつ直線で結ばれている。１つの直線上に並ぶ４個の数の和はすべて 26 である。ＡとＦの和はいくらか。ただし，円の中に入るのは１～ 12 の自然数で同じ数字を２度使わないものとする。

① 11

② 12

③ 13

④ 14

⑤ 15

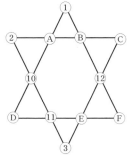

No.11

（解答▶P.78）

図には，ＡＦＩ，ＢＦＨ，ＡＢＣのように，３個の○を頂点とする正三角形が大小合わせて７個ある。この○のそれぞれに１～９の異なる数を１つずつ入れて，各三角形の頂点の３数の和をすべて等しくしたい。Ｇに２，Ｈに８が入っている場合，３の入る可能性のあるのはどこか。

① Ａ

② Ｂ

③ Ｃ

④ Ｄ

⑤ Ｆ

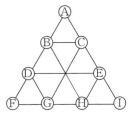

第14章 道順

No.1 （解答 ▶ P.79）

右の図のような道がある。この道をA点からB点に行くとき，道順は何通りあるか。またC点に行く場合はどうか。ただし，道は遠回りしないで行くものとする。

① 12通り，120通り

② 13通り，115通り

③ 14通り，110通り

④ 15通り，111通り

⑤ 16通り，118通り

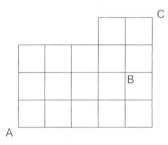

No.2 （解答 ▶ P.79）

図のような街路図がある。AからBまで最短経路を通って行く場合，図1と図2の経路の差はいくつになるか。

図1

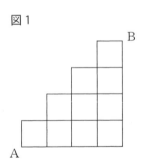

図2

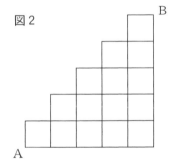

① 80通り

② 85通り

③ 90通り

④ 95通り

⑤ 100通り

AからBへ行く最短経路は何通りあるか。

① 480 通り

② 340 通り

③ 240 通り

④ 200 通り

⑤ 120 通り

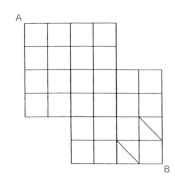

碁盤目の道路がある。AからBへ最短距離で行きたい。しかし3カ所で工事が行われ通れない（×印の箇所）。何通りの行き方があるか。

① 30 通り

② 33 通り

③ 35 通り

④ 38 通り

⑤ 40 通り

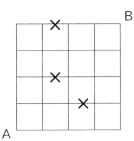

下のような道路がある。Aを出発し、x で荷物を受け取り、更に y で弁当をもらってBに届けなければならない。最短コースは何通りあるか。

① 25 通り

② 27 通り

③ 29 通り

④ 30 通り

⑤ 35 通り

No.6 （解答 ▶ P.81）

図のような道路図がある。C地点は右折禁止であるとき，AからBに至る最短経路は何通りあるか。

① 64 通り

② 84 通り

③ 112 通り

④ 132 通り

⑤ 150 通り

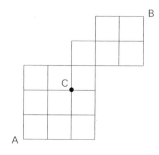

No.7 （解答 ▶ P.81）

碁盤目の道がある。AからEに行くのに中のB，C，D点を必ず通過しなければならない。通過順序は問わないが最短経路を通って行かねばならないとき，その経路は何通りあるか。

① 70 通り

② 81 通り

③ 126 通り

④ 196 通り

⑤ 252 通り

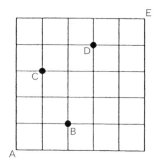

No.8 （解答 ▶ P.81）

図のような碁盤目の道路がある。

AからBへ最短距離を通って行きたいが，途中DかEの少なくとも1カ所を通らねばならないことになっているとき，行く道筋は何通りあるか。

① 105 通り

② 97 通り

③ 87 通り

④ 78 通り

⑤ 68 通り

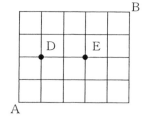

No.9

(解答▶P.82)

図の方眼で，A点からB点まで行くのに，C点またはD点のうち少なくとも一つを通って最短距離で行く経路は何通りあるか。

① 210 通り

② 306 通り

③ 378 通り

④ 420 通り

⑤ 462 通り

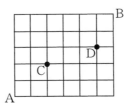

No.10

(解答▶P.83)

図のように，立方体を４つ重ねたものがある。点Aから点Bに各辺を通って最短距離で行く行き方は，何通りあるか。

① 28 通り

② 30 通り

③ 32 通り

④ 34 通り

⑤ 36 通り

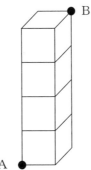

No.11

(解答▶P.83)

図のような簡単なジャングルジムがある。今，Cの所が折れているとき，AからBに至る最短距離は何通りあるか。

① 60 通り

② 66 通り

③ 70 通り

④ 78 通り

⑤ 89 通り

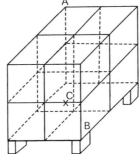

（解答 ▶ P.83）

次の①〜⑤のうち，一筆書きができるのはどれか。

①

②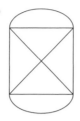

③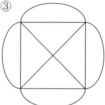

④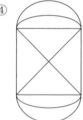

⑤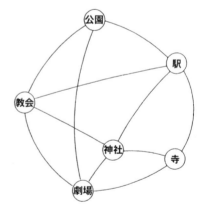

（解答 ▶ P.84）

右に道路図がある。道路周辺の景色がすべてよいので，すべての道路をサイクリングしたい。各道路は一度しか通らないものとしたとき，起点と終点の組合せとして正しいのはどれか。

	起点	終点
①	駅	劇場
②	公園	教会
③	神社	神社
④	公園	寺
⑤	公園	駅

No.14

（解答▸P.84）

図のような24本の線分からなる碁盤目がある。今，ペンを紙面から離さず，かつ同じ線分上を2度以上通らず書き終わる（一筆書きする）には，最低何本の線分を消せばいいか。

① 1本
② 2本
③ 3本
④ 4本
⑤ 5本

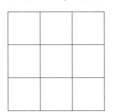

No.15

（解答▸P.84）

碁盤目の道がある。Aから出発してできるだけ多くの道を通ってBに行きたい。通れない道（区間）は最少でいくつあるか。ただし，同じ道は2度通ることはできない。

① 2
② 3
③ 4
④ 5
⑤ 6

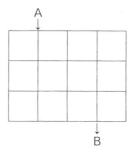

No.16

（解答▸P.84）

伸縮自在の紐がある。下図はその紐を結んで作った図形である。この図形を変形してできるのはどれか。ただし，紐の伸縮は自由だが，結び目の変更はできない。

① ② ③ ④ ⑤

（解答 ▶ P.85）

伸縮自在の紐でできている図形がある。

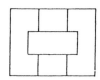

上の図形を変形させてできるのは次のうちどれか。

①

②

③

④

⑤

（解答 ▶ P.85）

3つの円を連ねた陸上競技場がある。Aを出発して円周上を走りBに抜けていく最短コースは全部で何通りあるか。

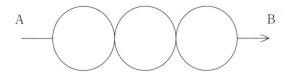

① 　4通り

② 　6通り

③ 　8通り

④ 　10通り

⑤ 　12通り

No.19 （解答 ▶ P.85)

AからBに行くのに何通りの行き方があるか。

ただし逆方向には行けないし，経路の長短は問題にしない。

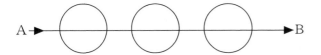

① 15通り

② 18通り

③ 21通り

④ 24通り

⑤ 27通り

No.20 （解答 ▶ P.85)

一辺2kmの正三角形ABCが地上に描かれている。D，E，Fは各辺の中点であり，中点と中点は直線で結ばれている。今，AからCへ行く4kmのコースを造りたい。何通りのコースが考えられるか。ただし同じ道を2度通ることはできない。

① 2通り

② 3通り

③ 4通り

④ 5通り

⑤ 6通り

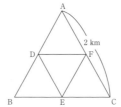

No.21 （解答 ▶ P.86)

次の図でAからBに行く経路は何通りあるか。ただし同じ経路，同じ地点は2度通れないものとする。

① 18通り

② 20通り

③ 22通り

④ 24通り

⑤ 26通り

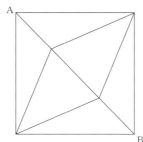

No.22 (解答 ▶ P.86)

図においてAからBに行く道は何通りあるか。ただし，1つの道順では，同じ地点を2度は通れないものとする。

① 46通り

② 48通り

③ 52通り

④ 58通り

⑤ 62通り

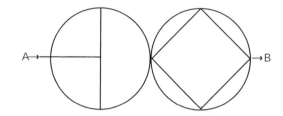

No.23 (解答 ▶ P.87)

図のようにAからBに至る道は全部で何通りあるか。ただし，1つの道順では，同じ地点を2度通ることはできない。なお，C地点は立体交差になっていて，上と下の道は別である。

① 10通り

② 11通り

③ 12通り

④ 13通り

⑤ 14通り

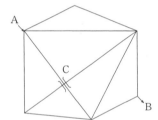

No.24 (解答 ▶ P.87)

正方形がある。一辺をacmとし，対角線を2bcmとする。Aを出発しすべての線分を通過して再びAに戻りたい。二度通る線分も出てくる。このとき最も短い距離は次のどれか。

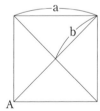

① 4a + 8b

② 5a + 6b

③ 6a + 4b

④ 6a + 5b

⑤ 6a + 6b

第15章 手順

No.1

（解答▶P.88）

大きさ，色の同じ12個の玉がある。1個だけ若干重い玉が混じっている。

上皿天秤を使って重い玉を抽出するには，上皿天秤を最低何回使用すればよいか。

① 3回

② 4回

③ 5回

④ 6回

⑤ 7回

No.2

（解答▶P.88）

外見は全く同じ15個の玉に，外見はそれらと同じだが重さがわずかに重い1個の玉が混じっている。他は全て同じである。今，上皿天秤を使ってその1個を選び出すには少なくとも何回天秤を使う必要があるか。

① 3回

② 4回

③ 5回

④ 6回

⑤ 7回

No.3

（解答▶P.88）

100個の同じ形をした物体がある。このうち99個は同じ重さであるが，1個だけ重いものが混じっている。

1台の天秤を使ってその重いものを確実に探しあてるためには，天秤は最低何回使えばよいか。

① 7回

② 6回

③ 5回

④ 4回

⑤ 3回

No.4 (解答 ▶ P.89)

外見は全く同じで，見分けのつかない7個の玉がある。しかし玉は2種類あって，5個は他の2個よりやや軽い。今，混じり合っているこの2種類の玉を選び分けるには上皿天秤を最低何回使う必要があるか。

① 3回
② 4回
③ 5回
④ 6回
⑤ 7回

No.5 (解答 ▶ P.89)

外見は全く同じ玉が9個ある。その中で2個は重さが他の7個より重い。つまり7個は全く同じ玉だが，2個は異なる玉ということになる。この9個の玉の中から2個の異なる玉を確実に選び出すには，上皿天秤を何回使用すればよいか。ただし，上皿天秤には分銅はないものとする。

① 3回
② 4回
③ 5回
④ 6回
⑤ 7回

No.6 (解答 ▶ P.90)

Aは金貨を16枚持っている。そのうち1枚は他と重さが違っているのはわかっているが，他よりも軽いか重いかはわかっていない。この16枚から天秤を使って重さの違う金貨を見分け，かつ他より重いか軽いかを確かめたい。
天秤をできるだけ少ない回数使用する場合，最低何回使えばよいか。

① 3回
② 4回
③ 5回
④ 6回
⑤ 7回

No.7

（解答 ▶ P.90）

大人2人と子ども2人が，1台のゴンドラで対岸へ行こうとしている。このゴンドラは子ども2人あるいは大人1人なら乗ることができるが，大人1人と子ども1人，あるいは大人2人では乗ることができない。この4人全員が対岸へ行くには，ゴンドラは最低何回動くことになるか。ただし，ゴンドラは人が乗っていないと作動はしないものとする。

① 7回

② 8回

③ 9回

④ 10回

⑤ 11回

No.8

（解答 ▶ P.91）

10Lのびんいっぱいに入っている水を，3Lと7Lの計量カップを用いて5Lずつに分けたい。何回か水の移し替えを行い，10Lのびんと7Lの計量カップに5Lずつの水が分かれるようにするには，水の移し替えは最低何回行う必要があるか。

① 9回

② 10回

③ 11回

④ 12回

⑤ 13回

No.9

（解答 ▶ P.91）

1.1L入る計量カップA，0.7L入る計量カップB，0.4L入る計量カップC，0.1L入る計量カップDがある。このAおよびDには現在オレンジジュースが上限まで入っている。X・Y・Zの3人がこのジュースを0.4LずつA・B・Cのカップに分け入れて飲むことにした。BのカップからCのカップへジュースを入れることはできないものとし，まず1回目にAからBへ0.7L分けるとする。

この場合，少なくともあと何回の作業でジュースを0.4LずつA・B・Cのカップに分け入れることができるか。ただし，それぞれのカップには目盛はないものとする。

① 4回

② 5回

③ 6回

④ 7回

⑤ 8回

1〜8の番号が入った見た目には全く同じ8つの野球の硬球がある。このうち2つは練習球で，他の6つの公式球と重さが違うことがわかっているが，練習球が公式球よりも重いか軽いかはわかっていない。そこで天秤を使って調べたところ，以下のことがわかった。

A　1，4，8のボールの合計と，2，6，7のボールの合計の重さは同じだった。

B　3，4，8のボールの合計と，1，2，6のボールの合計の重さを比べると，3，4，8の方が重かった。

C　5，8のボールの合計と，6，7のボールの合計の重さを比べると，6，7の方が重かった。

このとき確実にいえるのは，次のうちどれか。

ただし，練習球は同じ重さで，残り6つの公式球の重さも同じであるとする。

① 練習球は1と2で，公式球よりも軽い。

② 練習球は2と4で，公式球よりも重い。

③ 練習球は4と7で，公式球よりも重い。

④ 練習球は6と7で，公式球よりも軽い。

⑤ 練習球は7と8で，公式球よりも重い。

前から順に1〜7までの番号が振られている椅子が，縦1列に7個おいてあり，7人の人が座っている。この人たちはすべて体重が違うが，お互い相手が何kgかはわかっていない。今からこの人たちを，下記の手順で前から体重の重い順に並べ替える。

〈並べ替え手順〉

前後の席に座っている2人が立ち上がり，自分の体重を相手だけに聞こえるように耳打ちする。前の者が体重が重ければそのまま，後の者が体重が重ければ席を替えて座り直す。

これを「作業1回」とする。

最初に1の椅子に座っている者と2の椅子に座っている者の2人で行い，次が2と3，つづけて3と4，という方法で，順次前後の席に座っている2人で比較し合っていく。6と7まで終了したら，また1と2に戻って作業を繰り返していく。

ただし，すでに作業が済んで体重がわかった者が前後に来た場合は，作業は行わない。

この場合，並び替えが終わるまでの作業が最大となる場合の回数は，何回になるか。

① 11回

② 15回

③ 17回

④ 21回

⑤ 25回

第16章 曜日

No.1

(解答 ▸ P.94)

ある年の1月1日は日曜日であった。この年は平年（うるう年ではない年）なので□□□月1日もまた日曜日であるという。□□□の中に入る適当な月は何月か。

① 6月

② 8月

③ 10月

④ 11月

⑤ 12月

No.2

(解答 ▸ P.94)

ある年の9月8日（水）に女の子が誕生した。この子の16歳の誕生日は何曜日か。

① 土曜日

② 日曜日

③ 月曜日

④ 火曜日

⑤ 水曜日

No.3

(解答 ▸ P.94)

2008年の元旦が火曜日だったとき，2002年2月10日は何曜日であったか。

① 金曜日

② 土曜日

③ 日曜日

④ 月曜日

⑤ 火曜日

（解答 ▸ P.95）

A～Cの３人は町の柔道場に通っているが，Aは２日おきに，Bは４日おきにCは５日おきに道場にやってくる。ある木曜日に３人が一緒になったとすると，３人が次の次に一緒になるのは何曜日か。

① 日曜日
② 月曜日
③ 火曜日
④ 水曜日
⑤ 木曜日

（解答 ▸ P.95）

A～Eの５人が碁会所に通っている。月曜日は休日である。５人の日数は次の通りである。

ア　A，B，Cは２日おきに２回通うが会うことはない。

イ　DとEは週３回，１日おきに通うが，会うことはない。

ウ　BとCは水曜日は行かない。またBとEは金曜日に行く。

このとき，次の中であり得ないのはどれか。

① 火曜日はBとDが会う。
② １日に３人会うことはない。
③ 木曜日はCとDが会う。
④ CとEは土曜日に会う。
⑤ １日に１人だけの日はない。

第1編

第17章 その他の問題

（解答 ▶ P.96）

No.1

下のような数列がある。この数列は一定の法則に従って配列されている。　　　　　の中に入る数はいくつか。

5，6，9，14，　　　　，30，41，……

① 19　　　　② 20　　　　③ 21　　　　④ 22　　　　⑤ 23

（解答 ▶ P.96）

No.2

ある法則に従って次の数字が並んでいる。ところが1つだけ間違った数字がある。それはどれか。

1，2，6，15，31，54，92，……

① 6　　　　② 15　　　　③ 31　　　　④ 54　　　　⑤ 92

（解答 ▶ P.96）

No.3

次のように，ある規則性に基づいている数列がある。この数列の127番目の数字は何か。

1，2，3，4，5，4，3，2，1，2，3，4，5，4，3，2，1，2，……

① 1　　　　② 2　　　　③ 3　　　　④ 4　　　　⑤ 5

（解答 ▶ P.96）

No.4

以下の数字は，ある規則に基づいて並んでいる。（　　　）内に入る数字は何か。

1，1，2，3，5，8，13，21，34，55，89，（　　　），233，……

① 114　　　　② 136　　　　③ 144　　　　④ 156　　　　⑤ 172

（解答 ▶ P.97）

No.5

次の数列の（　　）に当てはまる数を選べ。

$$1, \ \frac{1}{2}, \ \frac{1}{6}, \ \left(\quad \right), \ \frac{1}{120}, \ \frac{1}{720}, \ \frac{1}{5040}, \ \cdots\cdots$$

① $\dfrac{1}{9}$　　　② $\dfrac{1}{18}$　　　③ $\dfrac{1}{24}$　　　④ $\dfrac{1}{48}$　　　⑤ $\dfrac{1}{72}$

（解答 ▶ P.97）

No.6

次の数には規則性がある。□に当てはまる数はどれか。

$$3, \ 4, \ \frac{21}{5}, \ \frac{30}{7}, \ \Box, \ \frac{48}{11}, \ \cdots\cdots$$

① 6　　　② $\dfrac{13}{3}$　　　③ $\dfrac{40}{9}$　　　④ $\dfrac{37}{8}$　　　⑤ $\dfrac{43}{10}$

（解答 ▶ P.97）

No.7

下の各数字は，ある規則に従って並んでいる。□に入る数字として正しいものは次のうちどれか。

$$1, \ 1, \ 1, \ \frac{8}{7}, \ \frac{16}{11}, \ 2, \ \frac{32}{11}, \ \frac{128}{29}, \ \boxed{}, \ \frac{256}{23}, \ \cdots\cdots$$

① $\dfrac{64}{21}$　　　② 2　　　③ $\dfrac{96}{23}$　　　④ $\dfrac{256}{37}$　　　⑤ 6

No.8

（解答▶P.97）

下の各数字は，ある規則に従って並んでいる。 □ に入る数字として正しいものは，次のうちどれか。

$$1 ,\ 1 ,\ \frac{3}{4} ,\ \frac{1}{2} ,\ \frac{5}{16} ,\ \frac{3}{16} ,\ \frac{7}{64} ,\ \frac{1}{16} ,\ \boxed{} ,\ \frac{5}{256} ,\ \cdots\cdots$$

① $\dfrac{21}{16}$

② 2

③ $\dfrac{23}{96}$

④ $\dfrac{9}{256}$

⑤ 6

No.9

（解答▶P.97）

下のような表がある。数字は一定の法則に従って配列されている。Aに入る数字を下から選べ。

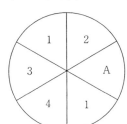

① 10

② 9

③ 8

④ 7

⑤ 6

No.10 （解答 ▶ P.98)

図のように数字の書かれた三角形4つが組み合わされている。この数字の配列には1つの法則がある。このとき，Aに入る数字は何か。

① 8
② 9
③ 10
④ 12
⑤ 15

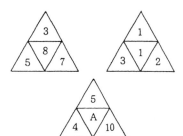

No.11 （解答 ▶ P.98)

一定の規則に従って下のように四角形の周りに数字が配置されている。 の中に入る数はいくつか。

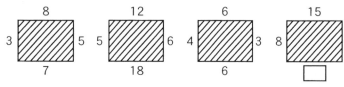

① 18
② 17
③ 15
④ 11
⑤ 9

No.12 （解答 ▶ P.98)

下の図のように，ある規則性に基づいて石が並んでいる。このとき，12番目の石の数はいくつか。

① 121 個
② 144 個
③ 136 個
④ 186 個
⑤ 264 個

No.13

（解答 ▶ P.99）

黒い碁石を下図のように，縦と横の石数が同じになるように正方形型に並べたところ，一番外側の個数が60個になった。このとき，並べられた碁石の数は，全部で何個か。

① 169 個
② 196 個
③ 225 個
④ 256 個
⑤ 289 個

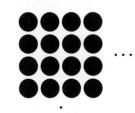

No.14

（解答 ▶ P.99）

下の図のように，白または黒のマス目が規則的に増えていくとき，10 番目の白マスと黒マスの数の差はいくらか。

1番目

2番目

3番目

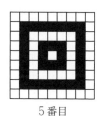
4番目

5番目

① 黒マスが 49 個多い
② 黒マスが 39 個多い
③ 白マスが 39 個多い
④ 白マスが 28 個多い
⑤ 黒マスが 31 個多い

下のような表に 1 ～ 240 までの整数を図のように入れていくとき，同じ縦列に入る数字の組合せとして正しいものは，次のうちどれか。

1	2	3	4	5	6	7	8
16	15	14	13	12	11	10	9
17	18	19	20	21	22	23	24
32	31	30	29	28	27	26	25

① 111 と 204

② 129 と 216

③ 144 と 237

④ 163 と 222

⑤ 187 と 231

縦 4 つに並んだランプがある。1 回ボタンを押すと 1 番下の 1 個が点灯する。3 回押すと 1 段目と 2 段目が点灯する。4 回・10 回と上図のように点灯していく。

それでは，全部を点灯させるには，何回ボタンを押せばよいか。

1回　3回　4回　10回

① 10 回

② 11 回

③ 12 回

④ 15 回

⑤ 18 回

No.17

（解答▶P.100）

　　　1　　　　　　2　　　　　　3　　　　　　7　　　　　37

上図はそれぞれ図の下に書かれた数字を一定の規則に従って表したものである。それでは，次に書かれた図の表す数の差を求めよ。

① 120

② 132

③ 142

④ 156

⑤ 164

No.18

（解答▶P.101）

図は一つの規則に従って模様が配列されている。Aに来る模様は何か。

① ☆

② △

③ ○

④ □

⑤ ✚

○	△	☆	✚	A
□	○	△	□	
✚	□	☆	○	
☆	✚	☆	△	
△	○	□	✚	

No.19

（解答▶P.101）

時計の文字盤上に2本の平行線を引き，数字を3つのグループに分け，3つのグループの中の数字の和を等しくするとき，次の数字の組合せの中で同じグループに属するのはどれか。

① 12と3

② 11と9

③ 11と7

④ 9と3

⑤ 8と4

コインが 12 枚ある。4 つの箱に各々何枚かのコインが入っている。2 つの箱から合計 3 枚のコインをとり出し，他の箱へ移した。すると，すべての箱の中のコインの数が等しくなった。最初に最も多くコインの入っていた箱のコインの数はいくつか。

① 3 枚

② 4 枚

③ 5 枚

④ 6 枚

⑤ 7 枚

70 チームで試合をし優勝チームを決めたい。試合はトーナメント戦で 1 日に 4 試合を行う。決勝戦は何日目に行われるか。

① 16 日目

② 17 日目

③ 18 日目

④ 19 日目

⑤ 20 日目

16 人の柔道選手がいる。この中から強い順に 2 人を全国大会に出場させることになった。2 人を選ぶのに最低何試合必要か。

① 15 試合

② 16 試合

③ 17 試合

④ 18 試合

⑤ 19 試合

No.23

（解答 ▶ P.102）

100円，50円，10円の3種類のコインをそれぞれ3枚ずつ持っている。使わないコインがあってもいいものとすると，3枚以内のコインを使って何通りの金額ができるか。ただし，同じ金額は一通りとして考える。

① 12通り

② 13通り

③ 14通り

④ 15通り

⑤ 16通り

No.24

（解答 ▶ P.102）

試験問題がある。1問1点で10問あって，10点満点である。

A～Cの3人が解いたが，AはCの解けなかった問題を全部正解し，その他に3問正解した。BはAの解けなかった問題とCの解けなかった問題をすべて正解し，更に1問正解した。Cは6問正解した。Aの正解数は何問か。

① 5問

② 6問

③ 7問

④ 8問

⑤ 9問

No.25

（解答 ▶ P.103）

9枚のカードがある。表に1～9，裏には表の数との和が10になる数字がそれぞれ1つずつ書かれている。表の和が24になるようにカードを4枚取り出したとき，残り5枚の裏の和はいくらか。

① 26

② 27

③ 28

④ 29

⑤ 30

（解答 ▸ P.103）

T君は，図のようなダーツ板でダーツをしていた。このダーツ板のB～Gに入る数字は，真ん中にあるAに外の数をかけたものになっている。（たとえばBに入る数は，Aに6をかけた数。）

T君は6本のダーツの矢を投げ，B～Gにそれぞれ1本ずつ当てた。その合計点数が279点だったとき，Aに入る数字は何か。

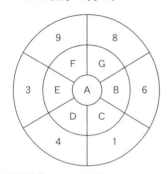

① 　9
② 　12
③ 　21
④ 　31
⑤ 　33

（解答 ▸ P.103）

技術員が学校の時計を調整している。今，正午に時間を合わせたが，その1時間後には針は1時20分を示していた。この時計が2時から10時まで時を刻む間に，実際にはどれだけの時間が経過しているか。

① 　6時間30分
② 　6時間20分
③ 　6時間10分
④ 　6時間
⑤ 　5時間50分

（解答 ▸ P.103）

いくつかの分銅を使って1gから10gまで1g単位で量りたい。最低何個の分銅があれば量ることができるか。

① 　3個
② 　4個
③ 　5個
④ 　6個
⑤ 　7個

No.29

（解答 ▶ P.104）

あるデパートは，売り場が1階から9階まであり，上りエスカレータと下りエスカレータが1基ずつ設置されている。

A，Bの2人がこのデパートに買い物に行った。2人はそれぞれ別の階で買い物をした後，4階の上りエスカレータ乗り口付近で待ち合わせることにした。買い物を済ませたAが，2階の下りエスカレータ乗り口近くからBに電話したところ，Bもそのとき別のエスカレータ乗り口近くにいることが判明し，2人は同時に待ち合わせ場所に向かった。ところが，Aが間違って目の前の下りエスカレータに乗ってしまい，遠回りしたことから，2人はちょうど同じだけの距離を移動して待ち合わせ場所に着いた。電話の時点で，Bがいたと考えられるエスカレータ乗り口として最も妥当なのはどれか。

ただし，上りエスカレータと下りエスカレータは設置してある場所が離れており，その距離は，どの階においても，エスカレータで階を上下する距離の1.5倍である。また，エスカレータの長さはどれも同じであるものとする。

① 7階の下りエスカレータ乗り口
② 7階の上りエスカレータ乗り口
③ 8階の下りエスカレータ乗り口
④ 8階の上りエスカレータ乗り口
⑤ 9階の下りエスカレータ乗り口

第18章 平面図形(1)平面構成

No.1 （解答 ▶ P.105）

平面上に平行でない8本の直線がある。交点の数はみなでいくつあるか。ただし，交点は2線の交点しかないものとする。

① 55個

② 45個

③ 30個

④ 28個

⑤ 26個

No.2 （解答 ▶ P.105）

次の図形の中に三角形はいくつあるか。

① 25個

② 26個

③ 27個

④ 28個

⑤ 29個

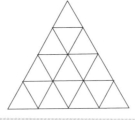

No.3 （解答 ▶ P.105）

図の中に台形は何個あるか。

① 15個

② 18個

③ 20個

④ 21個

⑤ 22個

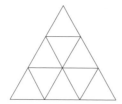

No.4 （解答 ▶ P.106）

下の図の中に四角形はいくつあるか。

① 33 個

② 34 個

③ 35 個

④ 36 個

⑤ 37 個

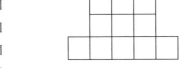

No.5 （解答 ▶ P.106）

下の長方形は 30 個の小正方形を組み合わせたものである。この中に，正方形はいくつあるか。

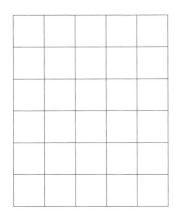

① 64 個

② 66 個

③ 68 個

④ 70 個

⑤ 72 個

No.6 （解答 ▶ P.106）

正方形があり，中点，対角線が左図のように直線で結ばれている。この中に直角三角形はいくつあるか。

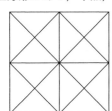

① 44 個

② 42 個

③ 40 個

④ 38 個

⑤ 36 個

(解答 ▶ P.107)

No.7

図の中の三角形の数は合計いくつあるか。

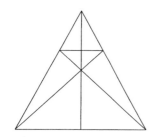

①　20 個

②　21 個

③　22 個

④　23 個

⑤　24 個

No.8

(解答 ▶ P.107)

図のように，16 個の点が縦横等間隔に規則正しく並んでいる。これらの点のうち，任意の 4 点を頂点とする正方形は全部でいくつあるか。

①　14 個

②　16 個

③　18 個

④　20 個

⑤　22 個

No.9

(解答 ▶ P.108)

下のように，9 つの点が碁盤目上に並んでいる。これらから 3 個の点を選んで三角形を作るとき，何個の三角形ができるか。

①　72 個

②　76 個

③　80 個

④　82 個

⑤　84 個

No.10

（解答 ▶ P.108）

下図のような，小正方形を5つ集めて作った図形を隙間なく敷き詰めて，大正方形を作りたい。このとき，この図形は最低何個必要になるか。

① 8個

② 12個

③ 16個

④ 20個

⑤ 24個

No.11

（解答 ▶ P.109）

図1のような格子模様が入った板がある。これを運ぶ際，誤って割ってしまい，元に戻さなければいけなくなった。①〜⑤の部品の中で，必要ないものはどれか。ただし，1枚は図2のようにすでに置いてあるものとし，①〜⑤は裏返しては使えないものとする。

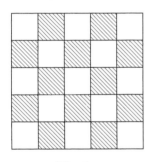

図　1

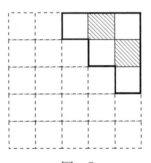

図　2

①

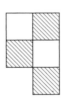

②

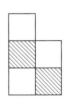

③

④

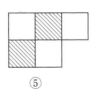

⑤

図のように，黒または白く塗られた４×４の正方形を分割した。以下の①～⑤までのうち，分割してもできない図形はどれか。ただし，裏返すことはしないものとする。

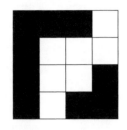

① 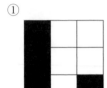　② 　③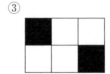

④ 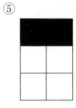　⑤

No.13

（解答 ▶ P.109）

下図のような正方形を，下記の①～⑤の図のうち４つを組み合わせて作る場合，不要なものはどれか。ただし，それぞれの図形は裏返して使ってもよいものとする。

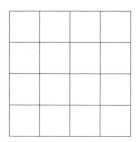

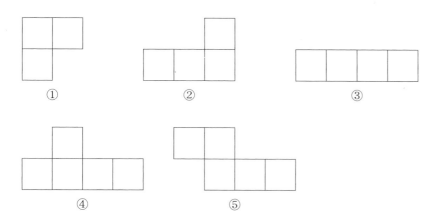

No.14

（解答 ▶ P.110）

図のような正方形を線に沿って切り，形も大きさも同じ４つの図形に分けたい。何種類の形ができるか。ただし，裏返したり動かして同じ形になるものは，１種類として考えるものとする。

① 2種類
② 3種類
③ 4種類
④ 5種類
⑤ 6種類

（解答 ▸ P.110）

No.15

全く同じ直角二等辺三角形が8個ある。これを全部利用して図形を作るとき，できないものは次のうちどれか。

① 正三角形   ② 二等辺三角形   ③ 長方形   ④ 平行四辺形   ⑤ 台形

No.16

（解答 ▸ P.110）

図の斜線を施した三角形全部を用いてできない図形は，次のうちどれか。

① 正三角形
② 台形
③ 二等辺三角形
④ 正方形
⑤ 長方形

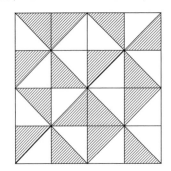

No.17

（解答 ▸ P.111）

下図のように正方形の紙を作り，点線に沿って切断した。

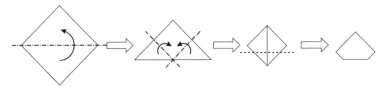

これを広げたとき，紙片の形として正しいものは以下のうちどれになるか。

①

②

③

④

⑤

No.18

（解答 ▶ P.111）

図Ⅰは，合同の形の紙を４枚重ねずに組み合せてできた図形である。また，図Ⅱの点線は境界の一部分を示したものである。このとき，もとの１枚の紙の形として最も妥当なのはどれか。

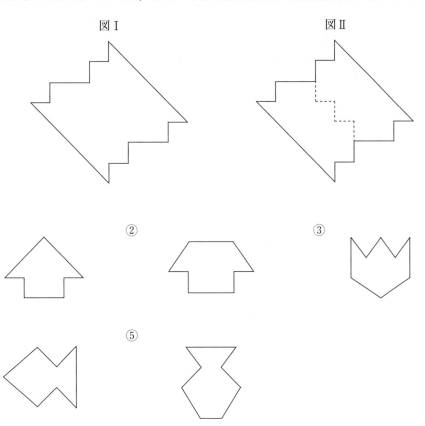

第19章 平面図形(2) 軌跡

No.1 （解答 ▶ P.112）

正五角形ＡＢＣＤＥのＢＥを結び，△ＡＢＥを切断して四角形ＢＣＤＥを作った。ＢＥが直線に接している状態から，滑らないように直線に沿って回転させた。このとき，点Ｄの動く軌跡として正しいものはどれか。

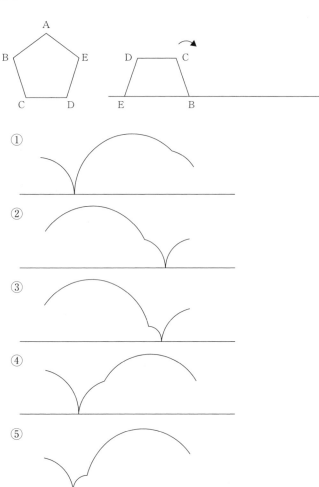

No.2

（解答 ▶ P.112）

下図の直角二等辺三角形が直線 ℓ 上を，滑ることなく矢印の方向に回転するとき，三角形の頂点A，Bの描く軌跡として正しいのはどれか。

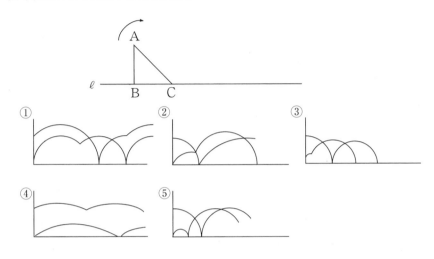

No.3

（解答 ▶ P.112）

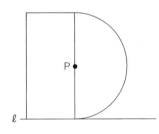

左のような四角形と半円を組み合わせた図形がある。この図形が直線 ℓ 上を滑ることなく右に転がっていくとき，半円の中心Pの軌跡はどのような図形になるか。

① 　② 　③

④ 　⑤

半円と三角形で構成された図のような
図形がある。この図形が矢印の方向に
滑ることなく転がって行くとき，半円
の中心Oの描く軌跡はどのような線を
描くか。

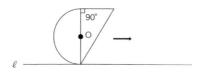

直径 10cm の円の外周に図のように直径 2.5cm のコインが接している。

今，このコインが円周に沿って図のように回転して，元の位置に戻って来たとき，このコインは何回転したことになるか。

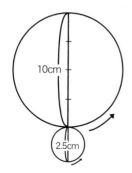

① 3回転

② 4回転

③ $4\dfrac{1}{2}$ 回転

④ 5回転

⑤ 6回転

No.6

（解答 ▶ P.113)

半径 a の大円がある。この大円が2つに切断されて，下図のように置いてある。半径の $\frac{a}{2}$ 小円が大円の直径の端にあり，この小円が大円の周囲を滑らず転がっていき，直径の他の端まで達したとき，小円の矢印はどちらを向いているか。

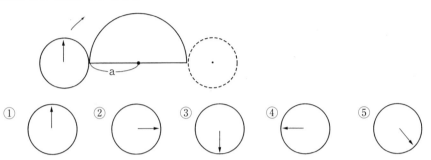

① ② ③ ④ ⑤

No.7

（解答 ▶ P.113)

同一直線上に同じ円が4つ接して並んでいる。

今，最も左のAがB・C・Dを乗り越え転がって行くとき，Eの位置に来たときAは何回転したことになるか。

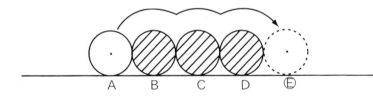

① 1回転

② $1\frac{1}{3}$ 回転

③ $1\frac{1}{2}$ 回転

④ $1\frac{2}{3}$ 回転

⑤ 2回転

（解答 ▶ P.113）

No.8

半径8cmの円Aの中に半径8cmより小さい円Bを入れ，Aの円周（内側）に沿ってBを滑らないように回転させたとき，Bの円周上の1点が図の点線のような軌跡を描いた。このとき，Aの半径：Bの半径を正しく表しているものはどれか。

① 2：1
② 4：1
③ 8：1
④ 8：3
⑤ 8：5

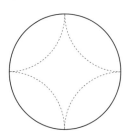

No.9

（解答 ▶ P.114）

ＡＰ＝ＡＢ＝2cmである直角二等辺三角形ＡＢＰを，図のように直線ℓ上におき，滑らないように1度だけ転がしたとき，点Pの描く軌跡の長さとして正しいものは，次のうちどれか。

① 2π cm
② 3π cm
③ $3\sqrt{2}\pi$ cm
④ $\dfrac{3\sqrt{2}}{2}\pi$ cm
⑤ 6π cm

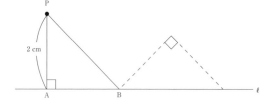

No.10

（解答 ▶ P.114）

下図のような，2辺の長さが4cm，3cmである長方形を，直線上を滑ることなく1回転させて元の状態に戻したとき，長方形上の点Pが描く軌跡の長さとして正しいものは，次のうちどれか。

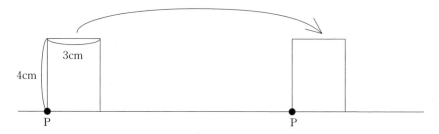

① $\dfrac{9}{2}$（cm）　　② 5π（cm）　　③ $\dfrac{11}{2}$（cm）　　④ 6π（cm）　　⑤ $\dfrac{13}{2}$（cm）

第1編

第20章 立体図形⑴ 正多面体

No.1

（解答 ▶ P.115）

下図のような立方体の展開図がある。この中で，組み立てたとき，立方体にならないのはどれか。

① 　② 　③ 　④ 　⑤

No.2

（解答 ▶ P.115）

次の図のような展開図らしきものがある。これらの中で正多面体の正しい展開図はどれか。

① 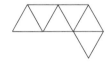　②

③ 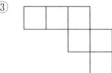　④ 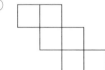　⑤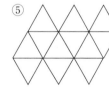

下図のように，立方体の箱にリボンをかけた。飾りがついた面をＡとして展開図を描いたとき，Ａの他に
リボンが交差している面は①〜⑤のうちどれか。

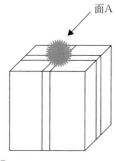

面A

		3	5
	1	4	
A	2		

① 1

② 2

③ 3

④ 4

⑤ 5

以下の展開図を組み立てたときにできる立体で，辺ＥＦと重なるのはどの辺か。

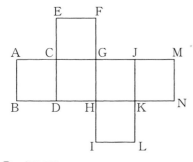

① 辺ＭＮ

② 辺ＩＬ

③ 辺ＢＤ

④ 辺ＪＭ

⑤ 辺ＡＢ

No.5
（解答 ▶ P.116）

正八面体の展開図がある。これを組み立てたとき，面Ａと平行になる面はどれか。

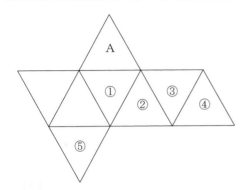

No.6
（解答 ▶ P.116）

正八面体の展開図がある。この展開図において組み立てたとき，辺ＡＢと重なる辺はどれか。

① 辺ＩＨ

② 辺ＨＧ

③ 辺ＧＦ

④ 辺ＣＤ

⑤ 辺ＥＦ

No.7
（解答 ▶ P.117）

正八面体のある頂点から出発して，辺の中点と頂点を順に経て，元の頂点に戻る直線を描いた。これを展開したものは次のどれか。

① 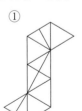　② 　③ 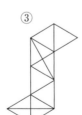　④ 　⑤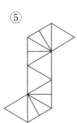

No.8 （解答 ▶ P.117）

正十二面体がある。各頂点に左のように符号を打った。互いに平行でない辺の組合せはどれか。

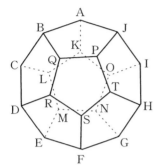

① 辺AJと辺EF

② 辺AKと辺SF

③ 辺THと辺CL

④ 辺QPと辺FG

⑤ 辺IHと辺CD

No.9 （解答 ▶ P.117）

正二十面体の対角線は何本か。

① 32本

② 36本

③ 48本

④ 64本

⑤ 72本

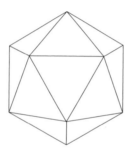

No.10 （解答 ▶ P.117）

図は正二十面体の展開図である。これを組み立てたとき，正しいのはどれか。

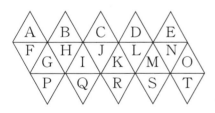

① 面Aと面Eは平行である。

② 面Fと面Jは平行である。

③ 面Hと面Lは平行である。

④ 面Bと面Sは平行である。

⑤ 面Cと面Rは平行である。

No.11

（解答▶P.118）

頂点の数が6，辺の数が12である正多面体がある。この正多面体の面の中心をとって隣どうしを線で結んだところ，ある立体ができた。この立体は次のうちどれか。

① 正四面体

② 正六面体

③ 正八面体

④ 正十二面体

⑤ 正二十面体

No.12

（解答▶P.118）

立方体の各辺を3等分し，1つの頂点に隣接する3つの3等分点をそれぞれ通る平面で，すべての頂点を切り落としたときにできる立体の辺の数と頂点の数はいくらか。

	辺の数	頂点の数
①	16 本	24 個
②	16 本	32 個
③	24 本	24 個
④	36 本	24 個
⑤	36 本	32 個

No.13

（解答▶P.118）

各面が白・黒・赤・青・黄・緑に塗られた立方体がある。黒の対面が黄色で，白と隣り合っている面が黒・赤・黄・緑であるとき，赤と隣り合っている面の組合せとして正しいのは，次のうちどれか。

① 白・黒・青・黄

② 白・黒・青・緑

③ 白・黒・黄・緑

④ 白・青・黄・緑

⑤ 黒・青・黄・緑

次の展開図を組み立てたときにできる立方体は以下のうちどれか。

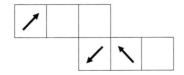

①

②

③

④

⑤

 左の図のように，立方体に「北海道」という文字が書かれている。この立方体の展開図として正しいものは，次のうちどれか。

①

②

③

④

⑤

No.16

（解答▶P.119）

下図において，実線部は正八面体の展開図である。今，点線部を加えて，正八面体を組み立てたとき，斜線部に重なるのは①～⑤のどの面か。

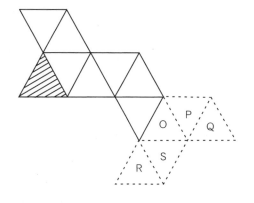

① 面O

② 面P

③ 面Q

④ 面R

⑤ 面S

No.17

（解答▶P.120）

下図のように正八面体に２カ所矢印がある。この正八面体の展開図として正しいものはどれか。

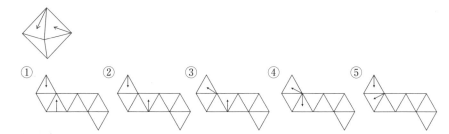

No.18

（解答▶P.120）

次の展開図を組み立てた正八面体の見取図として，正しいものはどれか。

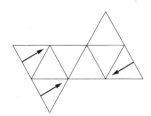

下の図は同じサイコロを2つ並べたものである。このサイコロの展開図として適切なものは次のうちどれか。ただし，数字の上下左右の向きは考えなくてよいものとする。

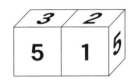

① A，B，Cのうちどれか1つが適切である。

② A，Bが適切である。

③ B，Cが適切である。

④ A，Cが適切である。

⑤ A，B，Cすべて適切である。

サイコロが6個，図2のように並んで積まれている。このサイコロはすべて同じサイコロで，展開図は図1の通りである。それぞれのサイコロが接している面の数の和が7であるとき，Aの目の数はいくらか。

① 2

② 3

③ 4

④ 5

⑤ 6

図1

図2

同じサイコロが図のように積んである。このサイコロは対面の数の和が7の標準的なサイコロである。2つのサイコロの接する面の目の数は同じであるとすると，Aの目はいくつか。

① 1

② 2

③ 3

④ 4

⑤ 5

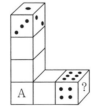

No.22

(解答 ▶ P.121)

対面の数の和が7のサイコロ6個が右のように置かれている。サイコロが接する面の数の和が8のとき，Aの数はいくつか。

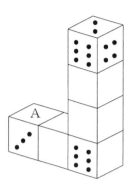

① 1

② 2

③ 5

④ 6

⑤ この条件だけではわからない

No.23

(解答 ▶ P.121)

図のように，同じ4個のサイコロを，接する面の目の数の和が6になるように並べた。このとき，A面とB面の目の数の和としてありうるものは，次のうちどれか。(ただし，サイコロの対面の数の和は7とする。)

① 6

② 7

③ 8

④ 9

⑤ 10

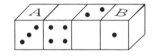

No.24

(解答 ▶ P.123)

同じサイコロが4個，図のように積まれている。互いに接している面の数の和は7であるとき，Aの数はいくらか。

① 1

② 2

③ 4

④ 5

⑤ 6

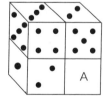

第21章 立体図形⑵ 立体の構造

第1編

No.1

（解答▶P.124）

5000個のレンガを図のように積み上げていったとき，何個余るか。

① 49個

② 50個

③ 70個

④ 99個

⑤ 100個

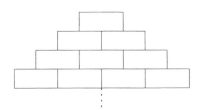

No.2

（解答▶P.124）

1辺が1cmの立方体を，下の図のように積み上げていった。同様に8段目まで積み上げたときの体積として正しいものは，次のうちどれか。ただし，中に空洞はないものとする。

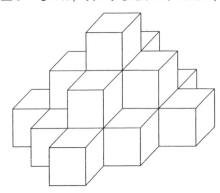

① 204cm³

② 228cm³

③ 302cm³

④ 344cm³

⑤ 406cm³

No.3

（解答▶P.124）

下の立体は，1辺が1cmの立方体の箱を重ねて作ったものである。この立体の表面積はいくらか。

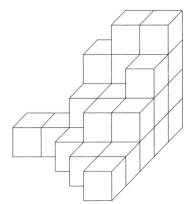

① 61cm²

② 62cm²

③ 65cm²

④ 76cm²

⑤ 87cm²

No.4

（解答▶P.125）

下の図のように，白い小立方体を27個用いて大きな立方体を作った。その表面に黒を塗りつけた後，この立方体から崩れないように1個だけ小立方体を抜き取ったとき，白い面は最大何面見えるか。

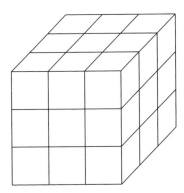

① 1面

② 2面

③ 3面

④ 4面

⑤ 5面

立方体を積み重ねた下のような図形がある。この図形の表に出ている面に以下の要領で色を塗った。

● Aの面（図中 ⬜ ）と平行な面すべてを緑に。

● Bの面（図中 ⬛ ）と平行な面すべてをオレンジに。

● Cの面（図中 ⬜ ）と平行な面（床に接している面も含む）すべてをピンクに。

このとき，3色すべての色が塗られている立方体は，いくつあるか。

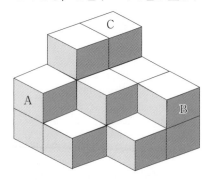

① 　8 個

② 　10 個

③ 　12 個

④ 　14 個

⑤ 　16 個

図のように 64 個の小立方体を重ねた大きな立方体がある。大きな立方体を図の A，B，C の 3 点を通る平面で切断した場合，何個の小立方体が切断されるか。

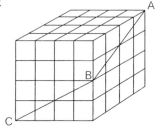

① 　24 個

② 　22 個

③ 　20 個

④ 　18 個

⑤ 　16 個

No.7

（解答 ▶ P.126）

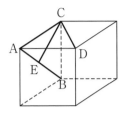

図のような立方体がある。ＡＢを軸として回転させたとき，△ＡＤＣと△ＡＥＣの描く空間図形をＡＢを含む平面で切断した場合の切断面は次のうちどれか。

① ② ③ ④ ⑤

No.8

（解答 ▶ P.126）

下図は小立方体を何個か積んでできたある立体の平面図，正面図，側面図である。これらの図を満たす立体を作るために必要な小立方体の最大個数と最小個数の差はいくつか。

平面図　　　　正面図　　　　側面図

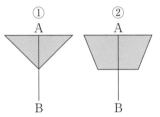 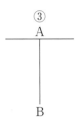 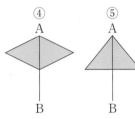

① 12 個

② 13 個

③ 14 個

④ 15 個

⑤ 17 個

立方体を何個か積んでできた立体の，正面図と側面図が図のようになっているとき，立方体の数として考えられる最小の数はいくらか。

① 　6 個
② 　7 個
③ 　8 個
④ 　9 個
⑤ 　10 個

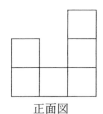
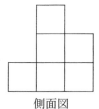

正面図 　　　　　　　側面図

下にあるような a × a × 2 a の直方体を，5 個組み合わせて立体を作ったところ，平面図と正面図が次のようになった。このときの右からの側面図としてあり得るものは，次のうちどれか。

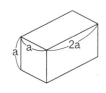

平面図 　　　　　　　正面図

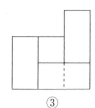

①　　　　　　　　　　②　　　　　　　　　　③

④　　　　　　　　　　⑤

No.11　　　　　　　　　　　　　　　　　　　　　　　　　　（解答 ▶ P.127）

立方体を一つの平面で切断するとき，できないのは次のうちどれか。

① 正三角形

② 等脚台形

③ 平行四辺形

④ 正五角形

⑤ 正六角形

No.12　　　　　　　　　　　　　　　　　　　　　　　　　　（解答 ▶ P.128）

正四面体を平面で１回切断したとき，切り口の形としてできないものはどれか。

① 等脚台形

② 二等辺三角形

③ ひし形

④ 長方形

⑤ 正三角形

No.13　　　　　　　　　　　　　　　　　　　　　　　　　　（解答 ▶ P.128）

正二十面体を１つの平面で切断する。必ず１つの頂点を含んで切りとるとすると，切り口は最低何角形になるか。

① 三角形

② 四角形

③ 五角形

④ 六角形

⑤ 八角形

図のような立方体がある。図の３点を通るように１つの面で切断した場合，切り口の図形はどうなるか。

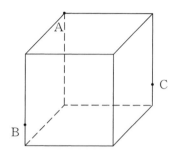

① 三角形

② 四角形（どの辺も平行でなく，かつ同じ長さでない）

③ 台形

④ 五角形

⑤ 六角形（正六角形を含む）

図のような直角二等辺三角形を直線 m の周りに回転させ立体を作ったのち，この立体を直線 n で切断した。この切断面の形として正しいのは，次のうちどれか。

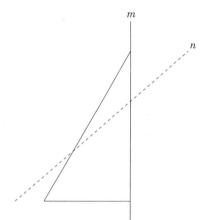

① 円

② だ円

③ 二等辺三角形

④ 放物線

⑤ 双曲線

No.16

（解答 ▶ P.129）

図Ⅰのように，厚紙で作った直方体ＡＢＣＤ－ＥＦＧＨがある。これをある平面で切断したところ，切り口は太線で示すようになった。図Ⅱは，この直方体の展開図であるが，切り口の一部が線分ＸＹで示されている。切り口をすべて展開図上に示したとき，点ア～オのうち，切り口の線上にある点はどれか。

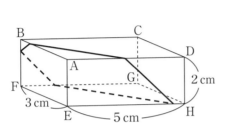

図Ⅰ

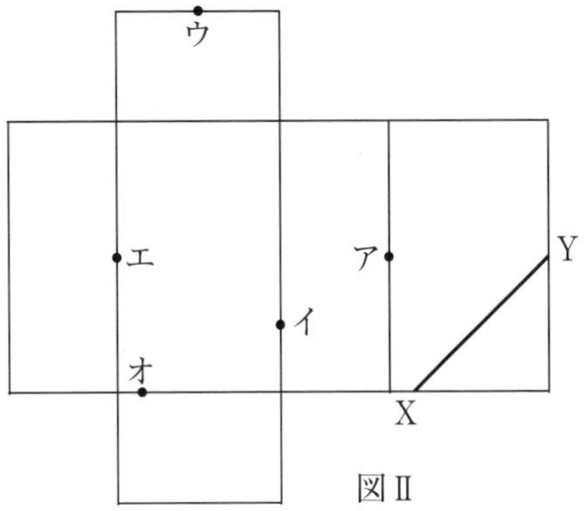

図Ⅱ

① ア

② イ

③ ウ

④ エ

⑤ オ

資料解釈

第1章 資料解釈の基礎

No.1

（解答 ▸ P.130）

ある町工場で熟練工1人が1日でなし得る最大仕事量を1工数とし，見習い工員が1週間で仕上げた仕事量と工員数を表にしたところ右のようになった。

この表から確実にいえるのは次のうちどれか。

（1週間の仕事量）

工員数	工数
1人	4
2人	9
3人	13
5人	22
7人	27
10人	35

① 3人のとき平均工数が最大で，1人のときの1.5倍である。

② 1人当たりの工数は2人のとき最大で，それ以上になると順次減少する。

③ 1人当たりの工数は1人から3人までは増加し，3人から10人までは減少する。

④ 1人当たりの工数は5人までは人数の増加に伴って増加する。

⑤ 1人当たりの工数は1人から3人までは増減し，5人から10人までは減少する。

No.2

（解答 ▸ P.130）

下表は，ある地域の有料道路の目的別区分一覧表である。この表からみて，誤っているものはどれか。

〔有料道路の目的別区分〕

目的別区分	箇所数	長さ（km）	建設費（億円）
一　般	7	45	274
産　業	9	115	105
観　光	3	27	17
合　計	19	187	396

① 1箇所当たりの建設費が最も安いのは，産業道路である。

② 1km当たりの建設費が最も高いのは，一般道路である。

③ 1箇所当たりの長さの平均が，有料道路全体の平均の長さに最も近いのは，観光道路である。

④ 1km当たりの建設費が最も安いのは，観光道路である。

⑤ 1箇所当たりの平均の長さが最も短いのは，一般道路である。

No.3

（解答▶P.130）

下の表は，仕事を持っている人における週平均の一日の生活時間を表したものである。以下の５つの記述のうち，この表について適当な記述をしているものは，いくつあるか。

	日　本		カナダ		アメリカ		イギリス		フィンランド	
	男性	女性	男性	女性	男性	女性	男性	女性	男性	女性
睡　　眠	7:46	7:18	7:55	8:06	7:58	8:14	8:22	8:26	8:05	8:15
食事・身の回り	2:31	2:49	1:58	2:09	1:52	1:49	1:57	2:15	2:08	2:04
拘束時間	8:54	9:39	8:36	8:48	9:12	8:55	8:00	7:44	8:02	7:28
勤務時間	8:22	6:09	6:54	5:50	7:09	5:24	5:53	4:06	6:07	4:04
家　　　事	0:31	3:29	1:39	2:54	1:45	3:25	2:05	3:36	1:54	3:24
学　　　業	0:01	0:01	0:03	0:04	0:08	0:06	0:02	0:02	0:01	0:00
自由時間	4:50	4:12	5:30	4:57	5:08	5:03	5:41	5:34	5:44	5:33

A　各国を比べると，男女とも勤務時間が長いほど，家事時間はおおむね短い。

B　どの国でも，自由時間は男性の方が長く，睡眠時間は女性の方が長い。

C　各国を比べると，女性は家事時間が長いほど，拘束時間全体がおおむね長い。

D　北米とヨーロッパでは，男女とも北米の方が勤務時間が長い。

E　各国を比べると，男性の家事時間が長い国ほど，女性に自由時間はおおむね長い。

①　１つ　　　　②　２つ　　　　③　３つ　　　　④　４つ　　　　⑤　５つ

No.4

（解答▶P.130）

次の表は，ある年度のＡ～Ｅの国別の映画制作本数，輸入本数を示したものである。この表から正しくいえるものはどれか。

	A	B	C	D	E
自 国 映 画 制 作 本 数	368	148	138	332	111
輸 入 外 国 映 画 本 数	460	405	395	198	615
輸 入 Ａ 国 映 画 本 数	－	233	276	145	328
国民１人当たりの年間平均映画鑑賞本数	16.0	5.8	16.6	8.3	25.3

（Ｂ～Ｅ国の輸入外国映画本数の中にはＡ国からの輸入映画本数が含まれる。）

①　１年間に上映される本数の最も多い国はＥ国である。

②　人口が最も多い国はＢ国である。

③　輸入外国映画本数のうち，Ａ国から輸入された映画の占める割合の最も大きいのはＤ国である。

④　自国映画制作本数に対して，輸入外国映画本数の割合の最も少ないのはＥ国である。

⑤　国民が平均して最もよく映画をみる国は，Ａ国である。

下記の表は，ある総合病院における各科の患者数と男女別の内訳，およびそれぞれの未成年者数をうちがきにしたものである。これからわかることとして，正しいものは次のうちどれか。

	総数	内科	外科	皮膚科	眼科	耳鼻科	産婦人科	その他
総数	1,576	728	248	71	114	90	109	216
うち未成年者	473	217	89	27	45	16	18	61
男性総数	828	413	171	25	69	33	0	117
うち未成年者	269	128	62	14	27	5	0	33
女性総数	748	315	77	46	45	57	109	99
うち未成年者	204	89	27	13	18	11	18	28

① 外科の患者総数に対する男性患者の割合と，皮膚科の患者総数に対する女性患者の割合の差は，5％以上である。

② 耳鼻科の男性患者総数に対する未成年者の割合と，産婦人科の女性患者総数に対する未成年者の割合の差は2％以上である。

③ 患者総数に対する皮膚科患者総数の割合と，患者総数に対する眼科患者総数の割合の差は，2％以下である。

④ 男性患者総数に対する外科の男性患者の割合と，女性患者総数に対する産婦人科の女性患者の割合の差は，7％以下である。

⑤ 男性患者総数に対する内科の男性未成年患者の割合と，女性患者総数に対する内科の女性未成年患者の割合の差は，4％以上である。

No.6

（解答 ▶ P.131）

次の表はある国の小売業における商店数と年間販売額を示したものである。この表から正しくいえるものはどれか。

区分　　　　　　　　　　　　　年			2018 年	2019 年
商　店　数 （店）	小　売　業　計		1,614,067	1,673,411
	うち	セルフサービス店	14,543	19,172
		百　　貨　　店	324	322
年間販売額 （10 億円）	小　売　業　計		56,029	73,596
	うち	セルフサービス店	6,750	10,938
		百　　貨　　店	4,613	5,700

① 2016 年から 2019 年までの間に百貨店の年間販売額は毎年約 3,600 億円ずつ増えている。

② セルフサービス店と百貨店以外の商店の 2019 年における 1 店当たりの年間販売額は，3,000 万円を下回っている。

③ 2018 年現在において，全商店数に占めるセルフサービス店の割合は 1 % に満たないが，年間販売額では全体の 15% を超えている。

④ 百貨店の 2018 年における 1 店当たりの年間販売額は，セルフサービス店のそれの 30 倍以上である。

⑤ セルフサービス店が 2016 年から 2019 年までの間に販売した総額は約 25 兆円である。

No.7

（解答 ▶ P.131）

下の表は，農産物A～Fの 1 カ月当たりの収穫量，生産費，売上げを表したものである。この表からわかることとして，正しいものはどれか。

農産物	収穫量（kg）	生産費（円）	売上げ（円）
A	3,487	644,321	594,630
B	2,488	394,619	404,592
C	1,995	536,515	430,685
D	4,439	385,974	508,315
E	1,327	364,964	263,977
F	2,239	314,563	327,189

① 純益（売上げ－生産費）をみると，DはFの 10 倍以上である。

② BとCの 1 kg 当たりの生産費の差は，100 円未満である。

③ 1 kg 当たりの売上げをみると，Bの方がAよりも多い。

④ 1 kg 当たりの生産費が最も高いのはCである。

⑤ 1 kg 当たりの売上げが最も多いのはC，2 番目に多いのはEである。

(解答 ▶ P.131)

次の表は，A〜E国5カ国の原油需給を表したものである。この表から読み取れることとして正しいものは，次のうちどれか。

ただし，自給率は産出量÷供給量で算出するものとする。

（単位：万t）

	産出量	輸入量	輸出量	供給量
A 国	34,532	34,092	495	68,129
B 国	35,391	1,030	12,740	23,681
C 国	57	21,210	0	21,267
D 国	14,524	1,300	1,943	13,881
E 国	40,113	0	31,366	8,747

① 自給率が最も高い国はE国で，2番目に高い国はB国である。

② 産出量の40%以上を輸出している国が，2カ国ある。

③ B国の供給量全体に対する輸入量の割合は，5%以上である。

④ C国の自給率は，0.2%を割っている。

⑤ E国の産出量に対する輸出量の割合は，8割以上である。

 (解答 ▶ P.132)

次の表は，可食部100g中に含まれるリンゴ，鶏卵，精白米，サツマイモ，牛乳の各食品成分を表したものである。この表から読み取れることとして，正しいものは次のうちどれか。

食 品 名	エネルギー (kcal)	タンパク質 (g)	脂質 (g)	糖質 (g)	カルシウム (mg)	ビタミンB₁ (mg)
リ ン ゴ	50	0.2	0.1	13.1	3	0.01
鶏 卵	160	12.3	11.2	0.9	55	0.08
精 白 米	356	6.8	1.3	75.5	6	0.12
サツマイモ	126	1.2	0.2	28.7	32	0.1
牛 乳	59	2.9	3.2	4.5	100	0.03

① 精白米200gを摂取して得られるエネルギー量は，サツマイモ300g，牛乳500gをすべて摂取したときのエネルギー量よりも少ない。

② タンパク質50gを摂取するためには，牛乳は鶏卵の4.5倍以上摂取する必要がある。

③ リンゴ300gに含まれる糖質は，精白米50gに含まれる糖質よりも少ない。

④ この5品目の中で，エネルギー1kcal当たりのカルシウム含有量が最も少ないのはリンゴである。

⑤ この5品目の中で，脂質に対するビタミンB₁の割合が2番目に大きいのは，リンゴである。

No.10

（解答▸P.132）

下記の表は，ある農作物の県別収穫量と，この農作物の県別品種別収穫割合を表したものである。これからいえることとして正しいものは，次のうちどれか。

（収穫量単位：千 t ）

県　名	収穫量	品種別収穫割合					
		A	B	C	D	E	F
福　岡	36.8	61％	26％				
佐　賀	51.4			42％	28％	26％	
長　崎	33.2		58％	26％			
大　分	44.9	71％				14％	
熊　本	48.5		57％		26％		
宮　崎	53.1	65％				10％	9 ％
鹿児島	41.7				81％		

① 福岡県の品種Aの収穫量は，長崎県の品種Bの収穫量よりも少ない。

② 鹿児島県の品種Dの収穫量は，長崎県のこの作物の全収穫量よりも多い。

③ ここに載っている7県における品種Cの全収穫量は，大分県の品種Aの収穫量よりも多い。

④ 品種Eにおける大分県と宮崎県の収穫量を比較すると，宮崎県の方が若干多い。

⑤ 熊本県の品種Bと品種Dの収穫量の合計は，鹿児島県のこの作物の全収穫量よりも多い。

下の表は，主要各国の1人1日当たりの熱量・タンパク質・脂質摂取量を表したもので，熱量摂取量におけるでんぷん質食糧と動物性食糧の割合およびタンパク質摂取量における動物性タンパク質の割合を内書きにしている。これから正しくいえることは，次のうちどれか。

	熱量（cal）	でんぷん質食糧割合（%）	動物性食糧割合（%）	タンパク質（g）	動物性タンパク質割合（%）	脂質（g）
イギリス	3,035	27.5	37.4	89.4	60.5	140.7
フランス	3,085	28.2	40.2	112.5	67.9	141.8
ド イ ツ	3,240	27.2	41.0	103.5	64.5	152.6
イタリア	3,035	36.1	28.8	110.4	54.4	144.4
アメリカ	3,462	23.5	35.4	109.0	66.3	163.5
カ ナ ダ	3,303	24.8	33.8	98.8	61.8	152.2
日　　本	2,669	47.1	21.8	89.8	55.1	80.2
中　　国	2,602	77.9	9.9	63.6	19.2	44.0
韓　　国	2,707	63.9	12.7	78.1	33.3	54.6

① フランスの動物性食糧による熱量摂取量は，イギリスのそれよりも少ない。

② でんぷん質食糧による熱量摂取量が最も少ないのはアメリカで，日本の60%以下である。

③ 動物性タンパク質によるタンパク質摂取量が最も多いのは，アメリカである。

④ 中国の動物性以外のタンパク質摂取量は50gを超えている。

⑤ 韓国の脂質摂取量はドイツのそれの35%以下である。

No.12

（解答▶P.132）

下の表は 2001 年から 2019 年までに行われた，ある国の選挙における有権者数と投票者数，およびそれぞれの男性の数をうち書きにしたものである。これから正しくいえることは，次のうちどれか。

年	有権者数 （1,000 人）	うち男性	投票者数 （1,000 人）	うち男性
2001	83,682	40,520	47,696	23,050
2004	86,427	41,842	61,643	29,347
2007	89,891	43,557	58,434	28,029
2010	93,254	45,225	47,284	22,864
2013	96,759	46,957	43,060	20,969
2016	99,049	48,039	58,269	28,037
2019	101,310	49,125	57,158	27,485

① 女性の投票者が 3,000 万人を超えた選挙が，4 回ある。

② 全体の投票率が 7 割を超えた選挙はない。

③ 2013 年の選挙の投票率は，全体，男性，女性のすべてで 45％ を下回っている。

④ 女性有権者の増加率は，常に 3％ を上回っている。

⑤ 2013 〜 2016 年にかけての全体の投票者数の増加率は，35％ 以下である。

No.13

（解答▶P.133）

下の表は，A〜H国の自動車保有台数と，1 台当たりの人口を表したものである。これから正しくいえることは，次のうちどれか。

	自動車保有台数（万台）			1 台当たり 人　口
	乗用車	バス・トラック	合　計	
A	8,686	1,824	10,510	2.6
B	1,167	210	1,377	3.7
C	1,150	190	1,340	4.0
D	693	819	1,512	6.8
E	643	146	789	2.7
F	156	406	562	43.0
G	368	95	463	2.7
H	57	41	98	545.0

① 自動車保有台数に対する乗用車の割合が最も高いのは，B国である。

② 自動車保有台数に対するバス・トラックの割合が 5 割を超えている国が，1 カ国ある。

③ H国の人口は，5 億人以下である。

④ F国の自動車保有台数に対する乗用車の割合と，G国の自動車保有台数に対するバス・トラックの割合は，ほぼ同じである。

⑤ D国の人口は，B国の人口の 2 倍以上である。

No.14 （解答 ▶ P.133）

この表は情報サービス産業における業態別事業所数，従業者数，年間売上高である。この表から正しくいえるものは，次のうちどれか。

業　　態	事業所数		従業者数（人）		年間売上高（百万円）	
	A年	B年	A年	B年	A年	B年
ソフトウェア業	423	558	18,950	28,849	117,348	298,664
情報処理サービス業	1,885	2,412	163,807	235,411	542,181	638,282
情報提供サービス業	212	227	28,090	36,138	811,009	1,096,774
その他の情報サービス業	120	118	2,712	2,997	55,304	52,998

① 1事業所当たりの平均従業員数が最も少ないのは，B年のその他情報サービス業である。

② A年におけるソフトウェア業と情報処理サービス業の1事業所当たりにおける平均売上高は，ソフトウェア業の方が多い。

③ A年とB年の情報処理サービス業における1事業所当たりの平均従業員数を比較すると，B年の方が20人以上多い。

④ 従業員1人当たりの売上げは，この4業種中，その他の情報サービス業だけ，A年よりB年の方が少ない。

⑤ A年とB年のソフトウェア業における従業員1人当たりの売上げは，B年の方が400万円以上多い。

No.15 （解答 ▶ P.133）

下の表は，ホテルや旅館業の推移を表したものである。この表から正しくいえることは次のうちどれか。

区分／年度末	ホテル				旅　　館				簡易宿所
	軒数（軒）	客室数（室）	うち登録ホテル		軒数（軒）	客室数（室）	うち登録旅館		（軒）
			軒数（軒）	客室数（室）			軒数（軒）	客室数（室）	
2012	7,769	582,564	1,041	187,558	68,982	982,228	2,030	118,163	25,324
2013	7,944	595,839	1,063	191,240	67,891	974,036	2,050	119,454	25,150
2014	8,110	612,587	1,083	194,946	66,766	967,645	2,045	118,803	24,798
2015	8,220	622,175	1,085	197,757	64,831	951,957	2,022	117,748	24,354

① 2012年度末では，登録ホテルの軒数は，登録旅館の軒数の2分の1弱である。

② 旅館の総軒数に対する登録旅館の割合は，年々減少している。

③ 登録旅館の1軒当たりの客室数は年々増加している。

④ 2014年度末では，旅館の総軒数は，ホテルの総軒数の8倍以下である。

⑤ ホテルの総軒数は年々増加しているが，旅館と簡易宿所の総軒数は年々減少している。

次のグラフは全国普通世帯の世帯人員別分布を示したものである。グラフより正しくいえるのはどれか。

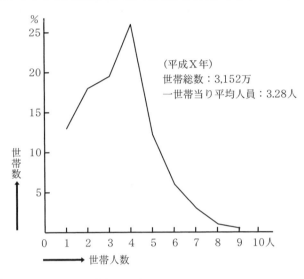

（平成X年）
世帯総数：3,152万
一世帯当り平均人員：3.28人

① 世帯人員と世帯数は比例している。

② 戦前に比べると世帯人員の少ない世帯が多くなったことがわかる。

③ 世帯人員が4人という世帯が一番多く，全体の約26％を占めている。

④ 世帯人員が多いということは，経済的に苦しいということである。

⑤ 世帯人員が少ないということは，世帯数が増えることである。

あるデパートではA～Fの6社からスーツを仕入れている。図は各社からの仕入数量，およびスーツの仕入総額に占める各社の仕入額割合を示したものである。この図から正しくいえることは，次のうちどれか。

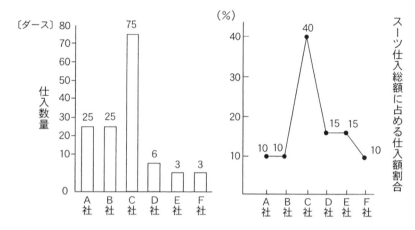

① C社からの仕入総額はA社の3倍である。

② A社からの仕入額は3,000,000円で2番目に多い。

③ 全仕入数量に占めるB社からの仕入数量は20％以上である。

④ 1ダース当たりの平均単価はE社とF社ではほぼ同じである。

⑤ 1ダース当たりの平均単価はD社よりE社の方が高い。

下のグラフは，積雪量と建坪1㎡当たりの屋根の雪下ろしに必要な労力〔人／㎡〕との関係を示したものである。これから正しくいえることは，次のうちどれか。

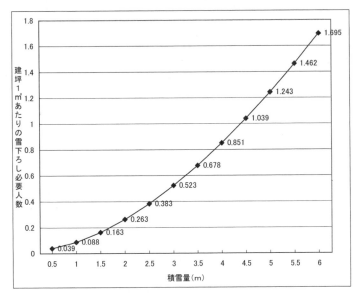

① 積雪量が0.5 m増加したときの雪下ろしの労力の増加量は，積雪量が少ないほど大きい。

② 建坪が20㎡で積雪量が2.5 mのときの労力は，7.6以下である。

③ 建坪が40㎡で積雪量が3.0 mのときの労力と，建坪が80㎡で積雪量が2.0 mのときの労力の差は，0.1以上である。

④ 建坪が同じならば，積雪量が3倍になると雪下ろしの労力は6倍弱になる。

⑤ 建坪が同じならば，積雪量が2倍になると雪下ろしの労力は3倍になる。

（解答 ▶ P.134）

下のグラフは，A～F市の歩道延長と歩道のガードレール敷設率を表したものである。このグラフから正しくいえることは，次のうちどれか。

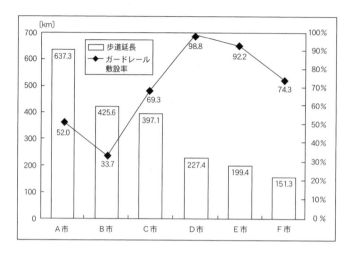

① E市の歩道のガードレール敷設延長は，B市のそれよりも長い。

② A市の歩道のガードレール敷設延長は，F市のそれの3倍以上である。

③ C市とE市の歩道のガードレール敷設延長の差は，100km以上である。

④ D市の歩道のガードレール敷設延長は，230km以上である。

⑤ C市の歩道のガードレール敷設延長は，A市のそれの80%以下である。

No.20

（解答 ▶ P.134）

次のグラフは，世界の農産物生産量と輸出量に占めるA国の割合を表したものである。このグラフから正しくいえることはどれか。

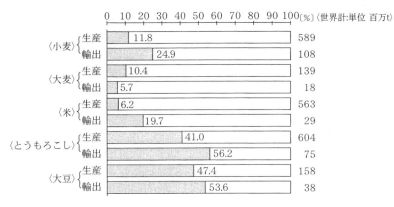

① A国の大豆の輸出量は，生産量の約27％である。

② A国の小麦の生産量は，大麦の生産量の約1.1倍である。

③ A国のとうもろこしの輸出量は，生産量の約19％である。

④ A国の米の輸出量は，とうもろこしの輸出量の約3.5倍である。

⑤ A国の小麦，大麦，米，とうもろこし，大豆のうち，最も生産量が少ないのは，米である。

下のグラフは，小麦，大麦，米，トウモロコシ，大豆の世界の生産量に占めるＡ国の割合を表したものである。これから正しくいえることは，次のうちどれか。

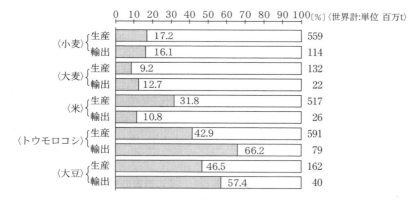

① 小麦の輸出量は，生産量の2割を超えている。

② 大麦の輸出量は，300万tを超えている。

③ 米の生産量は，小麦の生産量の2倍以上である。

④ トウモロコシの輸出量は，生産量の2割を超えている。

⑤ 大豆の輸出量は，大麦の生産量の2倍以上である。

No.22

（解答 ▶ P.135）

下のグラフは，警察官1人当たりの負担人口の国際比較を表したものである。このグラフから正しくいえるものは，次のうちどれか。

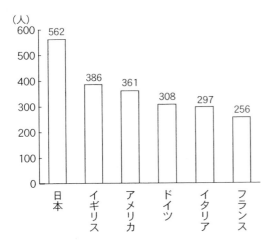

① 警察官が最も多いのは日本である。

② わが国で警察官1人当たりの負担人口が最も多いのは，犯罪が少なく治安がよいためである。

③ 人口1人当たりの警察官数が最も多いのはフランスである。

④ イタリアの警察官1人当たりの負担人口はわが国のそれの半分以下である。

⑤ イギリスの警察官1人当たりの負担人口はわが国のそれの75％以上である。

下のグラフは，A～E国における人口（単位：1,000人）と人口1,000人当たりの医師数をグラフにしたものである。このグラフから，医師数が2番目に多い国と最も少ない国の組合せとして，正しいものはどれか。

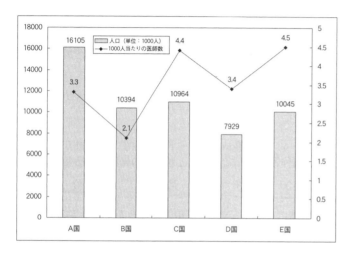

   2番目に多い国 最も少ない国

①   C国   B国

②   D国   B国

③   C国   D国

④   A国   E国

⑤   A国   D国

No.24

（解答 ▶ P.135）

下のグラフは2004年4月1日から現在までのある国の公定歩合の推移を示したものである。A銀行は2007年4月1日に，B銀行は2010年4月1日に，C銀行は2013年4月1日にそれぞれ10億円を中央銀行から借り入れ，3つの銀行ともちょうど3年後に一括返済した。このときの返済金額に関する記述として正しいものは次のうちどれか。ただし金利は固定金利とし，返済金額は1年ごとの複利計算で算出するものとする。

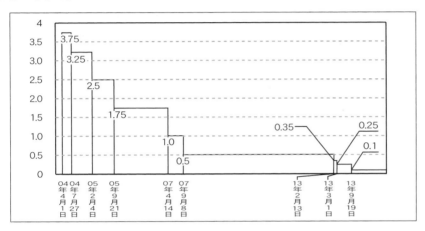

① A銀行の返済金額は，10億5,000万円以上である。

② B銀行の返済金額は，ちょうど10億1,500万円である。

③ C銀行の返済金額は，10億1,000万円を超えている。

④ B銀行とC銀行の返済金額の差は，1,000万円以上である。

⑤ A銀行とC銀行の返済金額の差は，5,000万円以上である。

第2章 構成比

No.1 （解答▶P.136）

下の表は，1日にやりとりするメールの平均数を全国6都市で調査した結果である。この表から正しくいえることは，次のうちどれか。

	A市	B市	C市	D市	E市	F市
調査人数	10,457	5,493	8,477	6,109	9,087	7,112
0～5通	12.7%	12.2%	12.0%	13.0%	12.5%	12.4%
6～10通	10.8%	10.4%	10.3%	10.8%	10.7%	10.5%
11～15通	31.1%	31.0%	30.9%	30.9%	31.0%	30.6%
16～20通	17.8%	18.2%	18.2%	18.1%	17.4%	18.0%
21～25通	14.5%	14.6%	14.9%	14.1%	14.8%	14.5%
26通以上	13.1%	13.6%	13.7%	13.1%	13.6%	14.0%
計	100.0%	100.0%	100.0%	100.0%	100.0%	100.0%

① A市で「0～5通」と答えた人数は，E市の「0～5通」と答えた人数よりも200人以上多い。

② C市で「11～15通」と答えた人数は，2,700人を超えている。

③ C市で「6～10通」と答えた人数は，D市で「21～25通」と答えた人数よりも少ない。

④ F市で「21～25通」と答えた人数は，1,000人以下である。

⑤ B市で「21～25通」と答えた人数は，F市で「0～5通」と答えた人数よりも50人以上少ない。

No.2

（解答▶P.136）

表は，ある高等学校の卒業生の進路先割合の推移をまとめたものである。この表から正しくいえることは，次のうちどれか。

	2000年度	2010年度	2011年度	2012年度	2013年度	2014年度	2015年度
大学進学	25%	27%	21%	27%	32%	40%	45%
専門学校進学	8%	15%	19%	21%	21%	17%	15%
就職（注1）	62%	51%	45%	36%	30%	25%	21%
未定（注2）	5%	7%	15%	16%	17%	18%	19%

（注1）「就職」は，自営，縁故，公務員を含む。

（注2）「未定」は，進路未決定者のほか，浪人を含む。

① 2015年度の就職者数は，2010年度の就職者数の半分にも満たない。

② 2010年度以降，大学進学率が上昇する一方で，浪人の割合が増加する傾向にある。

③ 2012年度以降，大学進学率の対前年度増加率が最大になったのは2012年度である。

④ 2015年度に専門学校へ進学した生徒数と，2010年度の専門学校へ進学した生徒数は同じである。

⑤ 2011年度に大学進学率がかなりダウンしていることから，この年の入試戦線がきびしかったことがわかる。

No.3

（解答▶P.136）

表は2007年度から4年おきに，ある家庭の家計費の構成比の推移を示したものである。この表からみて下の記述の中で正しいものはどれか。

	2007年度	2011年度	2015年度	2019年度
住居費	12.0%	14.1%	16.0%	14.9%
各種ローン返済費	24.9	27.7	25.1	24.7
光熱水費	5.6	5.9	6.6	7.8
教育費	16.0	14.9	14.9	13.6
趣味・娯楽費	1.7	1.5	1.4	1.2
レジャー費	0.3	0.5	1.1	1.4
雑費	8.1	5.0	5.7	5.7
食料費	31.4	30.4	29.2	30.7
計	100.0	100.0	100.0	100.0
合計（実数）	30万円	42万円	50万円	60万円

① 食料費が4年前に比べて，減少した年がある。

② 住居費は，どの年も食料費より増加率が高い。

③ 雑費は調査年ごとに確実に増加している。

④ レジャー費の，2007年度に対する2019年度の増加率は，他に比べ最大である。

⑤ 住居費と各種ローン返済費の合計は，2007年と2011年では7万円以上増えている。

下の表は，ある電機メーカーの工場における5年間の生産状況を表したものである。この表からいえることとして正しいのは，次のうちどれか。

（単位：1,000台）

	生産総数	テレビ	DVD		
				再生専用	録画機能付き
2010年	7,035	4,978	2,057	212	1,845
2011年	8,028	5,134	2,894	245	2,649
2012年	8,696	5,441	3,255	307	2,948
2013年	9,820	5,978	3,842	352	3,490
2014年	9,416	5,755	3,661	396	3,265

① 生産総数に占めるDVD生産数の割合が，4割を超えた年はない。

② 生産総数に占めるテレビ生産数の割合が，7割を超えた年はない。

③ 生産総数に占める録画機能付きDVD生産数の割合は，年々増加している。

④ DVD生産数に占める再生専用DVD生産数の割合が，9％を切った年はない。

⑤ DVD生産数に占める録画機能付きDVD生産数の割合が，9割を切った年はない。

No.5

（解答 ▶ P.137）

下の表は，2015 〜 2019 年における，各国の二輪車の生産台数（単位：千台）を表したものである。
これからいえることとして正しいものは，次のうちどれか。

	2015 年	2016 年	2017 年	2018 年	2019 年
A　国	2,947.7	3,435.5	2,794.4	2,806.9	3,028.6
B　国	1,113.1	1,420.1	1,750.4	1,875.5	1,598.3
C　国	1,330.5	723.6	1,102.2	1,055.3	1,174.1
D　国	125.5	273.4	434.2	718.9	673.3
E　国	669.9	1,412.8	882.5	909.9	628.5
F　国	50.2	130.7	204.4	283.4	332.4
G　国	175.4	233.3	355.9	364.6	321.4
H　国	1,106.8	654.0	329.2	333.2	303.6
I　国	21.7	18.7	21.7	26.5	26.0
J　国	168.8	247.0	162.4	209.0	145.3
A〜J 国計	7,709.6	8,549.1	8,037.3	8,603.2	8,231.5
世界計	10,060.9	12,837.9	11,343.5	10,729.3	10,583.6

① 　A〜J 国の生産台数合計が，世界の生産台数合計の 8 割を超えた年はない。

② 　A国の生産台数が，A〜J 国の生産台数合計の 40％を超えた年はない。

③ 　E国の生産台数が，世界の生産台数合計の 10％を超えた年はない。

④ 　J国の生産台数が，A〜J 国の生産台数合計の 2 ％を切った年はない。

⑤ 　A・B・C国 3 カ国の生産台数合計が，A〜J 国の生産台数合計の 6 割を切った年はない。

No.6

（解答 ▶ P.137）

次の図は地球の陸地面積と海洋面積とを表したものである。この図から正しくいえるのはどれか。

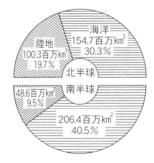

① 　地球の陸地と海洋との総合計は約 6 億㎢である。

② 　陸地と海洋との比率は，北半球が約 1 ：1.5，南半球が約 1 ：3 である。

③ 　地球の陸地と海洋との比率は約 3 ：7 である。

④ 　陸地は北半球が南半球の約 2 倍であるが，海洋では逆に南半球が北半球の約 2 倍である。

⑤ 　南半球より北半球に多くの国が存在する。

下の図は，北半球の海洋面積に対する各緯度別の割合を表したものである。これからわかることとして正しいものは，次のうちどれか。ただし，北半球の海洋面積は 154.7 百万㎢とする。

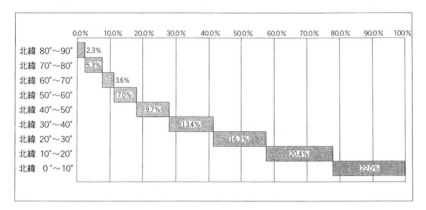

① 北緯 50° 以北の海洋面積の合計は，3,000 万㎢を超えている。

② 北緯 40° 〜 50° の海洋面積は北緯 10° 〜 20° の海洋面積の 2 分の 1 以下である。

③ 北緯 20° 〜 30° の海洋面積が，2,500 万㎢を超えていない。

④ 北緯 0°（赤道）〜北緯 20° の海洋面積は，北緯 20° 以北の海洋面積の合計よりも大きい。

⑤ 北緯 30° 〜 40° の海洋面積は，北緯 60° 〜 70° の海洋面積の 4 倍以上である。

下のグラフは，A 国と B 国の領域内における陸地面積と海洋面積，および陸地に関してはその国土利用を表したものである。これらを農地，住宅・商業地，工業地，山地・その他，海洋の 5 項目に分け，A 国と B 国のそれぞれを比較したとき，A 国の方が B 国よりも面積が大きな項目はいくつあるか。

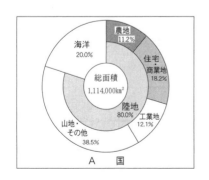

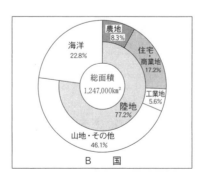

① 1つ ② 2つ ③ 3つ ④ 4つ ⑤ 5つ

No.9 （解答▶P.137）

次のグラフは，ある国の一次エネルギー供給割合について示したものである。このグラフから正しくいえることはどれか。

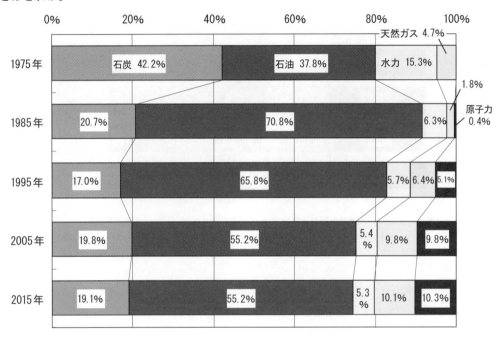

① オイル・ショックの影響のため，石油からのエネルギー供給割合は 1985 年に最大となり，以降減少傾向が続いている。

② 1985 年の割合を 100 としたとき，天然ガスからのエネルギー供給割合の 1995 年における指数は約256 である。

③ 石炭からのエネルギー供給量は，2015 年には 1975 年の半分以下になった。

④ 原子力からのエネルギー供給量は，年々増大している。

⑤ 1995 年から 2005 年にかけての，天然ガスからのエネルギー供給割合の伸び率は約 53％である。

下のグラフは，ある家庭の家計費の構成比の推移を5年ごとに表したものである。これから正しくいえることは，次のうちどれか。

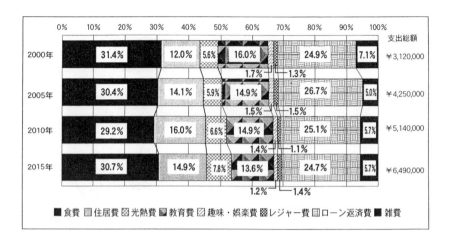

① 食費が100万円を超えなかった年はない。

② 2005年の趣味・娯楽費とレジャー費は同じ支出金額である。

③ 2000年と2005年を比較して，支出金額が下がった項目はない。

④ 2015年の光熱費は，50万円以下である。

⑤ 2010年の住居費と教育費の差は，5万円以下である。

次のグラフは人口の年齢別構成について国際比較を行ったものである。このグラフからいえることとして正しいものはどれか。

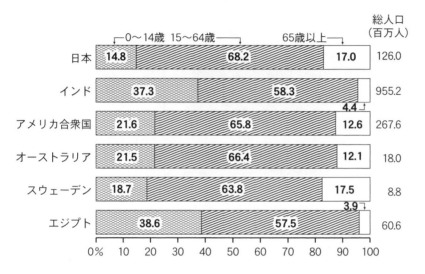

① インドの15〜64歳の人口は，50,000万人以下である。

② 日本の0〜14歳の人口は，オーストラリアの15〜64歳の人口より多い。

③ インドの65歳以上の人口は日本の65歳以上の人口より少ない。

④ オーストラリアの65歳以上の人口はアメリカ合衆国の65歳以上の人口より多い。

⑤ スウェーデンの0〜14歳の人口は約180万人で，エジプトの65歳以上の人口より少ない。

以下のグラフは，ある高校における３年生の進路志望別の人数割合と，実際の進路先の変遷を表したものである。これからいえることとして正しいものは，次のうちどれか。

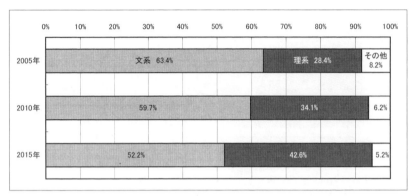

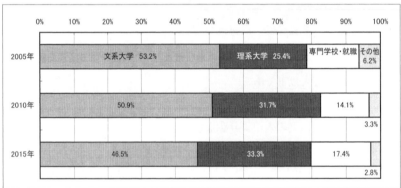

① 2015年の理系志望の生徒数は，2005年の約1.5倍である。

② 文系大学進学者の構成比に対する専門学校・就職者の構成比の比率は，2005年から2015年にかけて，10%以上増加している。

③ 2010年から2015年にかけて進学先の構成比の伸び率を比較すると，最も大きいのが専門学校・就職，最も小さいのがその他である。

④ 2005年の生徒数を100とすると，2010年の文系大学進学者数は約96である。

⑤ 2010年に理系大学に進学した生徒数は，2005年に比べておよそ25%増加した。

No.13　（解答▶P.138）

図1は各産業の国内総生産割合の変化を，図2は各産業の就業者割合の変化を，1964年と2019年について示したものである。これらのグラフから確実にいえるのは，次のうちどれか。

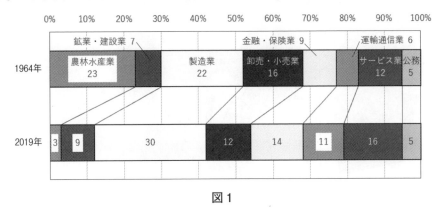

図1

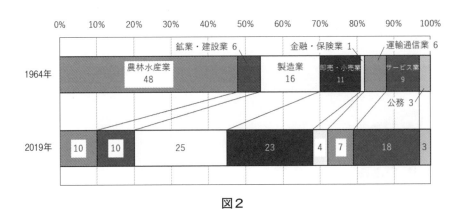

図2

① 1964年と2019年とを比較した場合，各産業の国内総生産割合で最も大きな伸び率を示したのは金融・保険業である。

② 1964年と2019年とを比較した場合，各産業の就業者数割合が上昇している業種の中で倍率が最も小さいのは，製造業である。

③ 1964年における就業者1人当たりの生産額が最も高いのは，金融・保険業である。

④ 1964年と2019年とを比較した場合，公務の就業者1人当たりの生産額はほとんど変化はしていない。

⑤ 1964年と2019年では，2019年の金融・保険業が就業者1人当たりでは最も高い生産額をあげている。

下の円グラフは 1994, 2004, 2014 年の社会保険関係費の内訳を表したものである。これからいえることとして正しいものは，次のうちどれか。なお，各年度の社会保障関係費総額は，グラフの年度の下に表記した金額である。

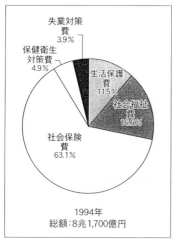

1994年
総額：8兆1,700億円

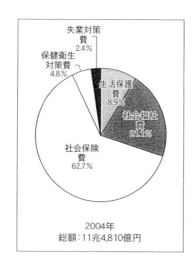

2004年
総額：11兆4,810億円

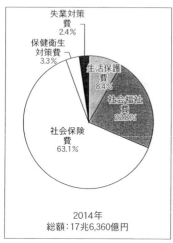

2014年
総額：17兆6,360億円

① 2014 年の生活保護費は，1 兆 5,000 億円を超えている。

② 1994 〜 2004 年にかけての社会福祉費の増加率は，80％を超えている。

③ 1994 〜 2004 年にかけての社会保険費の増加額は，2 兆円以上である。

④ 2004 年の保健衛生対策費は，5,500 億円以下である。

⑤ 1994 年，2004 年，2014 年では，失業対策費が 3,000 億円を下回ったことはない。

No.15

（解答 ▶ P.139）

下のグラフは，日本，中国，トルコ，ロシア，アルゼンチン，オーストラリアの産業別人口構成を表したものである。これからわかることとして正しいものは，次のうちどれか。

なお，各国の産業人口総数（単位：万人）は以下の通りとする。

日　本	6,412
中　国	73,740
トルコ	2,029
ロシア	6,041
アルゼンチン	802
オーストラリア	931

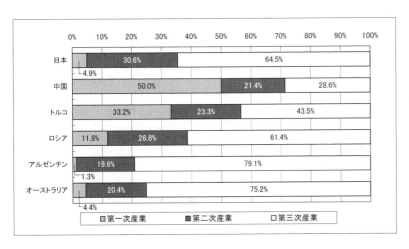

① オーストラリアの第一次産業従事者数は，アルゼンチンの第一次産業従事者数の4倍以上である。

② 日本の第二次産業従事者数は，中国の第二次産業従事者数の10分の1以下である。

③ ロシアの第一次産業従事者数は，トルコの第三次産業従事者数よりも多い。

④ アルゼンチンの第三次産業従事者数は，日本の第三次産業従事者数のおよそ20％である。

⑤ トルコの第二次産業従事者数は，オーストラリアの第三次産業従事者数よりも200万人以上少ない。

下のグラフは，一般家庭の 2004 年と 2014 年における 1 カ月当たりの消費支出の構成比を表したものである。このうち，食料，住居，家具・家事用品，保健医療，交通・通信の各項目において，2014 年から見た 2004 年との支出金額差と増減率の組合せとして正しいものは，次のうちどれか。

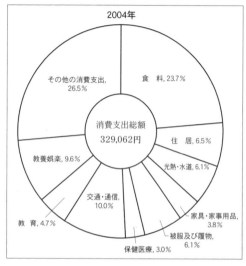

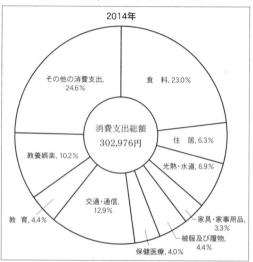

	金額差	増減率
① 食料	約 7,500 円	－ 10.7%
② 住居	約 2,300 円	10.8%
③ 家具・家事用品	約 2,500 円	－ 20.0%
④ 保健医療	約 2,100 円	－ 13.8%
⑤ 交通・通信	約 6,200 円	19.8%

No.17

（解答▶P.139）

以下のグラフは，ある地方で行った「空港移転に関するアンケート調査」の結果である。これから確実にいえることは，次のうちどれか。

なお，全体の回答者数と年齢階層層別の回答者数は，以下の通りとする。

20～29歳	841
30～39歳	1,684
40～49歳	1,833
50～59歳	1,014
60～　歳	628
全回答者数	6,000

（単位：人）

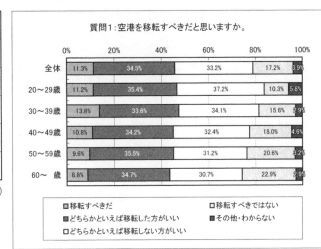

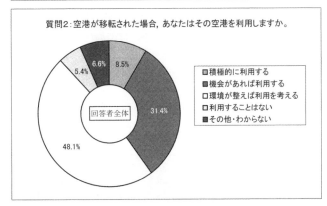

① 40～49歳階層で「移転すべき」と答えた人数は，「移転すべき」と答えた全人数の3分の1以上である。

② 30～39歳階層の「どちらかといえば移転した方がいい」と「どちらかといえば移転しない方がいい」と答えた人数の合計は，1,200人を超えている。

③ 50～59歳階層の「移転すべきではない」と答えた人数は，20～29歳階層と60歳以上階層の「移転すべきではない」と答えた人数の合計よりも多い。

④ 質問2で「環境が整えば利用を考える」と答えた人数は，質問1で「どちらかといえば移転しない方がいい」，「移転すべきではない」と答えた人数の合計よりも多い。

⑤ 質問1で「どちらかといえば移転した方がいい」と答えた者のうち，質問2で「機会があれば利用する」か「環境が整えば利用を考える」のどちらかを回答した者が，800人以上いる。

第3章 増減率

No.1 （解答▶P.140）

下の表は，A，B両国の人口と世帯数の推移を表したものである。この表から正しくいえるのは次のうちどれか。

	A 国		B 国	
	人 口 （万人）	世帯数 （万世帯）	人 口 （万人）	世帯数 （万世帯）
2015 年	11,970	4,050	6,090	1,905
2016 年	12,000	4,100	6,130	1,975
2017 年	12,030	4,180	6,150	2,050
2018 年	12,100	4,250	6,180	2,110
2019 年	12,080	4,310	6,200	2,150

①　A，B両国の2016年における対前年人口増加率は，同じである。

②　A国の場合，対前年人口増加率は2015年から3年間変化していない。

③　2017年における対前年人口増加率は，B国のほうがA国より小さい。

④　1世帯当たりの人口は，A国もB国も2015年から3人を割っている。

⑤　2018年における1世帯当たりの人口は，B国のほうがA国より多い。

No.2 （解答▶P.140）

次の表はある市町村の世帯数の推移を表したものである。この表から正しくいえるのはどれか。

	A 市	B 市	C 村	D 町	E 町	F 市	計
1955 年	1,025	－	－	137	134	2,381	3,677
1965 年	413	－	－	77	208	1,111	1,809
1975 年	10,577	7,316	529	5,064	5,396	47,504	76,386
1985 年	28,555	30,647	2,049	21,256	15,680	110,638	208,824
1995 年	30,084	34,877	2,081	23,528	16,709	115,883	223,162
2005 年	31,265	35,284	2,294	23,711	17,889	119,310	229,752
2015 年	33,178	34,789	2,539	25,513	19,575	117,876	233,469

①　この6市町村の合計世帯数は1975年～2015年の間に約3倍になった。

②　1985年～2015年までの世帯数の増加率が最も大きいのはC村である。

③　2005年の6市町村合計世帯数のうち，D町が占める割合は11％を超えている。

④　E町の世帯数は1975～2015年の間で4倍以上になった。

⑤　この6市町村の世帯数は年々増加している。

No.3

（解答 ▶ P.140）

以下の表は，ある市における1年間の緊急出動の要請件数と，実際に出動した人数，消防車・救急車の台数を表したものである。（人数，台数は，いずれものべ。）この表からわかることとして正しいものは，次のうちどれか。

年　度	件　　数	人　員	消防車	救急車
2011	733	3,729	845	1,964
2012	664	4,022	792	2,033
2013	747	3,691	864	1,977
2014	751	4,115	909	1,977
2015	795	3,965	987	2,001

① 2013年の1回の緊急出動要請に対する平均の出動人数は，5人以上である。

② 2011年と2012年の1回の緊急出動要請に対する平均の出動人数を比べると，2011年の方が多い。

③ 2015年の1回の緊急出動要請に対して出動した消防車の台数の平均は，1.2台を超えている。

④ 2013年と2014年の1回の緊急出動要請に対して出動した救急車の台数の平均は，2014年の方がわずかに多い。

⑤ 2013年の緊急出動要請件数の対前年度増加率は，10%以下である。

No.4

（解答 ▶ P.141）

下記の表は，A・B両国の輸出総額と対前年比〔%〕について書かれたものである。正しいのは次のうちどれか。

〔金額の単位：100万ドル〕

		2017年	2018年	2019年
A国	金　額	383,933	410,104	523,802
	対前年比	97.7	106.8	127.7
B国	金　額	101,671	216,591	284,865
	対前年比	87.6	213.0	131.5

① 表中の3年間で，A国の対前年増加率が最も大きいのは2018年である。

② 表中の3年間のうち，国民1人当たりの輸出額が一番多いのは，2019年のA国である。

③ A国，B国共に2017年に輸出が落ちこんだのは，円高のためである。

④ 2016年のA国の輸出総額は，2016年のB国の輸出総額の3.5倍以上である。

⑤ 2016年のA国の輸出総額は4,000億ドル以下である。

（解答 ▸ P.141）

次の表はある年の，半年間の鉄鋼業の生産動向を対前月増減率で示したものである。この表から正しくいえるのはどれか。

（単位：％）

月	生　産	出　荷	在　庫
1	△ 0.6	△ 0.8	1.1
2	△ 0.9	△ 0.8	1.1
3	1.8	1.7	0.2
4	△ 2.1	△ 3.1	△ 1.2
5	△ 1.7	△ 0.9	0.0
6	△ 2.4	3.0	△ 0.5

（注）△は減少

①　最も出荷数量が少ないのは4月である。

②　最も在庫数量が少ないのは4月である。

③　前年12月の生産，出荷，在庫の数量と3月とを比べると各分野とも3月の方が増加している。

④　最も生産，出荷，在庫が少ないのは5月である。

⑤　1月の出荷額を100としたとき6月は1月を上回っている。

（解答 ▸ P.141）

下の表は，Ａ・Ｂ2社における売上げの対前年度上昇率を表している。これから正しくいえることは，次のうちどれか。

	2015 年	2016 年	2017 年	2018 年	2019 年
Ａ社	5 ％	10％	－ 15％	－ 5 ％	10％
Ｂ社	10％	5 ％	5 ％	－ 20％	5 ％

①　A社の2014年における売上げを100とすると，2017年のA社の売上げは，100を超えている。

②　2019年のA社とB社の売上げを比べると，A社の方が若干多い。

③　B社は2018年の売上げが大きく落ち込んだが，それでも2014年よりも売上げは多い。

④　A社の2019年の売上げと，B社の2015年の売上げは，ほぼ同じである。

⑤　2014年のA・B社の売上げが同じならば，2016年の両社の売上げは同じである。

No.7　　　　　　　　　　　　　　　　　　　　　　　　　　　　　　　　（解答 ▶ P.141）

以下の表は，ある地方における県・市・町・村の職員数の推移を表したものである。これからわかること
として正しいものは，次のうちどれか。

	2015年	2016年	2017年	2018年	2019年
県	38,502	39,124	40,599	39,994	40,102
市	18,884	17,926	16,784	17,081	17,620
町	10,699	9,844	9,533	9,322	9,111
村	8,913	9,021	9,121	9,267	9,149
合　計	76,998	75,915	76,037	75,664	75,982

① この5年間，この地方全体の職員数に対する県職員数の割合が，50％を切った年はない。

② この5年間，この地方全体の職員数に対する村職員数の割合は，増加し続けている。

③ この地方全体の職員数に対する市職員の割合は，2018年よりも2017年の方が大きい。

④ 2016～2019年の間，村職員数の対前年度増加率は，常に1％を超えている。

⑤ 2016～2019年の間，町職員数は減り続けているが，対前年度減少率が-7％を超えた（-7％より
もマイナスが大きかった）年はない。

No.8　　　　　　　　　　　　　　　　　　　　　　　　　　　　　　　　（解答 ▶ P.141）

下の表は，ある企業における採用試験の実施結果である。これからわかることとして正しいものは，次の
うちどれか。

		総務Ⅰ	総務Ⅱ	営業Ⅰ	営業Ⅱ	技術	合計
2018年度	受験者数	3,961	4,230	3,574	1,464	394	13,623
	合格者数	219	225	301	83	44	872
2019年度	受験者数	4,058	4,955	3,869	1,383	367	14,632
	合格者数	162	182	215	80	32	671

① 競争倍率が最も高かったのは，2019年度の総務Ⅰである。

② 2019年度の受験者数のおける各部門の対前年度増加率が，合計のそれに最も近いのは営業Ⅰである。

③ 2019年度の総務Ⅱの合格者数における対前年度減少率は，20％を超えている。

④ 2019年度の不合格者数合計の対前年度上昇率は8％以下である。

⑤ 2018年度と2019年度の営業Ⅰの不合格者数を比べると，2019年度の方が400人以上多い。

以下の表は，2012 〜 2014 年のある資格試験における学歴別合格者数の推移と，合格者に占める女性の推移を表したものである。

この表から正しくいえることは，次のうちどれか。

学歴別合格者数の推移

	2012 年	2013 年	2014 年
大　学	2,456	4,506	4,709
短大・高専	1,350	1,412	1,238
専修学校等	2,424	2,912	2,623
高　校	3,934	3,710	2,976
合　計	10,164	12,540	11,546

合格者に占める女性の推移

	2012 年	2013 年	2014 年
大　学	1,151	2,009	2,203
短大・高専	1,032	1,112	959
専修学校等	655	769	638
高　校	1,329	1,321	993
合　計	4,167	5,211	4,793

① 2014 年における大学卒女性合格者の対前年度増加率は，10％を超えている。

② 短大・高専卒合格者において，その全体に対する女性の割合は年々増加している。

③ 女性合格者全体に対する専修学校等卒の女性合格者の割合は，年々減少している。

④ 2012 年における合格者全体に対する高校卒合格者の割合は，4 割以上である。

⑤ 2013 年における男子合格者全体の対前年度増加率は，20％未満である。

次の表はA国のある資源の消費量についてまとめたものである。この表から正しくいえるものはどれか。

（単位：千 t ）

年	生産量	輸入量	輸出量	国内消費量	1人当たり消費量〔kg〕
1988	554	41	51	545	5.83
1993	1,601	23	251	1,374	13.98
1998	5,128	52	1,099	4,080	39.33
2003	5,309	79	1,260	4,129	36.89
2008	7,518	295	1,113	6,700	57.24
2009	7,292	367	1,166	6,493	55.07
2010	7,411	426	1,146	6,691	56.37
2011	8,012	363	1,265	7,110	59.51
2012	9,237	380	1,401	8,216	68.34
2013	9,860	440	1,400	8,900	73.51
2014	10,145	613	1,666	9,092	74.72
2015	11,613	604	1,791	10,426	85.24

① 2012 年におけるA国の人口は，約 11,870 万人である。

② 1993 年に輸入量が減少しているのは，バブル崩壊のためである。

③ この資源の生産量は年ごとに増加している。

④ 2010 年～ 2011 年におけるこの資源の1人当たり消費量の増加率は 2014 年～ 2015 年におけるそれよりも小さい。

⑤ この資源の輸出量と輸入量の比は 2003 年に最大となり，15.9 であった。

表は，我が国の紙製容器包装，ペットボトル，プラスチック製容器包装の三品目について，「容器包装リサイクル法」に基づく分別収集・再商品化の実績を示したものである。この表からこれら三品目について確実にいえるのはどれか。

品目名	年度(西暦)	分別収集計画量〔t〕	分別収集実績量〔t〕	再商品化量〔t〕
紙製容器包装	2013	120,308	49,723	44,675
	2014	152,764	57,977	54,145
	2015	147,590	76,878	69,508
	2016	165,355	69,197	59,668
	2017	189,970	71,012	63,031
ペットボトル	2013	172,605	161,651	155,837
	2014	198,672	188,194	183,427
	2015	214,209	211,753	204,993
	2016	229,089	238,469	231,377
	2017	243,070	251,962	244,026
プラスチック製容器包装	2013	389,272	197,273	180,306
	2014	486,727	282,561	268,640
	2015	486,585	401,697	384,865
	2016	628,982	471,488	455,487
	2017	757,050	558,997	538,123

① 分別収集計画量について，2013年度と2017年度を比較した場合，最も増加割合が大きいのはペットボトルである。

② 2013年度から2017年度にかけて，どの品目についても，分別収集実績量が分別収集計画量を上回った年度はなかった。

③ 2015年度において，分別収集計画量に対する分別収集実績量の割合が最も大きかったのは，プラスチック製容器包装である。

④ 紙製容器包装の再商品化量が平成16年度に減少したのは，プラスチック製容器包装の需要が増えたからである。

⑤ 2017年度において，分別収集実績量に対する再商品化量の割合が最も小さかったのは，紙製容器包装である。

下の表は，1995～2015年にかけての高等学校の学校数，教員数，生徒数を表したもので，教員のうちの教諭数と，生徒のうちの男子生徒数がそれぞれ内書きにされている。これからわかることとして正しいものは，次のうちどれか。

	学校数	教員数（人）		生徒数（千人）	
			うち教諭数		うち男子
1995 年	5,208	283,871	243,592	4,622	2,330
2000 年	5,453	316,536	266,809	5,178	2,609
2005 年	5,506	346,278	286,006	5,623	2,830
2010 年	5,501	342,672	281,117	4,725	2,374
2015 年	5,478	331,594	269,027	4,165	2,091

① 2010年と2015年の講師数（教員数－教諭数）を比べると，2010年の方が1,000人ほど多い。

② 1995～2000年の教諭の増加率は，10％を超えている。

③ 2005年の1校当たりの教員数の平均は，63人以上である。

④ 2000～2005年の女子生徒の増加率は，9％を超えている。

⑤ この調査で，生徒全体に対する女子生徒の割合が50％を超えたことはない。

以下の表は，Ａ〜Ｃ年における，ＰＣ所有者に対して行った，新しいＰＣ購入計画のアンケート結果である。この表から正しくいえることは，次のうちどれか。

（なお解答に際して，人数はすべて小数第１位を四捨五入し，「アンケート回答者数が増加していること」は考慮せず，そのまま計算すること。）

			A年	B年	C年
		アンケート回答者数	8,192人	8,657人	9,412人
		ＰＣ購入計画がある者	39.1%	37.9%	40.3%
内容の内訳	購入計画の内訳	新機種購入 デスクトップＰＣの購入	20.7%	19.9%	21.8%
		ノートＰＣの購入	38.5%	37.7%	39.5%
		自作型ＰＣの購入	7.9%	8.5%	8.1%
		中古デスクトップＰＣの購入	11.3%	13.2%	12.2%
		中古ノートＰＣの購入	14.7%	13.6%	11.5%
		知人から譲ってもらう	5.5%	6.0%	5.5%
		その他	1.4%	1.1%	1.4%

① Ａ年とＢ年のＰＣ購入計画がある者を比較すると，Ｂ年の方が80人以上多い。

② Ａ年とＣ年の購入計画の内容，計７項目のうち，Ａ年よりＣ年の方が人数が少ない項目はない。

③ Ｃ年の自作型ＰＣの新機種購入計画者数は，Ｂ年より30人以上多い。

④ Ｂ年の中古デスクトップＰＣ購入計画者数の対Ａ年増加率は，20%を超えている。

⑤ Ｃ年のノートＰＣ新機種購入計画者数の対Ｂ年増加率は，20%を超えている。

No.14 （解答 ▶ P.143）

下の表は，ある市営地下鉄の1カ月の利用状況を示したものである。これからわかることとして正しいものは，次のうちどれか。（「輸送人キロ」とは，輸送人員（乗客）が乗車した距離をすべて合算したものである。たとえば50人が10km乗車した場合は50×10＝500人キロとなる。）

月	のべ乗客者数（人）	輸送人キロ	市の人口（千人）
1月	44,523	80,141	100.1
2月	45,540	104,742	108.2
3月	46,233	90,154	109.3
4月	56,540	90,464	105.0
5月	49,032	102,900	107.3

① 乗客がすべてこの市の市民だとした場合，1月の市民の平均乗車数は0.5回を超えている。

② 平均輸送キロ（輸送人キロを乗客者数で除したもの）が2kmを超えた月が2度ある。

③ この年がうるう年でなかったとすると，1日の平均乗車数が多い月順に並べると，4月，2月，5月，1月，3月となる。

④ 2月の対前月乗客者数増減率は，3月のそれのおよそ2倍である。

⑤ この市の4月における対前月人口減少率は，－4％を超えている。

No.15 （解答 ▶ P.143）

次の表はA大学とB大学の受験者と合格者の表である。これからいえることとして正しいものはどれか。

	A 大 学			B 大 学		
	全受験者	女子合格者	全合格者数における女子合格者の割合	全受験者	女子合格者	全合格者数における女子合格者の割合
A年	5,802 人	48 人	8.0%	13,748 人	525 人	32.4%
B年	5,595 人	62 人	10.4%	12,636 人	628 人	33.6%
C年	5,134 人	74 人	12.3%	11,372 人	642 人	35.2%
D年	5,212 人	98 人	15.4%	12,467 人	685 人	35.7%
E年	5,480 人	129 人	18.2%	13,245 人	723 人	37.8%
F年	5,863 人	153 人	21.4%	14,256 人	846 人	37.6%

① B大学の全合格者は，年々増加している。

② B大学の合格率が最も高かったのは，C年である。

③ B大学の，男子受験者に対する男子合格者の割合が最も高いのは，D年である。

④ A大学の，女子受験者に対する女子合格者の割合が最も高いのは，F年である。

⑤ A大学のE年の男子合格者数は，B年の10％以上増加した。

下のグラフは，一般世帯の世帯人数とその世帯数を表したものである。これからいえることとして正しい
ものは，次のうちどれか。ただし，それぞれの年の総世帯数（単位千世帯）は以下の通りとする。

1970年：30,297
1985年：37,980
2015年：46,782

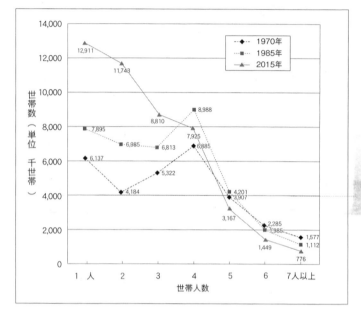

① 世帯人数1人の世帯は，どの年も総世帯数の20%を超えている。

② 世帯人数2人の世帯が，総世帯数の20%を超えた年はない。

③ 世帯人数3人の世帯は，どの年も総世帯数の18%以下である。

④ 世帯人数4人の世帯が，総世帯数の20%を下回った年はない。

⑤ 世帯人数5人の世帯は，どの年も総世帯数の10%以上である。

（解答 ▶ P.144）

No.17

下のグラフは，ある会社が持っている４つのビルの１カ月ごとの入場者数合計の推移である。これからわかることとして正しいものは，次のうちどれか。

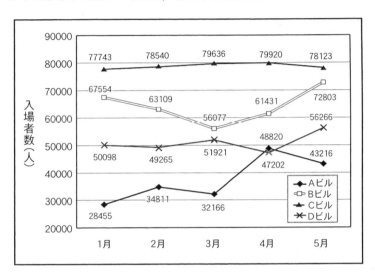

① Ｃビルの売上げが最も多い。

② Ａビルの４月の対前月入場者数増加率は，50％以下である。

③ Ｃビルの２・３・４月の対前月入場者数増加率は，すべて１％を超えている。

④ この中で，最も対前月入場者数減少率が大きい（最もマイナスだった）のは，３月のＢビルである。

⑤ Ｄビルの１月と５月の入場者数を比べると，その増加率は10％を超えている。

次のグラフはA〜D4年間の技術輸出入の推移を示したものである。このグラフから正しくいえるのはどれか。

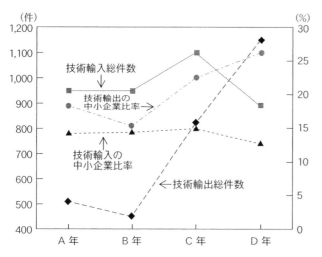

① D年における中小企業の技術輸出総件数は，同年における中小企業の技術輸入総件数の2倍弱となっている。

② 中小企業の技術輸出総件数についてみると，前年に比較してB年には減少したが，それ以降は増加しておりD年には300件を超えている。

③ 技術輸入総件数と技術輸出総件数との差についてみると，A年からC年までは年々確実に減少しているが，D年には増加している。

④ A年からD年までの間でみると，技術輸出総件数の対前年増加率が最も高いのはD年であり，その値は30％を超えている。

⑤ A年からD年までの間でみると，中小企業の技術輸入総件数はC年が最も多く，A年のそれよりも25％増加している。

No.19 (解答 ▶ P.144)

下のグラフは，2015〜2018年における，ある商品の輸出入件数，およびその件数における中小企業比率を表したものである。このグラフから正しくいえるものはどれか。

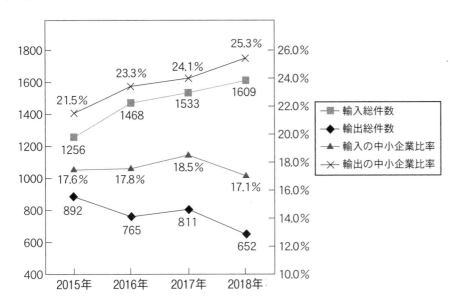

① 2017年と2018年の輸入総件数の対前年度増加率は，いずれも5％を下回っている。

② 2016年の輸出総件数の対前年度減少率は，－15％を上回っている。

③ 2018年の中小企業の輸入件数は，2017年のそれを上回っている。

④ この4年間で見ると，中小企業の輸出件数が最も多かったのは，2015年である。

⑤ この4年間，中小企業の輸入件数が，対前年度比でマイナスになった年はない。

下記のグラフは，ある国におけるペットボトルの生産量と収集量の推移を表したものである。これからいえることとして正しいものは，次のうちどれか。

ただし，リサイクル＝収集量÷生産量×100 とする。

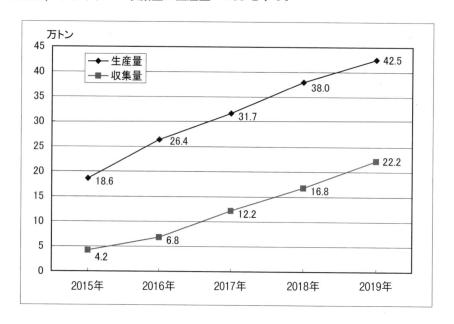

① 2017年における収集量の対前年度増加率は，8割を超えている。

② 2018年のリサイクル率は，2015年のリサイクル率の倍以上である。

③ 生産量の対前年度増加率が40%を超えた年はない。

④ リサイクル率は，年々上昇している。

⑤ 2019年の生産量と収集量の対前年度増加率の差は，21%以上である。

下のグラフ1は，ある国の道路交通事故における死亡事故件数と死亡者数の推移を，グラフ2は，道路交通事故における負傷事故件数と負傷者数の推移を表したものである。これからわかることとして正しいものは，次のうちどれか。

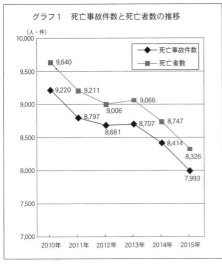

① 事故総件数（死亡事故件数＋負傷事故件数）に対する死亡事故件数の割合は，年々減少している。

② 総死傷者数（死亡者数＋負傷者数）に対する死亡者数の割合は，常に1％を超えている。

③ 事故総件数が，前年と比べて減少した年はない。

④ 2013年における負傷事故件数の対前年度増加率は，10％を超えている。

⑤ 2012年における総死傷者数の対前年度増加率は，6％を超えている。

（解答 ▶ P.145）

下のグラフは，ある業種における学歴別人員構成比の推移を表したものである。これから正しくいえることは，次のうちどれか。

なお，各年の総数は以下の通りとし，選択肢中の「増加率」とは前回調査年との比較とする。

	2000年	2005年	2010年	2015年
総数（人）	4,792,146	6,212,562	5,852,346	6,824,526

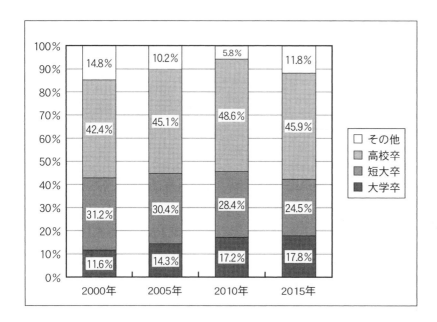

① 2015年における大学卒の人数の増加率は，20％以上である。

② 2000年の高校卒の人数は，200万人以下である。

③ 2015年におけるその他の人数の増加率は，130％以下である。

④ 2010年における高校卒の人数の増加率は，2％以上である。

⑤ 短大卒の2010年と2005年の人数差は，23万人以上である。

No.23

（解答 ▶ P.145）

下のグラフは，ある県で実施された観光調査を元に作られた県民の平均宿泊旅行回数を，その目的別に表したものである。これから正しくいえることは，次のうちどれか。

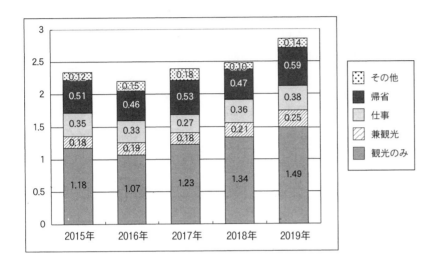

① 各年の平均宿泊旅行総回数に占める観光のみを目的とするものの割合は，毎年50％を超えている。

② 2016年の兼観光を目的とした平均宿泊旅行回数の対前年度上昇率は，5％を超えている。

③ 2015年の帰省を目的とした平均宿泊旅行回数を100とすると，2019年のそれは115以下である。

④ 2018年の平均宿泊旅行回数を目的別にみた場合，対前年度上昇率が30％を超えた項目はない。

⑤ 2019年のその他を目的とする平均宿泊旅行回数は，平均宿泊旅行総回数の4.5％以下である。

下のグラフは，ある国の 2015 ～ 2019 年における労働力人口，就業者人口，18 歳以上人口を表したものである。これから読み取れることとして正しいものは，次のうちどれか。

ただし，労働力人口＝就業者人口＋完全失業者人口

労働力人口比率＝労働力人口÷18 歳以上人口

完全失業率＝完全失業者人口÷労働力人口

で算出することとする。

（単位：万人）

	2015年	2016年	2017年	2018年	2019年
労働力人口	5,681	5,697	5,670	5,664	5,648
就業者人口	4,498	4,502	4,512	4,538	4,549
18歳以上人口	8,403	8,578	8,621	8,709	8,795

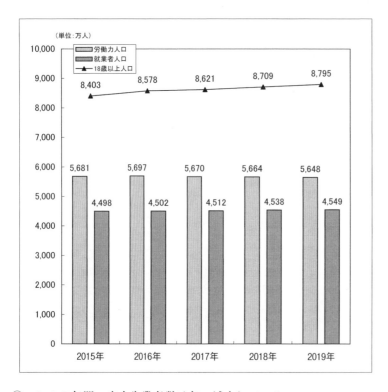

① この 5 年間，完全失業者数は年々減少している。

② 完全失業率は，この 5 年の中では 2016 年が最も高い。

③ 18 歳以上人口の対前年度増加率が 2 ％を超えたことは，この 5 年間一度もない。

④ 労働力人口比率は，2018 年よりも 2019 年の方が大きい。

⑤ 2019 年の完全失業者数の対前年度減少率は，2.5 ％以上である。

No.25

（解答 ▶ P.146）

次の図は，ある会社の売上高の増加率（対前月）の推移（1月～6月）を表したものである。この図から正しくいえることはどれか。

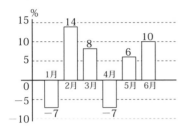

① 1月の売上高と4月の売上高はほぼ等しい。

② 3月の売上高は，1月の売上高よりも約23％増えている。

③ 3月，4月と連続して売上高は下降している。

④ 4月の売上高は2月の売上高よりも少ない。

⑤ 6月の売上高は2月の売上高を約19％上回っている。

No.26

（解答 ▶ P.146）

下のグラフは，ある国の電力供給量の対前年度増加率を表したものである。このグラフから正しくいえるのは次のうちどれか。

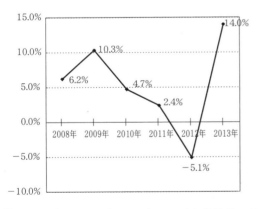

① 2009年～2012年にかけて，電力供給量は減少し続けている。

② 2008年～2013年の間で，最も電力供給量が少なかったのは，2012年である。

③ 2010年の電力供給量は，2007年に比べて20％以上増加している。

④ 2008年～2013年の間で，最も電力供給量が多かったのは，2011年である。

⑤ 2012年は2011年に比べて電力供給量は減少したが，それでも2007年より20％以上多い。

次のグラフは，ある国における勤労者世帯の手取り収入の対前年伸び率を示したものである。この図から正しくいえることは，次のうちどれか。

ただし，総合物価指数＝$\dfrac{\text{名目所得指数（前年基準）}}{\text{実質所得指数（前年基準）}}$ × 100 という関係があるものとする。

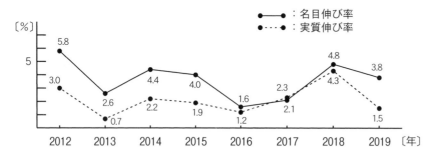

① 名目の手取り収入は，2012年から2019年にかけて約26％増加している。

② 実質と名目の伸び率の差が大きい年は，増税の影響が出ていると考えられる。

③ 総合物価指数は，2012年から2019年までの間，上がり続けている。

④ 実質の手取り収入は，2012年から2019年までの間，あまり変動がない。

⑤ 前年を100とした総合物価指数は，2012年から2019年までの間，102を超えたことがない。

以下のグラフは，ある町に4店舗の店を持つ居酒屋チェーン店の各店の月別売上げおよび売上合計の対前月増減率を表したものである。これからいえることとして正しいのは，次のうちどれか。

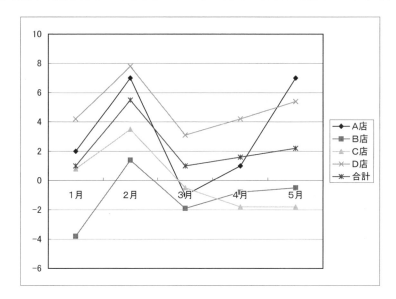

① A店の1月の売上げを100としたとき，A店の5月の売上げは115を超えている。

② B店の売上げは，3月以降上昇している。

③ 全体の売上げに占めるC店の売上げの割合は，3月以降減少し続けている。

④ 4月のA店の売上げを100とすると，D店の売上げは約103である。

⑤ 各店舗とも，2月の売上げが一番多かった。

下のグラフは，スーパー6社の収益を，対前年増減率のグラフで表したものである。このグラフから正しくいえるのはどれか。

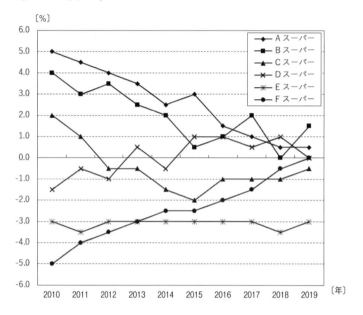

① Fスーパーは6社の中では収益が最も少ないが，収益そのものは年々上昇している。

② Aスーパーの2014年の収益を100とすると，2019年のAスーパーの収益は106を超えている。

③ Dスーパーの2015年の収益は，2009年と比べるとおよそ95％になっている。

④ Eスーパーの収益は，ほぼ毎年横ばい状態である。

⑤ Bスーパーの方がCスーパーよりも売上げが多い。

第2編

第4章 指数

No.1 　　　　　　　　　　　　　　　　　　　　　　　　（解答▶P.148）

次の表は，ある国の消費者物価指数を，2016 年を 100 として示したものである。この表から正しくいえるのはどれか。

	2015 年	2016 年	2017 年	2018 年	2019 年
総　　　合	97.0	100.0	103.3	105.0	106.4
食　　　料	96.1	100.0	104.8	105.4	106.5
住　　　居	97.0	100.0	103.1	106.3	109.1
光 熱・水 道	97.7	100.0	102.3	102.4	103.1
家　　　具	99.9	100.0	100.8	102.0	101.8
被服・履き物	95.5	100.0	104.7	107.9	107.9
保 健 医 療	99.5	100.0	100.6	103.3	104.2
交 通・通 信	98.6	100.0	100.7	101.2	101.5
教　　　育	95.3	100.0	104.8	109.4	114.0
教 養・娯 楽	96.7	100.0	102.9	106.2	107.9
雑　　　費	98.9	100.0	101.9	103.6	105.0

① 住居費の対前年上昇率は，毎年 3 ％以上である。

② 食料費と教育費の 2015 年対 2017 年の上昇率は，同じである。

③ 教育費の2019年の対前年上昇率は，総合消費者物価指数のそれの 3 倍を超えている。

④ 2015 年から 2019 年までの 5 年間で，上昇率の最も低かったのは交通・通信費である。

⑤ 2019 年の支出金額が一番少なかったのは交通・通信費である。

下の表は，某市にある小学校の 2010 年度における在籍者数と，2010 年度を 100 として指数化した，2011 ～ 2014 年度の在籍者数を表したものである。この表から読み取れることとして確実にいえるものはどれか。ただし，生徒数は小数点以下第 1 位を四捨五入して算出するものとする。

	2010 年度	2011 年度	2012 年度	2013 年度	2014 年度
A 小学校	826 人	101.6	102.8	102.2	102.1
B 小学校	1,163 人	102.8	103.8	104.1	104.9
C 小学校	410 人	102.2	103.7	105.4	105.6
D 小学校	697 人	99.6	99.4	99.0	98.1
E 小学校	533 人	100.9	112.6	113.1	113.9

① 2013 年の A 小学校の生徒数は，2012 年の生徒数より 6 人以上少ない。

② B 小学校は 2011 年以降，生徒数が 1,200 人を超えている。

③ C 小学校の 2013 年における生徒数の対前年度増加率は，1.6 % を超えている。

④ D 小学校は 2012 年以降，生徒数が 690 人を割り込んでいる。

⑤ E 小学校の 2012 年における生徒数の対前年度増加率は，11.6 % を上回っている。

下の表は，ある企業における給与総額と平均給与額を，2014 年を 100 とした指数で表したものである。職員数が最も多かった年と，最も少なかった年の組合せとして，正しいものはどれか。

	給与総額指数	平均給与額指数
2014 年	100	100
2015 年	106	103
2016 年	109	105
2017 年	116	111
2018 年	122	117
2019 年	119	115

	最も多かった年	最も少なかった年
①	2017 年	2015 年
②	2018 年	2015 年
③	2018 年	2019 年
④	2018 年	2016 年
⑤	2017 年	2016 年

次の表は，A年を100として計算した，消費者物価指数の対前年上昇率（％）を，品目別に示したものである。この表からいえることとして，最も適切なものはどれか。

	B年	C年	D年
総　　合	3.3	1.6	1.3
食　　料	4.8	0.6	1.0
住　　居	3.1	3.1	2.6
家　　具	0.8	1.2	− 0.2
光　　熱	2.3	0.1	0.7
被　　服	4.7	3.1	0.0
教　　育	4.8	4.4	4.2
娯　　楽	2.9	3.2	1.6

① 教育の物価指数はB〜D年の間，104〜105の数値を示している。

② D年の物価指数が110を上回った品目はない。

③ D年の家具，光熱の指数は総合の指数を下回っている。

④ 娯楽の物価指数はA〜D年の間で8％以上増加した。

⑤ 家具，被服の物価指数は安定してきているが，今後は下落する傾向にあると思われる。

下のグラフはあるコンビニチェーンの1〜6月までの各月の売上高を，A店を100としてB，C，D，E店をそれぞれについて示したものである。このグラフより正しくいえるものはどれか。

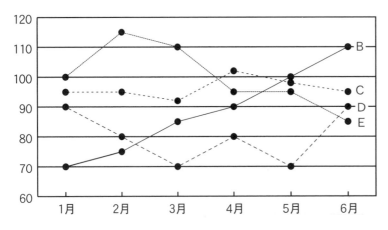

① 　E店の4〜5月にかけての売上高の伸び率は，A店と同じである。

② 　D店の6カ月間の売上高は，A店の約90％である。

③ 　C店の売上高は，毎月あまり変動しない。

④ 　B店の売上高は，毎月増加している。

⑤ 　E店の売上高は，2月以降減少傾向にある。

下記の表1は，ある菓子メーカーが製造した，お菓子の種類別生産量の推移を，2012年を100として表したものであり，表2は，2015年に実際に製造された種類別生産量を表したものである。これからわかることとして正しいものは，次のうちどれか。

	チョコレート	あめ	クッキー	ポテトチップス	アイスクリーム
2011年	85	92	65	89	105
2012年	100	100	100	100	100
2013年	103	102	95	106	98
2014年	108	109	89	104	96
2015年	115	121	74	99	104

表1

（単位：kg）

チョコレート	20,000
あ　め	15,000
クッキー	9,000
ポテトチップス	5,000
アイスクリーム	12,000

表2

① 2011年のクッキーの生産量は，8,000kgを超えている。

② 2014年のあめの生産量の対前年度増加率は，7％以上である。

③ 2013年のポテトチップスの生産量は，前年に比べて300kg以上増加している。

④ 2012年のチョコレートの生産量は，同じ年のあめの生産量よりも5,000kg以上多い。

⑤ アイスクリームの生産量が最も多かったのは，2015年である。

下の折れ線グラフは，2012 ～ 2015 年の A ～ E 各市における 1 家庭の 1 日平均水道使用量を，各年の全国平均使用量を 100 として表したものであり，また棒グラフは全国における 1 家庭の 1 日平均水道使用量を，2012 年を 100 として表したものである。これから正しくいえることは，次のうちどれか。

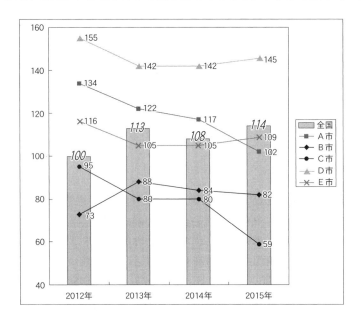

① 2012 ～ 2015 年の中で，平均使用量が最も多いのは，2012 年の D 市である。

② A 市の平均使用量は，年々減少している。

③ B 市の 2013 年と 2015 年では，2015 年の方が平均使用量が多い。

④ D 市の 2013 年の使用量は，前年より減少した。

⑤ E 市の 2014 年の平均使用量は，2012 年よりも少ない。

No.8

（解答 ▶ P.149）

次のグラフは，国内の2007年から2018年にかけての交通手段ごとの旅客数について，2012年を100としたときの指数を表したものである。このグラフから判断できることとして，最も妥当なのはどれか。

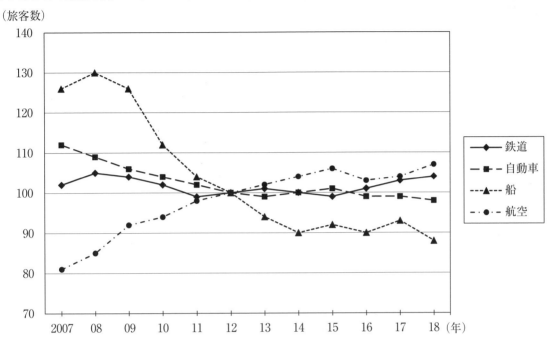

① 2007年に比べて，2018年の船の旅客数は6割以下になっている。

② 2007年から2008年にかけて旅客数の増加率が最も多いのは，船による旅客数である。

③ 2012年に比べて，2018年の鉄道による旅客数は1.1倍以上に増加している。

④ 2007年に比べて，2012年の自動車による旅客数は2割以上減少している。

⑤ 2007年に比べて，2018年の航空による旅客数は1.2倍以上に増加している。

第5章 特殊なグラフ

No.1　　　　　　　　　　　　　　　　　　　　　　　　　　　（解答 ▶ P.150）

次の図は，A〜Oの15都市における2017年と2018年の対前年人口増加率を示したものである。この図から正しくいえるものはどれか。

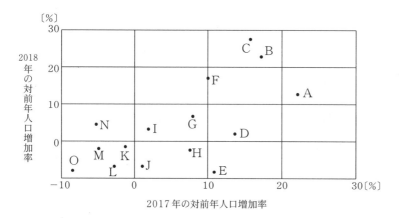

① A市の対前年人口増加率は，2017年，2018年ともにB市より大きい。

② C市の人口は，増加の速度が落ちている。

③ H市の人口は，減少から増加へと転じている。

④ K市とJ市の人口は，2017年，2018年ともに減少を続けている。

⑤ G市の対前年人口増加率は，2017年，2018年ともにI市より大きい。

No.2

（解答▶P.150）

下の図は，ある10カ国の産業別就業割合を表したものである。この10カ国のうち，第1次産業の就業割合が30%を超えている国は何カ国あるか。

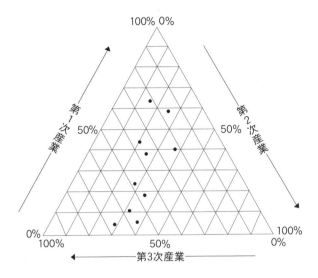

① 　0カ国

② 　2カ国

③ 　3カ国

④ 　5カ国

⑤ 　7カ国

下のグラフは，アテネオリンピックにおけるA～J国各国別のメダル獲得総数に対する，金・銀・銅メダルの割合を表したものである。これから正しくいえることは，次のうちどれか。なお，各国のメダル獲得総数は以下の通りとする。

A国	103個
B国	92個
C国	63個
D国	49個
E国	48個
F国	37個
G国	22個
H国	19個
I国	17個
J国	12個

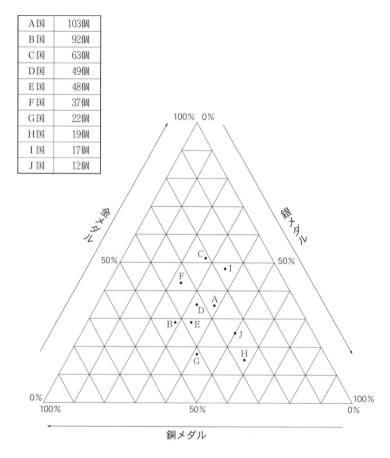

① C国の金メダル獲得個数は，40個以上である。

② J国とH国の銀メダル獲得割合は，ほぼ変わらない。

③ 銅メダルの獲得割合が40%を上回っている国はない。

④ B国とG国の銅メダル獲得割合は，ほぼ変わらない。

⑤ E国の銀メダル獲得個数は，30個以上である。

下のグラフは，ある工場地帯に隣接する5つの市で行った，環境アンケート（複数回答可）の結果で，「目が痛い」と答えた人を100として数値を表したものである。これからわかることとして正しいものは，次のうちどれか。各市の「目が痛い」と答えた人数は下の表の通りとする。

	目が痛い
A市	2,322 人
B市	6,819 人
C市	4,482 人
D市	9,974 人
E市	2,817 人

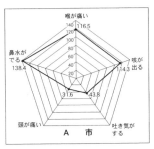

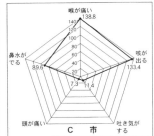
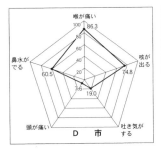
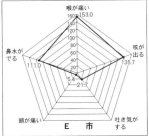

① 「咳が出る」と答えた人数が最も多かった市は，C市である。

② D市の「吐き気がする」と答えた人数は，2,000人を超えている。

③ B市の人口が100,000人だったとすると，全市民に対する「喉が痛い」と答えた人数の割合は，5％を超えている。

④ この調査結果を見る限り，人口が最も多い市はD市である。

⑤ 「鼻水がでる」と答えた人が4,000人以上いた市が，1つだけある。

公務員試験

（ちほうしょきゅう こっか いっぱんしょく こうそつしゃ）（もんだいしゅう はんだんすいり しりょうかいしゃく だい はん）
地方初級・国家一般職(高卒者) 問題集 判断推理・資料解釈　第4版

2013年3月1日　初　版　第1刷発行
2024年2月10日　第4版　第1刷発行

編　著　者　　Ｔ　Ａ　Ｃ　株　式　会　社
　　　　　　　　　　　　（出版事業部編集部）
発　行　者　　多　　田　　敏　　男
発　行　所　　ＴＡＣ株式会社　出版事業部
　　　　　　　　　　　　　　（ＴＡＣ出版）
　　　　　　　〒101-8383
　　　　　　　東京都千代田区神田三崎町3-2-18
　　　　　　　電話　03（5276）9492（営業）
　　　　　　　FAX　03（5276）9674
　　　　　　　https://shuppan.tac-school.co.jp/

印　　　刷　　株式会社　ワ　　コ　　ー
製　　　本　　東　京　美　術　紙　工　協　業　組　合

Ⓒ TAC 2024　　　Printed in Japan　　　　ISBN 978-4-300-11056-0
　　　　　　　　　　　　　　　　　　　　　N.D.C. 317

本書は、「著作権法」によって、著作権等の権利が保護されている著作物です。本書の全部また
は一部につき、無断で転載、複写されると、著作権等の権利侵害となります。上記のような使い
方をされる場合、および本書を使用して講義・セミナー等を実施する場合には、小社宛許諾を求
めてください。

乱丁・落丁による交換，および正誤のお問合せ対応は，該当書籍の改訂版刊行月末日までとい
たします。なお，交換につきましては，書籍の在庫状況等により，お受けできない場合もござ
います。
また，各種本試験の実施の延期，中止を理由とした本書の返品はお受けいたしません。返金も
いたしかねますので，あらかじめご了承くださいますようお願い申し上げます。

TAC出版 書籍のご案内

TAC出版では、資格の学校TAC各講座の定評ある執筆陣による資格試験の参考書をはじめ、資格取得者の開業法や仕事術、実務書、ビジネス書、一般書などを発行しています！

TAC出版の書籍

*一部書籍は、早稲田経営出版のブランドにて刊行しております。

資格・検定試験の受験対策書籍

- ✪日商簿記検定
- ✪建設業経理士
- ✪全経簿記上級
- ✪税 理 士
- ✪公認会計士
- ✪社会保険労務士
- ✪中小企業診断士
- ✪証券アナリスト

- ✪ファイナンシャルプランナー(FP)
- ✪証券外務員
- ✪貸金業務取扱主任者
- ✪不動産鑑定士
- ✪宅地建物取引士
- ✪賃貸不動産経営管理士
- ✪マンション管理士
- ✪管理業務主任者

- ✪司法書士
- ✪行政書士
- ✪司法試験
- ✪弁理士
- ✪公務員試験(大卒程度・高卒者)
- ✪情報処理試験
- ✪介護福祉士
- ✪ケアマネジャー
- ✪社会福祉士　ほか

実務書・ビジネス書

- ✪会計実務、税法、税務、経理
- ✪総務、労務、人事
- ✪ビジネススキル、マナー、就職、自己啓発
- ✪資格取得者の開業法、仕事術、営業術
- ✪翻訳ビジネス書

一般書・エンタメ書

- ✪ファッション
- ✪エッセイ、レシピ
- ✪スポーツ
- ✪旅行ガイド (おとな旅プレミアム/ハルカナ)
- ✪翻訳小説

TAC出版

(2021年7月現在)

書籍のご購入は

1 全国の書店、大学生協、ネット書店で

2 TAC各校の書籍コーナーで

資格の学校TACの校舎は全国に展開!
校舎のご確認はホームページにて

資格の学校TAC ホームページ
https://www.tac-school.co.jp

3 TAC出版書籍販売サイトで

CYBER TAC出版書籍販売サイト
BOOK STORE

24時間
ご注文
受付中

TAC 出版 で 検索

https://bookstore.tac-school.co.jp/

新刊情報を いち早くチェック!	たっぷり読める 立ち読み機能	学習お役立ちの 特設ページも充実!

TAC出版書籍販売サイト「サイバーブックストア」では、TAC出版および早稲田経営出版から刊行されている、すべての最新書籍をお取り扱いしています。
また、無料の会員登録をしていただくことで、会員様限定キャンペーンのほか、送料無料サービス、メールマガジン配信サービス、マイページのご利用など、うれしい特典がたくさん受けられます。

サイバーブックストア会員は、特典がいっぱい!（一部抜粋）

通常、1万円（税込）未満のご注文につきましては、送料・手数料として500円（全国一律・税込）頂戴しておりますが、1冊から無料となります。

専用の「マイページ」は、「購入履歴・配送状況の確認」のほか、「ほしいものリスト」や「マイフォルダ」など、便利な機能が満載です。

メールマガジンでは、キャンペーンやおすすめ書籍、新刊情報のほか、「電子ブック版TACNEWS（ダイジェスト版）」をお届けします。

書籍の発売を、販売開始当日にメールにてお知らせします。これなら買い忘れの心配もありません。

書籍の正誤に関するご確認とお問合せについて

書籍の記載内容に誤りではないかと思われる箇所がございましたら、以下の手順にてご確認とお問合せをしてくださいますよう、お願い申し上げます。

なお、正誤のお問合せ以外の書籍内容に関する解説および受験指導などは、一切行っておりません。
そのようなお問合せにつきましては、お答えいたしかねますので、あらかじめご了承ください。

1 「Cyber Book Store」にて正誤表を確認する

TAC出版書籍販売サイト「Cyber Book Store」の
トップページ内「正誤表」コーナーにて、正誤表をご確認ください。

CYBER TAC出版書籍販売サイト
BOOK STORE

URL：https://bookstore.tac-school.co.jp/

2 1の正誤表がない、あるいは正誤表に該当箇所の記載がない
⇒ 下記①、②のどちらかの方法で文書にて問合せをする

★ご注意ください★

お電話でのお問合せは、お受けいたしません。
①、②のどちらの方法でも、お問合せの際には、「お名前」とともに、
「対象の書籍名（○級・第○回対策も含む）およびその版数（第○版・○○年度版など）」
「お問合せ該当箇所の頁数と行数」
「誤りと思われる記載」
「正しいとお考えになる記載とその根拠」
を明記してください。
なお、回答までに1週間前後を要する場合もございます。あらかじめご了承ください。

① ウェブページ「Cyber Book Store」内の「お問合せフォーム」より問合せをする

【お問合せフォームアドレス】

https://bookstore.tac-school.co.jp/inquiry/

② メールにより問合せをする

【メール宛先　TAC出版】

syuppan-h@tac-school.co.jp

※土日祝日はお問合せ対応をおこなっておりません。
※正誤のお問合せ対応は、該当書籍の改訂版刊行月末日までといたします。

乱丁・落丁による交換は、該当書籍の改訂版刊行月末日までといたします。なお、書籍の在庫状況等により、お受けできない場合もございます。
また、各種本試験の実施の延期、中止を理由とした本書の返品はお受けいたしません。返金もいたしかねますので、あらかじめご了承くださいますようお願い申し上げます。

TACにおける個人情報の取り扱いについて
■お預かりした個人情報は、TAC(株)で管理させていただき、お問合せへの対応、当社の記録保管にのみ利用いたします。お客様の同意なしに業務委託先以外の第三者に開示、提供することはございません（法令等により開示を求められた場合を除く）。その他、個人情報保護管理者、お預かりした個人情報の開示等及びTAC(株)への個人情報の提供の任意性については、当社ホームページ（https://www.tac-school.co.jp）をご覧いただくか、個人情報に関するお問い合わせ窓口（E-mail:privacy@tac-school.co.jp）までお問合せください。

〈冊子ご利用時の注意〉

　以下の「解答・解説冊子」は、この色紙を残したままていねいに抜き取り、ご使用ください。

　また、抜き取りの際の損傷についてのお取替えはご遠慮願います。

解答・解説

判断推理・資料解釈

Logical inferences & Handling data

TAC出版編集部編

問題集

目次

第1編　判断推理

第1章　命題・論理

（問題，本文2ページ）

No.1

人間→労働かつレジャーを楽しむ　　　　（対偶）
　　　　　　　　　　　　　　　　　　　$\overline{労働}$または$\overline{レジャーを楽しむ}$→$\overline{人間}$

　　　　　　　　　　　　　　　　　　　　　　　　　　　　　　　　答　④

No.2

　　　　　　　　　　　　（対偶）
弱い犬→ほえる　　　　　$\overline{ほえる}$→$\overline{弱い犬}$＝強い犬
しっぽ短い→$\overline{ほえる}$　　ほえる→$\overline{しっぽ短い}$＝しっぽ長い
強い犬→目褐色　　　　　$\overline{目褐色}$→$\overline{強い犬}$＝弱い犬
① 　強い犬→目褐色→　×（推論不能）
② 　目褐色→$\overline{弱い犬}$→ほえる→しっぽ長い　　○
③ 　しっぽ短い→$\overline{ほえる}$→強い犬　×（反対の推論）
④ 　ほえる→強い犬→目褐色　×（反対の推論）
⑤ 　弱い犬→ほえる→しっぽ長い　×（反対の推論）

　　　　　　　　　　　　　　　　　　　　　　　　　　　　　　　　答　②

No.3

　　　　　　　　（対偶）
日→焼　　　　　$\overline{焼}$→$\overline{日}$
$\overline{焼}$→$\overline{ウ}$　　　　ウ→焼
ワ→焼　　　　　$\overline{焼}$→$\overline{ワ}$
①②③④　×
⑤ 　ウ→焼→ワ　○（対偶の三段論法）

　　　　　　　　　　　　　　　　　　　　　　　　　　　　　　　　答　⑤

No.4

　　　　　　（対偶）
協→温　　$\overline{温}$→$\overline{協}$
宣→協　　$\overline{協}$→$\overline{宣}$
協→明　　$\overline{明}$→$\overline{協}$
① 　温→　×（推論不能）
② 　$\overline{協}$→$\overline{宣}$→　×（推論不能）
③ 　宣→協→温　×（反対の推論）
④ 　$\overline{温}$→$\overline{協}$→$\overline{宣}$　○（Aの発言の対偶とBの発言の対偶が三段論法）
⑤ 　温→　×（推論不能）

　　　　　　　　　　　　　　　　　　　　　　　　　　　　　　　　答　④

No.5

　　　　　　　　　　　　（対偶）
① 食事中→テレビ　　テレビ→食事中
　　テレビ→新　聞　　新　聞→テレビ
　　　　　　　　……………×

　　　　　　　　　　　　（対偶）
② 野　球→テニス　　　テニス →野　球
　　テニス→サッカー　　サッカー→テニス
　　　　　　　　……………×

　　　　　　　　　　　　（対偶）
③ 自　然→動　物　　動　物→自　然
　　自　然→山登　　山登→自　然
　　山登→自然→動物　…………○

　　　　　　　　　　　　（対偶）
④ 美　花→　香　　　　香　→美　花
　　　香　→トゲ　トゲ→　香
　　　　　　　　……………×

　　　　　　　　　　　　（対偶）
⑤ 高級品　→　高　　　高　→　高級品
　　この時計→　高　　　高　→この時計
　　　　　　　　……………×

答　③

No.6

　　　　　　　　（対偶）
通→薬　　　　薬→通
検→薬　　　　薬→検
検→問　　　　問→検
① 薬→通→　　×（推論不能）
② 通→薬→検→問　×（反対の推論）
③ 検→問→　　×（推論不能）
④ 薬→通→　　×（推論不能）
⑤ 問→検→薬→通　○

答　⑤

No.7

　　　　　　　　　　　（対偶）
　　A→赤　　　　　赤→A
　　B→黄　　　　　黄→B
　　C→黒　　　　　黒→C
　　赤→情熱家　　情熱家→赤
　　黄→黒　　　　黒→黄
① A→赤→　　　×（推論不能）

— 2 —

② $B→黄→\overline{黒}$　　　×（反対の推論）

③ $C→黒→\overline{黄}$　　　×（反対の推論）

④ $黒→\overline{黄}→\overline{B}$　　　○

⑤ $黄→\overline{黒}→\overline{C}$　　　×

答　④

No.8

　　　　　　　　　　（対偶）

$A→B$　　　　　$\overline{B}→\overline{A}$

$C→A$　　　　　$\overline{A}→\overline{C}$

$\overline{C}\ or\ \overline{D}→\overline{E}$　　　$E→C\ and\ D$

つながるものは，$E→C→A→B$　　または，$\overline{B}→\overline{A}→\overline{C}→\overline{E}$

答　④

No.9

① $A→活発$　　×（推論不能）

② $A→\overline{内向的}$　　×（推論不能）

③ $A→\overline{活発}$　　×（推論不能）

④ $A→活発$　　×（推論不能）

⑤ $A→\overline{内向的}→旅行好き$　　○
　　　　　　　　　　対偶

答　⑤

No.10

　　　　　　　　　　（対偶）

$米→骨強$─────$\overline{骨強}→\overline{米}$

$た→\overline{骨強}$─────$骨強→\overline{た}$

$や→パ食$─────$\overline{パ食}→\overline{や}$

$\overline{食欲}→た$─────$\overline{た}→食欲$

① $た→\overline{骨強}→\overline{米}$：たばこを吸う人は朝食に米を食べない。

　　　A町の人は必ず朝食に米かパンを食べているので，朝食に米を食べない人は，パンを食べている。よって，これが正しい。

答　①

No.11

　　　　　　　　　　　　　　（対偶）

$震度7以上の地震→ビル倒壊$　　　$\overline{ビル倒壊}→\overline{震度7以上の地震}$

答　②

No.12

　　　　　　　　　　（対偶）

$A→B$　　　　　$\overline{B}→\overline{A}$

$\overline{C}→\overline{A}\ and\ \overline{B}$　　　$A\ or\ B→C$

したがって誤っているのは②だけである。

答 ②

No.13

	(対偶)
天気→散歩	散歩‾→天気‾
天気→読書 or 書きもの	読書‾ and 書きもの‾→天気‾

① 天気‾→読書 or 書きもの→　　　×（推論不能）

② 読書→　　　　　　　　　　　　×（推論不能）

③ 散歩‾→天気‾→読書 or 書きもの　×

④ 読書‾ or 書きもの‾→　　　　　×（推論不能）

⑤ 読書 and 書きもの→天気→散歩　○

答 ⑤

No.14

	(対偶)	
ドーベルマン→大型かつ毛短	大型‾ or 毛短‾→ドーベルマン‾	…(a)
ドーベルマン→強	強‾→ドーベルマン‾	…(b)
大型 and 毛短→A原産	A原産‾→大型‾ or 毛短‾	…(c)

① 推論不能

② 〃

③ 〃

④ 〃

⑤ (c)→(a)から成立

答 ⑤

No.15

	(対偶)
英→ドイツ‾	ドイツ→英‾
仏→スペイン	スペイン‾→フランス‾
スペイン→英‾かつドイツ‾	英→スペイン‾
	または
	ドイツ→スペイン‾

① ドイツ→英‾　×

② スペイン‾→英‾→　×（推論不能）

③ ドイツ→スペイン‾→フランス‾　×（反対の推論）

④ ○　（２カ国語はいるが３カ国語はいない）

⑤ フランス→スペイン→英‾　×（反対の推論）

答 ④

No.16

	(対偶)
A→B‾ and C‾	B or C→A‾

— 4 —

$\overline{A}$ or $\overline{B}$→C $\overline{C}$→A and B

よって，確実にいえるのは④のみ。

答　④

No.17

	（対偶）
自動車→パソコン…イ	$\overline{パソコン}$→$\overline{自動車}$…イ′
乾燥機→$\overline{クーラー}$…ロ	クーラー→$\overline{乾燥機}$…ロ′
$\overline{クーラー}$→$\overline{パソコン}$…ハ	パソコン→クーラー…ハ′
$\overline{乾燥機}$ or クーラー→自動車…ニ	$\overline{自動車}$→乾燥機 and $\overline{クーラー}$…ニ′

① 　$\overline{パソコン}$→$\overline{自動車}$…イ′ ○

② 　パソコン→クーラー…ハ′ ○

③ 　$\overline{自動車}$→乾燥機…ニ′ ○

④ 　クーラー→自動車…ニ ○

⑤ 　乾燥機 and クーラー→　×（推論不能）

答　⑤

No.18

①③④　×（Cクラスは大半が私立大学理科系志望だが，残りの一部が国立大学理科系志望の可
能性がある。A・Bクラスにしかいないとはいいきれない）

②　×（Aクラスにはいないが，B・Cクラスにいないとはいいきれない）

⑤　○（最初の条件の対偶である）

答　⑤

No.19

	（対偶）
A．冬→気温低 and 雪降	$\overline{気温低}$ or $\overline{雪降}$→$\overline{冬}$
B．桜→冬	$\overline{冬}$→$\overline{桜}$
C．気温低→家長い	$\overline{家長い}$→$\overline{気温低}$

① 　雪降→　×（推論不能）

② 　家長い→　×（推論不能）

③ 　冬→気温低→家長い　○

④⑤　気温低→家長い→　×（推論不能）

答　③

No.20

	（対偶）
A．物→実	$\overline{実}$→$\overline{物}$
B．$\overline{生}$→$\overline{飼}$	飼→生
C．生→$\overline{物}$	物→$\overline{生}$
D．$\overline{デ}$ or 飼→研	$\overline{研}$→デ and $\overline{飼}$
E．飼→実	$\overline{実}$→$\overline{飼}$

①③　デ→　×（推論不能）

②　飼→生̄→物̄→　×（推論不能）

④　生̄→物̄→　×（推論不能）

⑤　研→飼→実̄→物̄　○

答　⑤

No.21

①　×（野球選手とは限らない）

②　×（両方成立するため）

（対偶）

野球選手→体力　　　　　　体̄力̄→野̄球̄選̄手̄

　　　　　　　　　　　　⎰芸術家→体̄力̄

　　　　　　　　　　　　⎱芸̄術̄家̄→体力

③　×　体力→野̄球̄選̄手̄

　　　彼→体̄力̄　（推論不能）

④　○　結論はこの部分

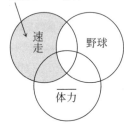

⑤　×　速̄走̄→野̄球̄選̄手̄

　　　体力優→速走　（推論不能）

答　④

No.22

（対偶）

・A→ギター and ピアノ　　　　ギ̄タ̄ー̄ or ピ̄ア̄ノ̄→Ā

・ギ̄タ̄ー̄→音楽家　　　　　　音̄楽̄家̄→ギター

・手先器用→ピアノ　　　　　　ピ̄ア̄ノ̄→手̄先̄器̄用̄

・ピアノ and 楽譜→音大　　　　音̄大̄→ピ̄ア̄ノ̄ or 楽̄譜̄

４番目の命題は，「ピアノが演奏できる」と「楽譜を読むことができる」の２つの条件がそろっていないと成立しないことに注意する。

①　A→ピアノ→手先器用→　×（推論不能）

②　A→ギター and ピアノ→　×（推論不能）

③　Ā→ピ̄ア̄ノ̄→手̄先̄器̄用̄　○

④　音̄大̄→ピ̄ア̄ノ̄→　×（推論不能）

　　一見正しく見えるが，「音大に入学できない」は，「ピアノを演奏できない」か「楽譜を読むことができない」の一方だけを満たしていれば成立する。つまり「ピアノを弾くことはできるが楽譜を読むことができない」は音大に入学できないので，正しいとはいえない。

⑤　ピアノ→手先器用→　×（推論不能）

答　③

No.23

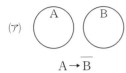

(ア) A　B
$A \rightarrow \overline{B}$

(イ) C　B
$C \rightarrow B$
$\quad\searrow \overline{B}$

(ウ) A C B
$A \rightarrow C$

① $C \rightarrow A$　×(ウ)の逆で不成立。

② $\overline{B} \rightarrow C$
$\quad C \rightarrow B$　×(イ)の一部で不成立。

③ $\overline{B} \rightarrow A$
$\quad A \rightarrow B$　×(ア)より。

④ A（＝Cの一部）$\rightarrow \overline{B}$　正しい。

⑤ B（＝Cの一部）$\rightarrow A$　×(ア)より。

答　④

No.24

条件アより、「チョコレート好き」と「アイス好き」は重ならない。

条件イ、ウについて、ベン図を使ってそれぞれの関係を表すと、下のようになる。

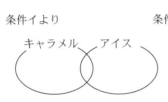

条件イより　キャラメル　アイス

条件ウより　キャラメル　チョコレート

条件エ、およびアの結果を合わせると

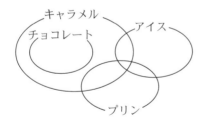

キャラメル　チョコレート　アイス　プリン

答　④

No.25

ア：□

イ：$A \rightarrow \overline{数}$

ウ：∴ $A \rightarrow \overline{物}$

よって、$\overline{数} \rightarrow \overline{物}$

答　①

No.1

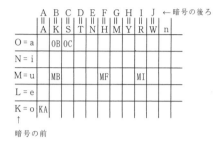

		A	B	C	D	E	F	G	H	I	J	←暗号の後ろ
		‖	‖	‖	‖	‖	‖	‖	‖	‖	‖	
		A	K	S	T	N	H	M	Y	R	W	n
O = a			OB	OC								
N = i												
M = u			MB			MF			MI			
L = e												
K = o	KA											

↑
暗号の前

したがって，NF　KI　NC　OG
　　　　　HI　RO　SI　MA

　　　　　　　　＝広島

答　⑤

No.2

う	え	の	に	さ	く	ら	さ	く
51	31	15	75	93	52	99	93	52
U	E	NO	NI	SA	KU	RA	SA	KU

共通なものはA→9
　　　　　　U→5

母音部は数字の2ケタ目のようなので当てはめると

O→1，E→3，I→7

と奇数順になっているのがわかる。

すると

A	I	U	E	O
9	7	5	3	1

次に子音部を調べて見ると

A（ア行）は1

K（カ行）は2

S（サ行）は3

となっており，次のような五十音表が成立していることがわかる。

	1	2	3	4	5	6	7	8	9	10
	A	K	S	T	N	H	M	Y	R	W
9 A										
7 I										
5 U										
3 E										
1 O										

O		K	I		N	A		W	A
11		7	2		9	5		9	10

答 ⑤

No.3

え ん は に ほ ん の つ う か
41 011 16 25 56 011 55 34 31 12

五十音表に当てはめてみると

	1 ‖ A	2 ‖ K	3 ‖ S	4 ‖ T	5 ‖ N	6 ‖ H	7 ‖ M	8 ‖ Y	9 ‖ R	10 ‖ W	11 ‖ N
1 = a		12				16					011
2 = i					25						
3 = u	31			34							
4 = e	41										
5 = o					55	56					

これから，数字の前半が母音部になっていて，a＝1，i＝2，u＝3，e＝4，o＝5に，後半部が子音部になっていてA＝1，K＝2，S＝3，T＝4・・・・になっていると想定できる。
これを当てはめると
54・32・23・17・42・011・16・15・25・24・56・31・12
と く し ま け ん は な に ち ほ う か
→徳島県は何地方か　となり

① 54・31・56・32＝とうほく＝東北
② 12・011・54・31＝かんとう＝関東
③ 22・011・22＝きんき＝近畿
④ 54・31・12・21＝とうかい＝東海
⑤ 23・52・32＝しこく＝四国

なので，⑤が正解。

答 ⑤

No.4

「今6時15分」＝「いまろくじじゅうごふん」を五十音表に当てはめる。（この際，「じ」と「ご」は濁点をとって「し」「こ」，「ゅ」は「ゆ」として考える。）

	12 ‖ A	13 ‖ K	14 ‖ S	15 ‖ T	16 ‖ N	17 ‖ H	18 ‖ M	19 ‖ Y	20 ‖ R	21 ‖ W	22 ‖ n ←暗号の前
10 = a							18:10				22:00
20 = i	12:20		14:25								
30 = u	12:30	13:30				17:30		19:37			
40 = e											
50 = o		13:55							20:50		

↑暗号の後ろ

この状況から，暗号の前（時）が子音，暗号の後（分）が母音になっていて，5分が濁点，7分が拗音（小さいや，ゆ，よ）であることがわかる。
よって
20：50，14：10，22：00，14：45，20：30，14：30，17：10，15：55，13：50，16：50，13：30，16：20＝ろ，さ，ん，ぜ，る，す，は，ど，こ，の，く，に＝ロサンゼルスはどこの国
したがって②。

答 ②

No.5

「ＹＡＹＯＩ」＝「ＺＢＺＰＪ」，「ＳＨＩＷＡＳＵ」＝「ＴＩＪＸＢＴＶ」より，この暗号はアルファベット型と予想できる。よって，それぞれの単語の読みをもとにアルファベットを対応させてみる。

B								I	J			
A	B	C	D	E	F	G	H	I	J	K	L	M
		Z		X		V		T			P	
Z	Y	X	W	V	U	T	S	R	Q	P	O	N

となるので，文字を１つ前にずらすとよいことがわかる。

したがって「ＴＢＵＴＶＬＪ」のアルファベットを，Ｔ→Ｓ，Ｂ→Ａのようにそれぞれ１つ前へずらすと，「ＳＡＴＳＵＫＩ」＝「さつき」となるので，５月を表していることがわかる。

答　①

No.6

ＨＡＮＤ（４文字）＝やあした（４文字），ＦＯＫＴ（４文字）＝はちんう（４文字），ＳＱＣＺ（４文字）＝りひさむ（４文字）とアルファベットとひらがなの文字数が一致しているので，対応させてみると，

A	B	C	D	E	F	G	H	I	J	K	L	M
あ		さ	た		は		や			ん		
Z	Y	X	W	V	U	T	S	R	Q	P	O	N
む						う	り		ひ		ち	し

Ａ，Ｂ，Ｃ，Ｄ，Ｅ，Ｆ，……→あ，か，さ，た，な，は，……と続いていることがわかる。

表を埋めると，下のようになる。

A	B	C	D	E	F	G	H	I	J	K	L	M
あ	か	さ	た	な	は	ま	や	ら	わ	ん	い	き
Z	Y	X	W	V	U	T	S	R	Q	P	O	N
む	ふ	ぬ	つ	す	く	う	り	み	ひ	に	ち	し

ＵＪＢＹＷＲＬＶＥ＝くわかふつみいすな

茄子，岩，靴，文はできるが，柿はできない。

答　①

No.7

「せんだい」をローマ字にすると「ＳＥＮＤＡＩ」となるので，与えられた暗号と比較すると，最後の文字はそのままで，それ以外の文字は順番が逆になっている。

「熊本」は「ＴＯＭＡＭＵＫＯ」となるので⑤が答えである。

答　⑤

No.8

まずローマ字化してみる。

衣笠雁→ikasagan

逆に読むと長崎になる　nagasaki

他も同じ

したがって　nekawaniko は沖縄県である。

暗号問題はそんなに複雑でないので，余り悩ましく考えない方がよい。

答　③

No.9

	1	2	3	4	5
1	㋑	ロ	㋩	㋥	㋭
2	㋜	レ	ソ	ヘ	
3	ヨ	ウ	ヰ	ネ	ト
4	カ	ム	ラ	ナ	㋭
5	㋬	ヲ	ル	ヌ	リ

```
ハ  ニ  ワ  イ  タ  チ
31 41 15 11 12 54
```

から1ケタ目の数字は横列を指し，2ケタ目の数字は縦列を指していることがわかる。

イロハニホヘト……ヰまでが渦巻状に入っている。

したがって「43・42・53・23」は「ネットウ＝熱湯」である。

答　④

No.10

例文の文字数から，数字とアルファベットの組合せで1文字を表していて，さらに記号の下に線が引いてあると濁音を表していることがわかる。

そこで，数字とアルファベットを縦軸，横軸にとり解読表を作ると，1A，4A，7Aが「い」，「に」，「と」となっている。

ここで「いろは四十八文字」を思いつくことができれば，解読表完成に近づく。

また，「ち」と「わ」の位置よりジグザグに配置されていることがわかる。

これらを踏まえて表を埋めると，以下のようになる。

	A	B	C	D	E	F	G
1	い	か	よ	く	や	し	ゑ
2	ろ	わ	た	お	ま	み	ひ
3	は	を	れ	の	け	め	も
4	に	る	そ	ゐ	ふ	ゆ	せ
5	ほ	ぬ	つ	う	こ	き	す
6	へ	り	ね	む	え	さ	ん
7	と	ち	な	ら	て	あ	×

この表から，「2G3F1F」は「ひめじ＝姫路」となるので，兵庫県が正解。

答　⑤

No.11

与えられた暗号を2文字とばしで読んでいくと，

c̸ ṵ y K̸ w e r̸ o̸ l p̸ z̸ l h̸ b̸ o d̸ x̸ w

→ yellow となる。

同じ要領で問題の暗号を読み解くと，

K̸ x̸ g p̸ r̸ r w̸ x̸ e j̸ q̸ e x̸ s̸ n

→ green となる。

選択肢で「green ＝緑」から連想される野菜は③。

答　③

No.12

野球…野球（漢字2文字）　　　　　　花…花（漢字1文字）
　　…やきゅう（ひらがな4文字）　　　…はな（ひらがな2文字）
　　…ＹＡＫＹＵＵ（アルファベット6文字）　　…ＨＡＮＡ（アルファベット4文字）

野球が4文字，花が3文字に該当するものがない。そこで英語を考えてみると，

野球…ＢＡＳＥＢＡＬＬ，花…ＦＬＯＷＥＲ

アルファベットを1つとばしに抜き出すと，野球…ＡＥＡＬ，花…ＬＷＲとなり問題文の暗号と合う。

① ＯＦＦＩＣＥ → ＦＩＥ
② ＣＯＦＦＥＥ → ＯＦＥ
③ ＯＲＡＮＧＥ → ＲＮＥ
④ ＳＨＯＥ → ＨＥ
⑤ ＮＯＴＥＢＯＯＫ → ＯＥＯＫ

よって，答えは②である。

答　②

第3章　対応関係 (1) 勝敗

（問題，本文 17 ページ）

No.1

	A	B	C	D	E
A		○	×		
B	×				
C	○			○	○
D			×		×
E			×	○	

1勝

引き分けなし，同率なしだから，Cは全勝，Dは全敗である。

	A	B	C	D	E	
A		○	×	○		2位か3位
B	×		×	○	×	1勝
C	○	○		○	○	全勝
D	×	×	×		×	全敗
E		○	×	○		2位か3位

A対Eは不明
⑤のみ正しい。

答　⑤

No.2

	A	B	C	D	E
A		○		○	
B	×			○	×
C				×	×
D	×	×	○		
E		○	○		

結果を○×で入れると左図の通り。
A，B，D，Eは1勝以上しているので全敗はC。

	A	B	C	D	E	順位
A		○	○	○		
B	×		○	○	×	3位
C	×	×		×	×	5位
D	×	×	○		×	4位
E		○	○	○		

B，Eは2勝しているので1勝はDである。Eは3勝となる。
AかEのいずれかが優勝しているが，不明である。
よって，⑤のDの4位が正解。

答　⑤

No.3

条件を表にすると以下の通り。

	A	B	C	D	E
A		×		○	
B	○			×	
C					○
D	×	○			
E			×		

ここで，全勝の可能性があるのはC，全敗の可能性があるのはEだけになる。
それを埋めて表を完成させると，以下のようになる。

	A	B	C	D	E
A		×	×	○	○
B	○		×	×	○
C	○	○		○	○
D	×	○	×		○
E	×	×	×	×	

確実にいえるのは②。

答　②

No.4

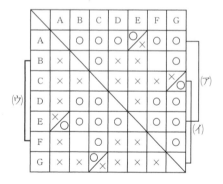

(ア)　A，E大学のいずれかが優勝し，どちらかは2位。
　　他に2位候補大学はない。したがってEはBに勝っている。
(イ)　全敗と1勝5敗候補である。
(ウ)　BとFで4位と5位。
　　Dが4勝で3位。他に可能性のあるチームはない。

答　④

No.5

条件より，AとDが2回戦で姿を消した，FはAに勝った，Eは2回勝ったとあることから2回戦進出者はA，D，E，Fの4人であることがわかる。もしFがAに勝ったのが決勝戦であるとすると，Eが2回勝てないため条件に合わない。

よって，2回戦の組合せはAとF，DとEに確定する。正解は⑤である。

答　⑤

No.6

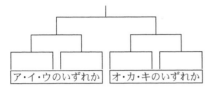

|ア・イ・ウのいずれか|オ・カ・キのいずれか|

問題の条件から，別ブロックのウとオが戦っているので，決勝戦はこの2人。

よって第1ブロックからはウが，第2ブロックからはオが決勝戦まで勝ち上がる。

第1ブロックのアは決勝前に必ずウに負けているので，アとクの対戦は2回戦までの間にある。また，ウが決勝戦まで勝ち上がっている以上，2回戦の戦いは必ずウとア・イ・クのいずれかになる。よってクは第1ブロックにいたということと，アとクの戦いは1回戦だったことが判明する。必然的にウの1回戦の相手はイとなり，イはウに負けている。

したがって④が正しい。

（ちなみに第2ブロックの方は，エとカは1回戦であたっているが，その勝敗はわからない。）

答　④

No.7

2番目の条件より，Aは2勝1引き分けか1勝3引き分けということがわかる。またDの合計点数は「Aの3点差」なので8点か2点となる。3番目の条件よりBの合計点数が8点となるので，1番目の条件と合わせてDの2点が確定する。

また3番目，5番目の条件より，EはAとBに負けたが合計点数が4点なので，CとDには勝ったことがわかる。

ここまでわかったことを表にすると，下のようになる。

	A	B	C	D	E	
A		×			○	5点
B	○		○	○	○	8点
C		×			×	
D		×			×	2点
E	×	×	○	○		4点

ここで「Cは引き分けた試合があった」の条件から，Cが「Aと引き分けた場合」と「Dと引き分けた場合」と考える。（「両方に引き分ける」と合計点数が2点になるため，1番目の条件に引っかかる→×）

— 15 —

ア．Aと引き分けた場合

	A	B	C	D	E	
A		×	△	○	○	5点
B	○		○	○	○	8点
C	△	×		×	×	1点
D	×	×	○		×	2点
E	×	×	○	○		4点

Aの合計点数＝5点から，AはDに勝っている。
Dの合計点数＝2点から，DはCに勝っている。

イ．Dと引き分けた場合

	A	B	C	D	E	
A		×	○	△	○	5点
B	○		○	○	○	8点
C	×	×		△	×	1点
D	△	×	△		×	2点
E	×	×	○	○		4点

Dの合計点数＝2点から，AとDは引き分けている。
Aの合計点数＝5点から，AはCに勝っている。
いずれの場合も成立するが，CとDの差は1点である。

答　③

No.8

	A	B	C	D	E	
A				△		1勝2敗1分
B				△		2勝1敗1分
C				△		負けなし
D	△	△	△		△	
E				△		勝ちなし

わかっていることを勝敗表にすると，このようになる。
ここで，
1　Aの「1分け」はDとの試合のもので，Eは勝ちがないことから，Aの1勝はEとの試合で
　　のもの＝Aは2敗なので，BとCに負けている。
2　Bの「1分け」はDとの試合のもので，Eは勝ちがないことから，Bの1勝はEとの試合で
　　のもの＝Bは1敗で，Aとの試合には勝っているので，Dには負けている。
3　Cは「負けなし」，Eは「勝ちなし」なので，CとEの試合は「Cの一本勝ち＝Eの一本負け」
　　か「引き分け」
がわかる。

これを表にすると，以下の通り。

	A	B	C	D	E	
A		×	×	△	○	1勝2敗1分＝勝ち点4
B	○		×	△	○	2勝1敗1分＝勝ち点7
C	○	○		△	○／△	負けなし＝勝ち点10or8
D	△	△	△		△	＝勝ち点4
E	×	×	×／△	△		勝ちなし＝勝ち点1 or 2

以上のことから，正しいのは②。

（④は「勝ち点の合計が同じだったときは，一本勝ちした試合数が多い者を上位とする。」の記述から誤り。）　　　　　　　　　　　　　　　　　　　　　**答　②**

No.9

Λ：Ⓐ○○⊗○○

B：⊗○○Ⓑ○○

Bが4勝するには3連勝が必要条件になる。

したがってAが優勝　スコアは次の2通り

$\begin{cases} \text{A} & ○×○×○○ \\ \text{B} & ×○×○×× \end{cases}$

$\begin{cases} \text{A} & ○○××○○ \\ \text{B} & ××○○×× \end{cases}$

答　④

第4章 対応関係 (2) 対応

(問題，本文22ページ)

No.1

条件を表にすると

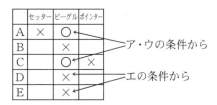

	セッター	ビーグル	ポインター
A	×	○	
B		×	
C		○	×
D		×	
E		×	

ア・ウの条件から

エの条件から

	セッター	ビーグル	ポインター
A	×	○	×
B		×	
C	×	○	×
D		×	
E		×	

確定するのはAとCだけでB，D，Eについては不確定。

答 ③

No.2

文章になっている条件を表にすると下の通り。

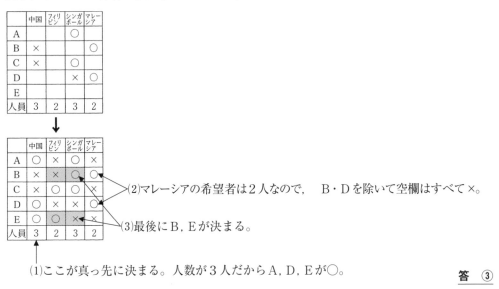

	中国	フィリピン	シンガポール	マレーシア
A			○	
B	×			○
C	×		○	
D			×	○
E				
人員	3	2	3	2

↓

	中国	フィリピン	シンガポール	マレーシア
A	○	×	○	×
B	×	×	○	○
C	×	○	○	×
D	○	×	×	○
E	○	○	×	×
人員	3	2	3	2

(2)マレーシアの希望者は2人なので， B・Dを除いて空欄はすべて×。

(3)最後にB，Eが決まる。

(1)ここが真っ先に決まる。人数が3人だからA，D，Eが○。

答 ③

— 18 —

No.3

	ベンツ	クラ ウン	スカイ ライン	セド リック
A	○	○	×	×
B	○	×	×	○
C	×	×	○	○
D	×	○	○／×	×／○
E	×	○	×／○	○／×
計	2人	3人	2人	3人

5人が2車種ずつ＝計10（人）となるので，
ベンツ＝2人が決まる。

答 ④

No.4

条件を表にする

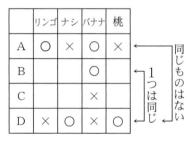

	リンゴ	ナシ	バナナ	桃
A	○	×	○	×
B			○	
C			×	
D	×	○	×	○

同じものはない
1つは同じ

⇩ 「BとDが1つ同じ」なので，
　　B＝ナシ，B＝桃で場合分けする。

a

	リンゴ	ナシ	バナナ	桃
A	○	×	○	×
B	×	○	○	×
C	○	×	×	○
D	×	○	×	○

b

	リンゴ	ナシ	バナナ	桃
A	○	×	○	×
B	×	×	○	○
C	○	○	×	×
D	×	○	×	○

しかし，Aの発言「リンゴとナシを食べた者はいない」から，bの表はCがこの条件に反する。
したがって，正しいのはaの表で①が正解。

答 ①

No.5

	ピ	ス	サ	ジ
A			○	×
B				
C				×
D				
E	○	×	○	
	2人		4人	2人

条件から分かるのは，左図の通り。

	ピ	ス	サ	ジ
A	○	×	○	×
B	×	○	○	○
C	×	○	×	×
D	×	○	○	○
E	○	×	○	×
	2人		4人	2人

条件カとキから，ジュースを注文した2人はスパゲッティを注文しているので，E ≠ ジュース。
よって，ジュースを注文したのはBとD。同時に，BとDはスパゲッティとサラダを両方注文しているので，Cはサラダを注文していない。
最後に条件オから，A＝ピザ，C＝スパゲッティ。

以上から，確実にいえるのは④。

答　④

No.6

発言からわかる対応表は以下の通り。

	野	サ	テ	バレ	バド
A	×	×		×	×
B		×	×	×	×
C					×
D		×		×	
E					

不確かな発言は確実なものに読み替え，表にまとめる。
A発言より，Aの野球・バレーに×
B発言より，Bのテニス・バレー・バドミントンに×
C発言より，CとE以外のサッカーに×
D発言より，Dのバレーに×
E発言より，DとE以外のバドミントンに×
これよりAが好きなのはテニス，Bが好きなのは野球であることがわかるので，A以外のテニス，B以外の野球に×を入れると，Dがバドミントンを好きであることがわかる。

— 20 —

表は下のようになる。

	野	サ	テ	バレ	バド
A	×	×	○	×	×
B	○	×	×	×	×
C	×		×		×
D	×	×	×	×	○
E	×		×		×

CとEの好きなスポーツは確定しないが，選択肢で当てはまるものは，「Dが好きなスポーツはバドミントン」であることがわかる。

答 ④

No7

旗の色を，仮にa，b，c，dとする。

A　　B　　C　　D
ab　　ac　　ad　　　　　……条件ア
　　　　　　　　白　　　……条件イ
　　　　　　　bd　　　　……条件ウ
緑　　　　　　　　　　　……条件エ
白と赤の組合せなし　　　……条件オ

条件イ・ウからbかdが白だが，dが白だと条件エとオからb＝黄，条件エからa＝赤になる。するとCが条件オに反するので，dは白ではない。よって「b＝白」が確定する。
aは緑でも白でも赤でもないので黄。dは条件オから赤ではないので緑。よってcが赤となる。
A＝黄・白
B＝黄・赤
C＝黄・緑

答 ②

No.8

条件を表にする。

	a	b	c	d	e
A	○	×	○	×	×
B	×	×	×		
C	×	○	×		
D		×			
E		×		○	

　　　3人　1人　2人　2人　2人

Aはaとcが好きなのでそれぞれに○。各自好きなタレントは2人なのでAは確定（Aの他マスには×を入れる）。
Cはbが好きなので○，またbを好きな者は1人（C）なので，bの他マスには×を入れる。Eはdが好きなので○を入れる。

さらに，AはBおよびCと好きなタレントが共通しないので，B・Cのa, cには×を入れる。
このようにして表を作ると上記のようになる。

ここからは，各自好きなタレントが2人であることに注意する。

Bは×がすでに3つあり，これよりdとeが好きとわかるので○を入れる。

さらに，dを好きな人が2名（BとE）になったのでdの他マスには×。これより，Cが好きな
もう1人のタレントはeであることがわかるのでeに○。またaを好きなのは3人なので，表よ
りDとEはaが好きでなければならない。よってD・Eはタレントaに○。

最後にDは×のついていないcが好きであることがわかるので○を入れると，表は下記のように
なる。

	a	b	c	d	e
A	○	×	○	×	×
B	×	×	×	○	○
C	×	○	×	×	○
D	○	×	○	×	×
E	○	×	×	○	×

3人 1人 2人 2人 2人

したがって，選択肢の「Cはeが好きである」のみが正しいことがわかる。

答　①

No.9

それぞれがカードを2枚，つまり全部で8枚引いていることに注意して表を書いてみる。

1番目の条件より，ハート，スペードの枚数を2枚，ダイヤの枚数を3枚にする。これより，ク
ラブは1枚となる。

2番目の条件より，Aのハートに○，ダイヤに×。

3番目の条件より，Bのクラブに○。クラブは1枚なのでB以外のクラブに×を入れる。4番目
の条件より，Dのスペードに×。

ここまでを表にすると下のようになる。

	ハート	スペード	ダイヤ	クラブ
A	○		×	×
B				○
C				×
D		×		×
	2枚	2枚	3枚	1枚

それぞれがカードを2枚引いているので，Aのスペード，Dのハートとダイヤには○が書き込める。さらにそれぞれの図柄と枚数を考えると，表が完成する。

	ハート	スペード	ダイヤ	クラブ
A	○	○	×	×
B	×	×	○	○
C	×	○	○	×
D	○	×	○	×
	2枚	2枚	3枚	1枚

よって「Cはスペードを引いた」が確実にいえることがわかる。

答 ③

No.10

複合表を書くと下のようになる。

	北海道	東北	近畿	四国	九州	S	T	U	V	W
A	○	×	×	×	×	×	○	×	×	×
B	×	×	○	×	×	×	×	×	×	○
C	×		×		×	○	×	×	×	×
D	×		×		×	×	×	○	×	×
E	×	×	×	×	○	×	×	×	○	×
S	×		×		×
T	○	×	×	×	×
U	×		×		×
V	×	×	×	×	○
W	×	×	○	×	×

CとD，SとUは，はっきりしないが，Bが近畿に行ったことは確実にいえる。

答 ④

No.11

わかっている条件を複合表に書き加えていくと下のようになる。

	映	テ	旅	シ	ド	a	b	c	d	e
A	×	×	○	×	×	×	×	×	○	×
B			×			×			×	
C			×						×	
D			×			×			×	
E			×			×	×	○	×	×
a	×	×	×	×	○
b	×		×	×	×
c			×		×
d	×	×	○	×	×
e	○	×	×	×	×

ここから，「bはテニス」，「cはショッピング」→「Eもショッピング」，「aはCと一緒だった」→「Cはドライブ」がわかる。

― 23 ―

	映	テ	旅	シ	ド	a	b	c	d	e
A	×	×	○	×	×	×	×	×	○	×
B			×	×	×	×		×	×	
C	×	×	×	×	○	○	×	×	×	×
D			×	×	×	×		×	×	
E	×	×	×	○	×	×	×	○	×	×
a	×	×	×	×	○
b	×	○	×	×	×
c	×	×	×	○	×
d	×	×	○	×	×
e	○	×	×	×	×

①～④は確実にいうことができない。

よって，答えは⑤となる。

答 ⑤

第5章　対応関係 (3) 類推

(問題，本文 28 ページ)

No.1

```
  ┌ A  B  C  D  E  F
  │   └─ 1人女子 ─┘
  │         └─ 1人女子 ─┘
  └ A  B     D  E     2人女子
         ↑        A　Bの中に1人
```

Cは女子でない。　D　Eの中に1人

答　④

No.2

1と3の記述から私はAではない。

また，2の記述からCでもなく，4の記述からEでもない。

したがって，BかD。

答　⑤

No.3

まず，3つの条件について，確実なものに読み替えてみる。

「赤い箱には青か黄」→「赤い箱には赤も緑も入っていない」

「青い箱には黄か緑」→「青い箱には赤も青も入っていない」

「黄色の箱には青か緑」→「黄色の箱には赤も黄も入っていない」

	赤箱	青箱	黄箱	緑箱
赤球	×	×	×	
青球		×		
黄球			×	
緑球	×			

ここで，赤球にはすでに×が3つあるので，緑箱に赤球が入っていることが確定する。また緑箱には他の球が入っていないので，赤球以外に×を書き入れる。

	赤箱	青箱	黄箱	緑箱
赤球	×	×	×	○
青球		×		×
黄球			×	×
緑球	×			×

これ以上の条件はないので，赤，青，黄箱の空欄は埋まらない。

以上のことより，

A　赤箱に青球→黄箱に緑球→青箱に黄球

B　赤箱に黄球→青箱に緑球→黄箱に青球

のどちらかであることがわかる。

よって，選択肢は⑤となる。

答　⑤

No.4

Dが自分のボールが「わかる」という答えになるには，前の3人，A・B・Cがすべて青のボールの時のみである。青のボールは3個しかないため，DからA・B・Cを見て，3人とも青のボールである時，Dは自分が赤のボールを持っているとわかる。

よって，答えは④となる。

答　④

No.5

下のような図を作ってみる。

1回目

	1	2	3	4	5
A			×	×	
B					
C			×	×	
D			×	×	
E					

2回目

	1	2	3	4	5
A					
B	×	×			
C					
D					
E	×				

3回目

	1	2	3	4	5
A		×		×	
B		×		×	
C		×		×	
D					
E					

これを1つの表にまとめると

	1	2	3	4	5
A		×	×	×	
B	×	×		×	
C	×	×	×	×	
D			×	×	
E	×	×			

⇩

	1	2	3	4	5
A	②	×	×	×	×
B	×	×	②	×	×
C	×	×	×	×	①
D		③	×	×	×
E	×	×		③	×

①，②，③の順で組合せがわかる。

答　①

No.6

荒川と安藤の解答状況を見比べると，問6を除いて，すべて解答が逆になっている。

この試験は二者択一なので，問6以外は荒川と安藤のどちらかが必ず正解している。得点を見ると，荒川が7点，安藤が2点なので，問1～5・問7～10の9問中，荒川が7問，安藤が2問正解しているが，どこが正解だったのかは判明しない。

しかし，2人の総得点が9点だということは，解答が逆だった問1～5・問7～10でしか正解していないことはわかる。

したがって確実に間違っているのは問6。

答　③

No.7

Bの発言から，A，C，D，Eの4人のうち，2人がハート。

Dの発言から，A，B，C，Eの4人のうち，2人がクラブ。

この2人の発言は，BとDのみが入れ替わっている。

その状況で2人いるトランプの種類が違っていることから，D＝ハート，B＝クラブが判明する。

AとCの発言から，A，C，Eのカードには必ずダイヤが含まれているが，AかCがダイヤの場合は，自分の発言の時にダイヤが見えない。AもCもダイヤの場合は，B，Dの発言と矛盾する。

したがってEがダイヤ。

答　③

No.8

与えられた条件を表にし，その条件から出る当然の推論も入れると次の2つの表ができあがる。

	テニス	野球	ゴルフ	水泳
A			×	○
B			×	
C	×	×	○	○
D	×			
E	×			

	テニス	野球	ゴルフ	水泳
A				×
B			×	○
C	×	×		
D	×			
E	×			

⇩　　　　　⇩

Dをゴルフとすると

	テニス	野球	ゴルフ	水泳
A	○	×	×	○
B	○	○	×	×
C	×	×	○	○
D	×	○	○	○
E	×	○	○	○

成立

Aをゴルフとすると

	テニス	野球	ゴルフ	水泳
A			○	×
B			×	○
C	×	×		○
D	×			○
E	×			○

水泳が4人になるので不適

Eをゴルフとすると

	テニス	野球	ゴルフ	水泳
A	○	×	×	○
B	○	×	×	○
C	×	×	×	○
D	×	○	×	○
E	×	○	○	×

成立

Dをゴルフとすると

	テニス	野球	ゴルフ	水泳
A	○	○	×	×
B	○	×	×	○
C	×	×	○	○
D	×	○	○	○
E	×	○	×	○

成立

選択肢

① ×
② ×
③ ×
④ ○
⑤ ×

Eをゴルフとすると

	テニス	野球	ゴルフ	水泳
A	○	○	×	×
B	○	×	×	○
C	×	×	○	○
D	×	○	×	○
E	×	○	○	×

成立

答　④

No.9

	鉢巻き	バトン	靴
A	赤	黄 凶	
B	青	凶	白
C	赤		
D	赤が入る	Aの発言から 黄	

$\left.\begin{array}{l} 黄色のバトン \\ 赤の鉢巻き \end{array}\right\}$ セット

	鉢巻き	バトン	靴
A	赤 白	黄凶青	
B	青	凶 赤	白
C	赤 黄	白	凶
D	赤	黄	

Cはバトンが白だが，鉢巻きは白か黄色しかないので黄色となる。

C，Dが決まれば後は上のように決まる。

答　⑤

No.10

英6，数5，国3の計14題をA，B，Cに分けると，

㊄AとBが同数　㊅Cが最少

の条件から

$\left.\begin{array}{l} 6 \cdot 6 \cdot 2 \\ 5 \cdot 5 \cdot 4 \end{array}\right\}$ の2通りしかない。

※6・6・2の場合

	A	B	C	
英6			1	
数5	1 2	3 1	1 2	←これはない
国3	×	3	×	←これもない
	6	6	2	∴不適

※5・5・4の場合

	A	B	C
英6	1	3	2
数5	②	①	②
国3	2	①	0
	5	5	4	∴成立

英語は全員，また，Cは最少だから，国語はCを0として数字を入れる。

（○の中の数字は条件ア，イ）矛盾なく成立する。他は不適。

答　①

No.11

状況説明を整理すると，

（Ⅰ）3人のうち1人だけ全問正解

（Ⅱ）1人の不正解数はもう1人の不正解数の2倍

（Ⅲ）AとBはCの3倍以上の正解

（Ⅳ）3人共1問以上正解

（Ⅲ）（Ⅳ）の条件から　A＝3問以上正解

　　　　　　　　　　　　B＝3問以上正解

　　　　　　　　　　　　C＝1問正解

次に（Ⅰ）の条件からAを全問正解とすると，C＝1，Bは条件（Ⅱ）からCの不正解数の2倍か，$\frac{1}{2}$倍のいずれかである。

2倍はBが全問不正解になり×

$\frac{1}{2}$倍は1問不正解で○（3問正解）

また，Bを全問正解とすると

C＝1，AはやはりCの不正解の2倍か$\frac{1}{2}$倍かのいずれかで，2倍は不適，$\frac{1}{2}$倍の1問不正解で○（4問正解）

① 「A＝5，B＝3，C＝1」と「A＝4，B＝4，C＝1」の2通りが条件に適する。

②③　後のケースに合わない。

④　正しい。

⑤　前のケースに合わない。

答　④

No.12

問題の条件を表すと，次のようになる。

（ミルフィーユ＝ミ，ショコラ＝シ，レアチーズ＝レで表す。）

A：ミ＝1，レ

　　　　　　‖

B：シ＝1，同数，ミ×2

　　　　　‖　　　‖同数　｝総数同じ

C：　　　ミ　　　シ

まず，ケーキが5個ずつしかないので，Bがとったミルフィーユは1個か2個のいずれかになる。

ア．Bのとったミルフィーユが1個の場合→×

A．　㊟　　　　　　　　　㋹　㋹　㋹

B．　㋛　㊟　　　　　　　　（3）条件4よりこの状況でBとCの総数を同じにするには，レアチーズがあと3個必要

　　　　　（1）条件3より　⇨

C．　㋛　㋛　　　　　　　㊟　㊟　㊟

　　　　　　　（2）Aのミルフィーユが1個，Bのミルフィーユが1個なので，
　　　　　　　　　Cのとったミルフィーユは3個

イ．Bのとったミルフィーユが2個の場合→〇

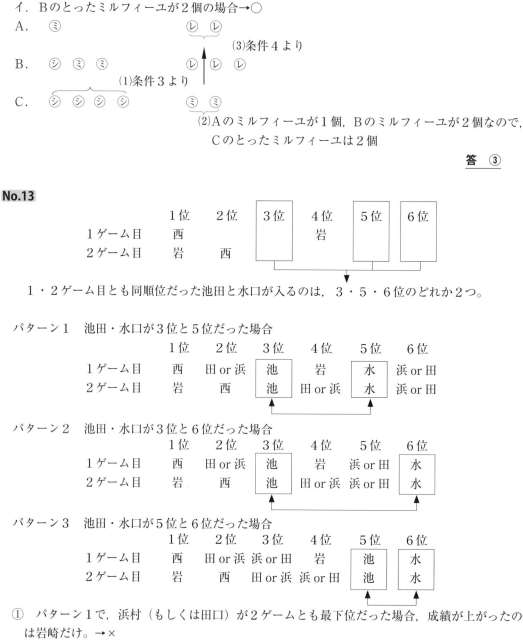

A.　㊟　　　　　　　　　㋸ ㋸

　　　　　　　　　　　　(3)条件4より

B.　㋛ ㊟ ㊟　　　　　㋸ ㋸ ㋸

　　　　　　(1)条件3より

C.　㋛ ㋛ ㋛ ㋛　　㊟ ㊟

　　　　　　(2)Aのミルフィーユが1個，Bのミルフィーユが2個なので，
　　　　　　　Cのとったミルフィーユは2個

答　③

No.13

	1位	2位	3位	4位	5位	6位
1ゲーム目	西			岩		
2ゲーム目	岩	西				

　1・2ゲーム目とも同順位だった池田と水口が入るのは，3・5・6位のどれか2つ。

パターン1　池田・水口が3位と5位だった場合

	1位	2位	3位	4位	5位	6位
1ゲーム目	西	田or浜	池	岩	水	浜or田
2ゲーム目	岩	西	池	田or浜	水	浜or田

パターン2　池田・水口が3位と6位だった場合

	1位	2位	3位	4位	5位	6位
1ゲーム目	西	田or浜	池	岩	浜or田	水
2ゲーム目	岩	西	池	田or浜	浜or田	水

パターン3　池田・水口が5位と6位だった場合

	1位	2位	3位	4位	5位	6位
1ゲーム目	西	田or浜	浜or田	岩	池	水
2ゲーム目	岩	西	田or浜	浜or田	池	水

①　パターン1で，浜村（もしくは田口）が2ゲームとも最下位だった場合，成績が上がったの
　は岩崎だけ。→×

②　パターン3で，1ゲーム目「田口2位，浜村3位」，2ゲーム目「田口3位，浜村4位」の
　可能性がある。→×

③　正しい。

④　パターン3だと全くそうならない。→×

⑤　パターン1で，浜村（もしくは田口）が1ゲーム目6位，2ゲーム目4位の可能性がある。
　→×

答　③

No.14

A，Bの発言はすぐに表へ書き込めるものがないので，C・D・Eの発言をまず考える。C発言より，Cの数学に×。D発言より，Dの理科に〇，理科以外に×。E発言より，Eの英語に×，さらにAの理科に×を入れる。

	A	B	C	D	E
数			×	×	
理	×			〇	
英				×	×

ここで，A発言より，AとCの買い方は3通り考えられる。

(1) Aが数学，Cが理科
(2) Aが数学，Cが英語
(3) Aが英語，Cが理科

また，A・B・E発言をまとめると，

(4) AとCは違う教科（A発言）
(5) AとCが同じか，AとDが同じか，CとDが同じ（B発言）
(6) AとDは違う教科（E発言）

これら(1)〜(6)より，CとDが同じ教科，つまりCは理科を買い，Aは数学か英語を買ったことがわかる。

この2通りについて表を書いてみる。

Aが数学を買った場合

	A	B	C	D	E
数	〇	×	×	×	〇
理	×	×	〇	〇	×
英	×	〇	×	×	×

Aが英語を買った場合

	A	B	C	D	E
数	×	×	×	×	〇
理	×	×	〇	〇	×
英	〇	〇	×	×	×

「同じ教科は3冊買われなかったこと」と「BとEは違う教科を買ったこと」に注意すると，表は上記のどちらかになるが，どちらかは決められない。

したがって，確実にいえるものは，「Bは英語を買った」となる。

答　②

No.15

まず，対応表を以下のように書く。

4人が買った洋服の枚数は，条件よりジーンズ以外のスーツ，セーター，Tシャツが4枚ずつだとわかっている。ジーンズの枚数は，5人の枚数の合計と，この3種類の枚数の合計との差になるので，

$3 \times 5 - 4 \times 3 = 3$ より，3枚ということになる。

	ス	セ	ジ	T
A				
B				
C				
D				
E		×		

　　↑　　↑　　↑　　↑
　4人　4人　3人　4人

この条件を満たすように表を埋めていく。

まずEは，セーターを買わずに他の3着を買ったことになる。また，セーターはE以外の4人が買ったことになる。同様に1番目の条件より，Cはスーツ以外の3着を買ったことになり，スーツはC以外の4人が買ったことになる。残りの枚数でジーンズとTシャツをAとC，BとDでそれぞれ同じものを1種類ずつ買うためには，AとCの組がジーンズ，BとDの組がTシャツに決まる。これにより，対応表が以下のように決定する。

	ス	セ	ジ	T
A	○	○	○	×
B	○	○	×	○
C	×	○	○	○
D	○	○	×	○
E	○	×	○	○

したがって「DはTシャツを買った」ので，④が正解である。

答　④

No.16

条件を対応表に書く。

	A	B	C	D	E	F
1日目	G	H	△		J	
2日目	J	I	G	△	H	

条件アとエより1日目にJと組んだEが，2日目にHと組むことになる。

これと条件イから，Bの1日目の相手がHに決まり，さらに条件キより，Bの2日目の相手はIとなる。また条件アとオより，1日目にGと組んだAが2日目にJと組むことになり，条件アとカより，1日目にAと組んだGが，2日目にCと組むことになる。

そして条件ウより，Cの1日目，Dの2日目に組んだ人は同じなので△としておく。

ここで2日間とも同じ相手と組んだLについて考えると，男性で2日とも空いているのがF1人なので，Lの相手はFとなる。

ここまで女性で対応表に出てきていないKが，1日目にC，2日目にDと組むことが確定し，最後にDの1日目の相手はIとなる。

	A	B	C	D	E	F
1日目	G	H	K	I	J	L
2日目	J	I	G	K	H	L

よって，①が正しい。

答　①

No.17

カードの数字と種類が条件にあるので，1つの表では条件を整理しきれない。

よって，表を2つに分けるか，2つの条件が同時に確認できる表を作るとよい。

下表は，2つの条件が同時に確認できるよう，異なる条件同士を1つにまとめたものである。この表に条件を書き込んでいく。

	スペード	ハート	クラブ	ダイヤ	エース	ジャック	クイーン	キング
A		×				×		×
B					×	○	×	×
C					×	×	×	○
D						×		×
エース		×	×	×				
ジャック		×						
クイーン	×	○	×	×				
キング		×						

1番目の条件より，Aのハートに×。

2番目の条件より，Bのジャックに○。同時にB以外のジャックに×（表をタテに見る）。さらにBのジャック以外に×（表をヨコに見る）。

3番目の条件より，Cのキングに○。同時にC以外のキングに×（表をタテに見る）。さらにCのキング以外に×（表をヨコに見る）。

4番目の条件より，ハートのクイーンに○。同時にハート以外のクイーンに×（表をヨコに見る）。さらにハートのクイーン以外に×（表をタテに見る）。

5番目の条件より，クラブのエースに×（表をタテに見る）。

6番目の条件より，ダイヤのエースに×（表をタテに見る）。

この表より，エースはスペードと確定。またAはエースかクイーンを選んだことになるが，クイーンはハートなので，Aはエースを選んだことになる。

よって，表は次のようになる。

— 33 —

	スペード	ハート	クラブ	ダイヤ	エース	ジャック	クイーン	キング
A	○	×	×	×	○	×	×	×
B	×	×			×	○	×	×
C	×	×			×	×	×	○
D	×	○	×	×	×	×	○	×
エース	○	×	×	×				
ジャック	×	×						
クイーン	×	○	×	×				
キング	×	×						

BとCの選んだカード，およびジャックとキングの絵柄は確定しないが，選択肢よりAがスペードを選んだことがわかる。

答 ①

No.18

まず，5人がそれぞれ何を買ったかを考える。

条件から明らかになっていることを表にすると，以下のようになる。

	メロン	スイカ	ブドウ	オレンジ	リンゴ
A				×	○
B	○				
C					
D	○			○	
E		×			
	4人	3人	2人	4人

4人がスイカを買っていて，Eはスイカを買っていないので，A～Dは全員スイカを買っている。Dのスイカに○を入れると，Dが買った3種類がすべて判明するので，Dのブドウとリンゴに×。リンゴは4人が買っていて，Dはリンゴを買っていないので，D以外の4人のリンゴが○。ここでBの買った3種類がすべて判明するので，Bのブドウとオレンジに×。ブドウは3人が買っていて，BとDがブドウを買っていないので，A，C，Eのブドウに○。これでAとCの3種類が判明し，Eがオレンジを買ったことがわかる。

まとめると，以下のようになる。

	メロン	スイカ	ブドウ	オレンジ	リンゴ
A	×	○	○	×	○
B	○	○	×	×	○
C	×	○	○	×	○
D	○	○	×	○	×
E	×	×	○	○	○
	4人	3人	2人	4人

次に，それぞれの金額を考えてみる。

ア．5種類の値段はメロン＞スイカ＞ブドウ＞オレンジ＞リンゴ。

イ．最も高い組合せが1,900円，2番目が1,800円，最も安い組合せが650円，2番目に安い組合せが750円。

ウ．オレンジは200円。

アとイから，

メロン＋スイカ＋ブドウ＝1,900 円　……(1)

メロン＋スイカ＋オレンジ＝1,800 円　……(2)

ブドウ＋オレンジ＋リンゴ＝650 円　……(3)

スイカ＋オレンジ＋リンゴ＝750 円　……(4)

(1)と(2)を比べると，オレンジがブドウに変わると 100 円増しになっていることから，

ブドウ＝オレンジ＋ 100 円

また(3)と(4)を比べると，ブドウがスイカに変わると 100 円増しになっていることから，

スイカ＝ブドウ＋ 100 円

オレンジが 200 円なので，ブドウは 300 円，スイカは 400 円になる。

これらを(1)～(4)の式に代入すると，メロン＝ 1,200 円，リンゴ＝ 150 円がえられる。

したがって，A～Eの払った金額は以下の通り。

A：400 ＋ 300 ＋ 150 ＝ 850 円

B：1200 ＋ 400 ＋ 150 ＝ 1,750 円

C：400 ＋ 300 ＋ 150 ＝ 850 円

D：1200 ＋ 400 ＋ 200 ＝ 1,800 円

E：300 ＋ 200 ＋ 150 ＝ 650 円

答　①

（問題，本文 37 ページ）

No.1

A：A　登山　Cと一緒
B：B，C　サイクリング
C：Bと一緒でなく，Aと一緒　登山
D：D　遊園地
E：Eと子供　遊園地

Aを本当とするとCも本当になるのでA，Cは嘘
Eを本当とするとDも本当になるのでE，Dも嘘
A，C，D，Eは嘘でBのみ本当

答　②

No.2

	赤	黄	ピンク	白
翔太	×	×	○	○
大輔	○	×	×	○
美咲	○	○	×	×

花の色が黄色かピンクならば，1人の発言だけが本当になる。

答　⑤

No.3

Yのカードに書かれた数字について，2番目と3番目の情報が矛盾しているので，どちらかを真として，他の情報の真偽を考えるとよい。

2番目の情報が真（1の裏はY）の場合

	X	Y	Z
1	×	○	×
2	×	×	○
3	○	×	×

3番目の情報が真（2の裏はY）の場合

	X	Y	Z
1		×	×
2	×	○	×
3		×	×

↓
矛盾

矛盾が発生しないのは2番目の情報が真のとき。このときのカード表裏の対応を考えると，選択肢では「2の裏はZ」のみが正しいことがわかる。

答　④

No.4

A：A＞B，E─────────┐
B：F，C＞B────────┐ │
C：B→C　D本当──┐ 矛│ 矛
　　　　　　　　　　 盾│ 盾
D：○D○B○○　　　 │ │
E：E＞A　C嘘─────┘
F：C→F　4位嘘

それぞれの発言から，AとE，BとCが矛盾しているので，これらの発言のうち，それぞれいずれか一方が嘘をついている。嘘つきは2人しかいないのでDとFは本当のことを言っている。

そうすると，Fの発言から4位が嘘をついていて，Dの発言からBが4位となっているので，Bは嘘つき。またDが本当のことを言っているので，Cの発言は本当である。

この問題では，嘘つきの発言は「すべて嘘」なので，BはFにもCにも勝っている。

ここまでで

○→D→○→B→C→F

と順位が決まる。

次に，Cが本当のことを言っているのでEの発言が嘘，Aの発言が本当となり，

A→D→E→B→C→F

と，すべての順位が決定する。

答　①

No.5

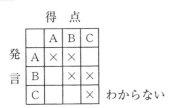

得　点

発言	A	B	C
A	×	×	
B		×	×
C			×	わからない

Aの発言でAの×が嘘の場合

得　点

発言	A	B	C
A	○	×	
B		×	○
C			○	わからない

AとCが得点したことになり，Cが両方共嘘で不適。
Cの発言が「自分の得点しかわからない」なら正しい。

Aの発言でAの×が本当の場合

得　点

発言	A	B	C
A	×	○	
B		○	×
C			×	わからない

これは成立。

答　④

No.6

発言を表に入れると下のようになる。皆半分は嘘だからまずAの発言の「D＝2位」を本当とすると

発言	1	2	3	4	5
A		Ⓓ	A̸		
B		B̸	Ⓒ		
C				C̸	Ⓑ
D	D̸		Ⓔ		
E	Ⓐ	E̸			

上のように

1　2　3　4　5
A　D　C　E　B

となる。

次に「A＝3位」を本当とすると次の表のようになり

発言	1	2	3	4	5
A		D̸	Ⓐ		
B		Ⓑ	C̸		
C				C	B
D	D		E		
E	Ⓐ	E̸			

Bの「B＝2位」が本当になるためEの「A＝1位」が本当になり，Aの順位が2つ出る。したがってこの表は誤り。

答　①

No.7

発言内容を表にしてみる。

発言	出場	不出場	人数
A	A		2
B	E	B	
C		A	3
D	C		2以上
E	A	B	

Aの発言で「人数2人」が本当とすると次のようになる。

発言	出場	不出場	人数
A	A̸		②
B	E̸	Ⓑ	
C		Ⓐ	3̸
D	C̸		⟨2以上⟩
E	A̸	Ⓑ	

不出場がA，B，C，Eの4人になり，出場はD1人となって出場2人と矛盾するので×。

一方，Aの発言で「Aが出場する」が本当とすると次のようになる。

発言	出場	不出場	人数
A	Ⓐ		2̸
B	Ⓔ	B̸	
C		A̸	③
D	C̸		②以上
E	Ⓐ	B̸	

出場者はA，EとBの3人，不出場はCとDと確定する。

答 ④

No.8

全員の発言を表にまとめると，以下のようになる。

発言者	退社順 1	2	3	4	5
A	A				C
B			B	D	
C		B		C	
D	E		D		
E			A		E

ここで，Bの発言を使って場合分けする。

ア．「B＝3番目」が本当の場合

発言者	退社順 1	2	3	4	5
A	A				C
B			Ⓑ	D	
C		B		C	
D	Ⓔ		D̸		
E			A̸		Ⓔ

Dの発言「D＝3番目」とEの発言「A＝3番目」は嘘になる。そうすると，発言の半分は本当なので，Dのもう一方の発言「E＝1番目」と，Eのもう一方の発言「E＝5番目」が矛盾してしまう。

よって誤り。

イ．「D＝4番目」が本当の場合

発言者	退社順 1	2	3	4	5
A	A̸				Ⓒ
B			B̸	Ⓓ	
C		Ⓑ		C̸	
D	Ⓔ		D̸		
E			Ⓐ		E̸

Cの発言「C＝4番目」が嘘になるので，もう一方の発言「B＝2番目」は本当。
↓
Dの発言「D＝3番目」は嘘になるので，もう一方の発言「E＝1番目」は本当。
↓
Aの発言「A＝1番目」は嘘になるので，もう一方の発言「C＝5番目」は本当。
↓
Eの発言「E＝5番目」は嘘になるので，もう一方の発言「A＝3番目」は本当。
こちらは，矛盾なく成立する。
したがって，E→B→A→D→Cの順で退社している。

答　②

No.9

各人の発言を表にすると，以下のようになる。

	合格	不合格	人数
江口	山崎		2人以上
山崎		山本	3人
松井	辻	松井	
辻	山本	松井	
山本	山本		2人

辻の発言：「山本＝合格」が本当だとすると，

	合格	不合格	人数
江口	山崎		2人以上
山崎		山本	3人
松井	辻	松井	
辻	山本	松井	
山本	山本		2人

・「山本＝合格」から，山本の「山本＝合格」が本当，「2人合格」は嘘。
・辻の「松井＝不合格は嘘」から，松井の「松井＝不合格」は嘘，「辻＝合格」は本当。
・「山本＝合格」なので，山崎の「山本＝不合格」は嘘，「3人合格」が本当。
・「3人合格」が本当なので，江口の「2人以上合格」が本当，「山崎＝合格」が嘘。
　以上から，合格＝松井・辻・山本，不合格＝江口・山崎で成立する。

辻の発言：「松井＝不合格」が本当だとすると，

	合格	不合格	人数
江口	山崎		2人以上
山崎		山本	3人
松井	辻	松井	
辻	山本	松井	
山本	山本		2人

・「松井＝不合格」から，松井の「松井＝不合格」が本当，「辻＝合格」は嘘。
・辻の「山本＝合格は嘘」から，山本の「山本＝合格」は嘘，「2人合格」は本当。
・「2人合格」が本当なので，山崎の「3人合格」は嘘，「山本＝不合格」が本当。
・「2人合格」が本当なので，江口の「2人以上合格」が本当，「山崎＝合格」が嘘。
　こうなると，不合格者が山崎・松井・辻・山本の4人，合格者は江口だけになり，「2人合格」
　と矛盾する。
　したがって，この表は誤り。

答　⑤

— 40 —

No.10

到　着　順

発言者		A	B	C	D	E
発	A	＞E	A＞			
	B		4		2	
言	C			4		5
	D	4			3	
者	E			1		＞A

1. Bの「B＝4番目」が本当の場合

到　着　順

発言者		A	B	C	D	E
発	A	＞E	A＞			
	B		④		~~2~~	
言	C			~~4~~		⑤
	D	~~4~~			③	
者	E			①		~~＞A~~

Cの「C＝4番目」とDの「A＝4番目」が嘘になり，E＝5番目とD＝3番目が確定。Eが最後に到着してるので，Eの「Aよりも早く到着」は嘘になり，C＝1番目が確定。

Aの到着順は2番目になるが，そうするとAの発言が両方とも本当になってしまう。→×

2. Cの「C＝4番目」が本当の場合

到　着　順

発言者		A	B	C	D	E
発	A	＞E	A＞			
	B		~~4~~		②	
言	C			④		5
	D	~~4~~			③	
者	E			1		＞A

Bの「B＝4番目」とDの「A＝4番目」が嘘になる。そうすると，Dの到着順が2つ出てきてしまう。→×

3. Dの「A＝4番目」が本当の場合

到　着　順

発言者		A	B	C	D	E
発	A	＞E	~~A＞~~			
	B		~~4~~		②	
言	C			~~4~~		⑤
	D	④			~~3~~	
者	E			①		~~＞A~~

Bの「B＝4番目」とCの「C＝4番目」が嘘になり，D＝2番目とE＝5番目が確定。Eが最後に到着しているので，Eの「Aよりも早く到着」は嘘になり，C＝1番目が確定。

Aの到着順は4番目なので，Eより早く，またBの到着順は3番目なので，Bよりは遅い。

これで表が矛盾なく完成する。

3番目に到着したのはB。

答　②

No.11

	A	B	C	D	E
A	×	×	○	×	×
B	○	×	×	×	×
C	○	○	×	○	○
D	○	○	○	×	○
E	×	○	×	×	×

↑
Cの発言が本当

答　④

No.12

嘘をついている者が複数いるので，封筒内の金額を 1,000 円，5,000 円，10,000 円と順に仮定して，それぞれの発言の真偽を考えるとよい。（Ａの真偽はＥの真偽によって，またＦの真偽はＣの真偽によって変わることに注意する。）

	A	B	C	D	E	F	真の人数
1,000円	×	○	×	○	×	○	3人
5,000円	○	×	○	○	○	×	4人
10,000円	×	×	○	×	×	×	1人

表および「3 人が本当，3 人が嘘」という条件より，封筒の中は 1,000 円札が入っており，嘘の発言はＡ，Ｃ，Ｅであることがわかる。

答　①

No.13

マウンテンバイク所有者

		A	B	C	D	E
発言者	A	○	○	×	○	×
	B	×	○	○	×	○
	C	○	×	○	×	×
	D	×	○	×	○	×
	E	○	○	○	×	×
		2	1	2	3	4	← 嘘を言っている人数

5 人のうち 1 人が嘘を言っているので，上の表の×が 1 人の場合が当てはまる。よって，実際持っている可能性のある人はＢということがわかる。

答　②

No.14

嘘をついている者が複数おり，車を持っている者は 1 人だけなので，たとえば「Ａが車を持っている」と仮定して，それぞれの発言の真偽を考えるとよい。○を真，×を偽としたそれぞれの場合の真偽は次の表になる。

車を持っている者

	A	B	C	D	E
A	×	×	○	×	○
B	○	○	○	×	×
C	×	○	×	×	○
D	○	○	○	×	○
E	×	×	×	○	○

（発言者）

上表および「本当のことを言っているのは2人」という条件より，本当に車を持っているのはA
と確定する。

答 ①

No.15

3人の中に本当の発言をしている者が1人いるので，誰かを本当と仮定して他の発言を考えると
よい。

ア．Aが本当の発言をしている場合

このとき「オムライス＝B」，「ハンバーグ＝C」となるのでAはスパゲティを注文したことにな
る。下の表のようになり「すべて嘘」が2人出てくるので不可。

	オ	ス	ハ	
A	×	○	×	→すべて本当
B	○	×	×	→すべて嘘
C	×	×	○	→すべて嘘

イ．Bが本当の発言をしている場合

このとき「スパゲティ＝C」，「ハンバーグ＝A」となるので，Bはオムライスを注文したことに
なる。下の表のようになり「前半か後半で嘘」が2人出てくるので不可。

	オ	ス	ハ	
A	×	×	○	→前半本当、後半嘘
B	○	×	×	→すべて本当
C	×	○	×	→前半嘘、後半本当

ウ．Cが本当の発言をしている場合

このとき「スパゲティ＝B」，「ハンバーグ＝A」となるので，Cはオムライスを注文したことに
なる。下の表のようになり，条件と一致する。

	オ	ス	ハ	
A	×	×	○	→すべて嘘
B	×	○	×	→前半嘘、後半本当
C	○	×	×	→すべて本当

よって，Aがハンバーグを，Bがスパゲティを，Cがオムライスを注文したことになる。

答 ②

No.16

わかっていることを表にすると，以下のようになる。

成績のよい順

	1	2	3	4	5
ア					×
イ	×	×			×
ウ	×	×	×	×	○
エ				×	×
オ		×			×

発言者　　　　　　　　　　　　　　エよりも上位

ここで「オがエよりも上位である」ことを考慮すると，エは2位か3位。

エが2位でも3位でも，オは2位ではないので，オの1位が確定。（同時にアの1位も消える。）

ア，イ，エの順位はわからない。

成績のよい順

	1	2	3	4	5
ア	×				×
イ	×	×			×
ウ	×	×	×	×	○
エ	×			×	×
オ	○	×	×	×	×

発言者　　　　　　　　　　　　　　エよりも上位

答　①

第7章　順位・順序 (1) 序列・大小

(問題，本文 45 ページ)

No.1

$$\begin{cases} A>E>C>B \\ F>D \end{cases}$$

$A>F>E>D>C>B$

$A>E>F>D>C>B$

の2通りしか考えられない。

答　④

No.2

スマートフォンの値段の高低を「>」で表すと，

2番の条件より，$A>D$

3番の条件より，$E>C$，D

4番の条件より，$B>○>○>○>○$

5番の条件より，$○>○>○>○>\cancel{C}$

これらをまとめると，

$$B>E>C>D$$
$$\quad A>$$

となることがわかる。

よって，「Dは一番安い機種を使っている」のみが確実といえる。

答　⑤

No.3

条件ウと条件オから

$D=6$番目と$G=3$番目が確定する。

多◄─────────►少

条件アから ⓒ Ⓕ は並んでいなければならない。そうすると上の図中で入れるのは「1番目・2番目」か「4番目・5番目」のいずれか。しかし「1番目・2番目」にすると，条件イからBが入らない。よって ⓒ Ⓕ は「4番目・5番目」。また条件エから Ⓔ が7番目が確定。まとめると以下のようになる。

多◄─────────►少

答　①

No.4

誕生日の前後を「>」で表し，条件よりわかることをまとめると，

1番目の条件より，$E>C$

— 45 —

2番目の条件より，F＞E＞A

3番目の条件より，D・B＞F

となる。

1，2番目の条件より，Fの後には少なくとも3人，Fの前には少なくとも2人いることがわかるので，Fは早い方から3番目であることが確定する。

したがって

D・B＞F＞E＞A・C

となるので，5番目にあたるのはAかCとなる。

答 ①

No.5

条件からわかるのは以下の通り。

・Ⓐ⒠…⑴

・C＞A＞B

・D○E　or　E○D…⑵

上記⑴と⑵からⒹⒶ⒠かⒶ⒠○Ⓓ が考えられる。

a.　Dが3位の場合→×

○○ⒹⒶ⒠ ←Bが入らない

b.　Dが4位の場合→×

Ⓐ⒠○Ⓓ○←Cが入らない

c.　Dが5位の場合→○

ⒸⒶ⒠ⒷⒹ

答 ②

No.6

ゴールした順について「＞」，また直後を「→」と表し，条件よりわかることをまとめると，

1番目の条件より，A→E

2番目の条件より，Aが4位　もしくは　Bが4位

3番目の条件より，B＞D

4番目の条件より，B→C　もしくは　F→C

5番目の条件より，D＞F

となる。

3，4，5番目の条件より，以下の2通りの順位が考えられる。

B→C＞D＞F・・・・ア

B＞D＞F→C・・・・イ

どちらにしてもBの後に少なくとも3人がゴールしたことになるので，Bが4位ではないことがわかる。よって，4位のA，5位のEが確定する。

アとイにA→Eを入れると，

アの場合　B→C＞D＞A→E＞F　∴　B→C→D→A→E→F

イの場合　B＞D＞○＞A→E＞○　∴　「CはFの直後」が入らない。

以上より，全体の順位は　B→C→D→A→E→Fとなるので，3番目にゴールしたのはDである。

答 ④

No.7

「Bは3人目にCとすれちがった」ということは,

・BがCより先に折り返し地点に到達していれば，Bが1位でCは4位

・BがCより後に折り返し地点に到達したならば，Bが4位でCは3位

同様にEを考えると，Eは2位か3位。

Eが2位の場合，Aは3位，Cは4位，Bが1位と順位が確定する。

よって，順位はB→E→A→C→Dに決定する。

Eが3位の場合，Aは4位。するとCの入る順位がなくなってしまう。

よって，答えは②である。

答 ②

No.8

ア．B→C

イ．メ→フ

ウ．A→フ

エ．B→電

条件アから，B→C→AかB→A→CかA→B→C。

B→C→Aは条件ウが入らないので，B→A→CかA→B→C。

それぞれに残りの条件を入れると，

　　B（メール）→A（電話）→C（ファックス）

　　A（メール）→B（ファックス）→C（電話）

以上から，確実にいえるのは③。

答 ③

No.9

a. 青 ◯ Ⓐ
b. Ⓑ → 赤
c. Ⓒ → Ⓔ
d. Ⓓ ◯ ◯ 緑
e. ◯ ◯ ◯ 黒

f.
Ⓓ ◯ ◯ 黒 緑

上記 a から，青の順位は1位，2位，3位が考えられる。

＊ 青 = 1位の場合 ⇒ ◯

Ⓓ Ⓑ Ⓐ 黒 緑
‖ ‖ ‖
青 黄 赤 C E

＊ 青 = 2位の場合 ⇒ ◯

Ⓓ 青 赤 黒 緑
‖ ‖ ‖ ‖
黄 B C A E

＊ 青 = 3位の場合 ⇒ Ⓑ → 赤 が入らない…×

Ⓓ ◯ 青 黒 緑
　　　　　A

以上から，確実にいえるのは⑤。

答 ⑤

第8章　順位・順序 (2) 数値

（問題，本文50ページ）

No.1

Bを基準に数値線を書く。

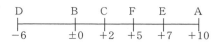

よって，正しいのは②である。

答　②

No.2

条件を表に書き込むと，下記のようになる。

	英語	数学	国語	合計	平均
A		75		243	81
B				246	82
C	76		79	237	79
合計					
平均					

次にA〜Cのお互いの各教科の得点の関係を考えていく。

Cは英・国の点と合計点から数学の点がわかり，それと5番目の条件からAの国語の点がわかる。

そうするとAの数・国の点と合計点からAの英語の点がわかる。

このような形で順次表を埋めていくと，以下のようになる。

	英語	数学	国語	合計	平均
A	88	75	80	243	81
B	70	86	90	246	82
C	76	82	79	237	79
合計	234	243	249		
平均	78	81	83		

これより，正解は③となる。

答　③

No.3

Bを基準に考える。

$$E \leftarrow$$
$$+10 \quad +8 \quad \quad -7 \quad -10 \quad -22 \quad \leftarrow Bを\pm0としたときの得点$$
$$A_1 \quad D_1 \quad B \quad C \quad A_2 \quad D_2$$

A～Eの点数をそれぞれA，B，C，D，Eとすると，平均点は

$(A＋B＋C＋D＋E)÷5$

これがCの「－7」未満にならなければならない。

Bは「±0」，Eは「＋」，Cは「－7」なので，これを満たすAとDの組合せは「A＝－10」，「D＝－22」以外にない。

よって順位はE→B→C→A→Dとなる。

答　⑤

No.4

条件を図示すると

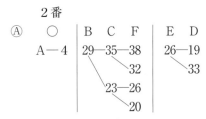

```
      2番
Ⓐ   ○  │ B  C  F │ E  D
    A―4 │29―35―38 │26―19
        │      32 │    33
        │    23―26 │
        │      20 │
```

合計 30 × 6 ＝ 180 歳

以上のようになる。

2番目はB，C，F，E，Dの中の1人だから

(イ)もしF 38 歳が2番目だとすると

```
A   F   C   B   E   D
42  38  35  29  26―19
                  33
```

→合計は 180 をはるかに超えるので×

(ロ)もしFが 32 歳だとすると2番目はC 35 歳となり

```
A   C   F   B   E   D
39  35  32  29  26  19
```

→合計は 180　よって○

答　①

No.5

A～Eがどれも2度ずつ条件に現れているので，Aを基準として他の時間を考えてみる。

```
                          ┌C+17
                   ┌E+15─┤
             ┌B+9─┤      └C+13
      C+13   │     │      ┌C+5
    ┌┤       │     └E+3 ─┤
C-1 │D+6─┐   │            └C+1
    └┤   │   │
C+1  │   A(基準)          ┌C-1
    ┌┤   │   │      ┌E-3─┤
C-13 D-6─┘   │     │      └C-5
             └B-9─┤      ┌C-13
                   └E-15─┤
                          └C-17
```

両端で「C＋13」，「C－1」，「C＋1」，「C－13」が合致するので，そこを出発点としてDとEの差を読み取るとよい。

「C＋13」→「E＋15」「D＋6」
「C－1」→「E－3」「D＋6」
「C＋1」→「E＋3」「D－6」
「C－13」→「E－15」「D－6」
となり，いずれの場合もEとDの時間の差は9分となる。

答 ⑤

No.6

Dの得点を基準にして表を作ると，以下のようになる。

A	＋8	－8
B	－8	＋8
C	＋25	－25
D	±0	±0
E	＋37	－37
平均	＋12.4	－12.4

さらにDの得点が5人の平均点より低く，5人の平均点が52.4点ということから各自の得点が次のように決まる。

A	48点
B	32点
C	65点
D	40点
E	77点

よって，Bの得点は32点となる。

答 ②

No.7

Aを基準として，残り4つの商品について値段の高低を図に表してみる。

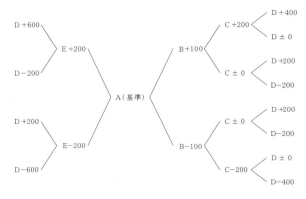

両端のDについて「＋200」，「－200」の場合が合致するが，どちらの場合も「C±0」が含ま

れることが図からわかる。「±0」＝基準ということなので，AとCは同じ値段であることがわかる。
答　①

No.8

条件からわかることは
・池田＋竹田＞豊田
・豊田＞竹田
・徳田＋豊田＝小田＋竹田＋池田
池田と竹田のアルバイト代をたした金額の方が豊田のアルバイト代よりも多いのだから，小田のアルバイト代の方が豊田のアルバイト代よりも多い＝豊田のアルバイト代の方が小田のアルバイト代よりも少ないことがわかれば，徳田のアルバイト代が最も多いことが判明する。
答　③

No.9

Aと比較した条件が並んでいるので，Aを基準としてB・Cの所持金を考えてみる。
条件より，Aを基準としたB・Cの金額の差は，下の①～④のどれかである。この中で1番高い所持金は①Cの＋2,400円となるので，①について考える。
①についての総額はAを基準として
A＋（A＋900）＋（A＋2400）＝3A＋3300（円）
となる。3人の所持金総額は
17,000円×3 ＝ 51,000円
となるので，3A＋3300 ＝ 51000
これより，
A ＝ 15,900円，B ＝ 15900＋900 ＝ 16,800円，C ＝ 15900＋2400 ＝ 18,300円となる。

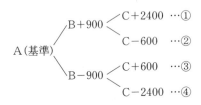

答　④

No.10

早く着いた順から並べると　F→○→D→E→○→B→Gとなる。
○にAかCが入るが，AD間は5秒差，AE間は15秒差より，2位がA，5位がCとわかる。次に，時間差を見ると下のようになる。

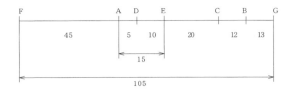

EF間は60秒，DF間は50秒，BD間は42秒，CG間は25秒，CD間が30秒差なので，確

実にいえるのは④である。

答 ④

No.11

まず問題文より「E＝60歳」，「F＝30歳」が確定。またFの年齢から条件を樹形図にすると，以下のようになる。

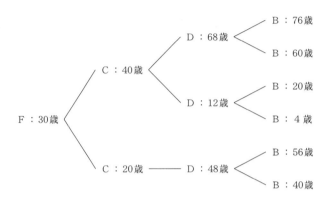

「Aの年齢はEと6歳はなれている」ので，「A＝66歳」と「A＝54歳」の2つについて考える。

(1) A＝66歳の場合

〔C：40歳，D：68歳〕の組合せと〔C：20歳，D：48歳〕の組合せの場合，一番年上と一番年下が50歳以上はなれないので，問題文に合わない。また〔C：40歳，D：12歳〕の組合せだとAが一番上になってしまい，これも問題文と合わない。したがってこの条件は不可。

(2) A＝54歳の場合

〔C：40歳，D：68歳〕の組合せと〔C：20歳，D：48歳〕の組合せは，一番年上と一番年下が50歳以上はなれないので問題文に合わないが，〔C：40歳，D：12歳〕の組合せでBを4歳とすると，問題文に合う。

したがってそれぞれの年齢は，

E：60歳→A：54歳→C：40歳→F：30歳→D：12歳→B：4歳

答 ⑤

No.12

A・B・C・E・Fの5人について，与えられた条件をまとめると以下のようになる。

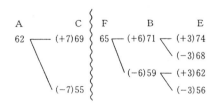

ここで，Dの「4点差でトップ」の発言から，2位の可能性があるのは，

1．E＝74点

2．B＝71点

3．C＝69点

４．F＝65点

の4パターンになる。（Aの62点は，Fが65点であることから2位の可能性はない。）

またCの「6人の平均点は66点」の発言から，6人の総得点は66×6＝396点になる。

１．E＝74点が2位の場合

D＝78点，B＝71点，F＝65点，A＝62点が確定。

しかし，Cの得点が69点でも55点でも総得点が396点にならない。

したがってこれは誤り。

２．B＝71点が2位の場合

Dは75点。Eの点は74点か68点だが，Bの71点を2位にしているのでE＝68点。FとAは
それぞれ65点と62点。

そうすると，C＝55点にすれば

71＋75＋68＋65＋62＋55＝396

となり，題意に当てはまる。

また３．の場合はD＝73点，A＝62点，F＝65点，B＝59点

４．の場合はD＝69点，B＝59点，C＝55点，A＝62点

となり，いずれも残った1つが題意に適さない。

したがって

1位　D＝75点

2位　B＝71点

3位　E＝68点

4位　F＝65点

5位　A＝62点

6位　C＝55点

となり，確実にいえるのは⑤である。

答　⑤

No.13

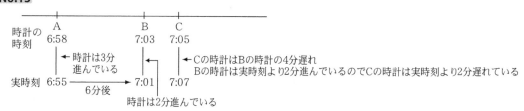

答　②

No.14

問題文に沿って表にまとめると以下のようになる。

	Aの時計	Bの時計	Cの時計	駅の時計	正しい時刻
A	10：55			10：58	
B		11：05		11：01	10：59
C			10：58	11：03	11：01

このことから

・駅の時計は正しい時刻から2分遅れている。

・各人の時計と正しい時刻を比べると，Aの時計は1分遅れ，Bの時計は6分進み，Cの時計は3分遅れ
であることがわかる。

残りを全部埋めると下の表になる。

	Aの時計	Bの時計	Cの時計	駅の時計	正しい時刻
A	10：55	11：02	10：53	10：58	10：56
B	10：58	11：05	10：56	11：01	10：59
C	11：00	11：07	10：58	11：03	11：01

これをもとに選択肢を見ると，Aの時計ではCが時間ぴったりに来ている。

答　③

No.15

正確な時刻とのズレをどう考えるかが重要である。

A～Dのそれぞれの着いた時刻と正確な時刻を一覧表にまとめると次のようになる。

	Aの着いた時刻	Bの着いた時刻	Cの着いた時刻	Dの着いた時刻
Aの時計	9：50			
Bの時計		10：03		
Cの時計	10：03	10：07	10：01	
Dの時計				10：00
正確な時刻	9：58	10：02	9：56	10：00

Dの時刻からC，CからB，BからAと正確な時刻を導きだすことができる。

Aの着いた正確な時刻は9：58であることから，答えは②である。

答　②

No.16

Aの時計のみが正しいので，実際にAが到着したのは12時55分。またBが到着したのはAの1分前なので12時54分。よってBの時計は，実際の時計より11分進んでいることになる。Cが実際に到着したのは1時35分なので，その時のBの時計は1時46分となる。

	A到着	B到着	C到着	ズレ
Aの時計	12：55	12：54	1：35	正しい
Bの時計		1：05	1：46	＋11
Cの時計			1：30	−5

答　⑤

No.17

自宅の時計で考えると，10：00 に出発して 14：00 に帰宅しているので，出かけていた時間は 4 時間。途中 60 分休憩しているので，往復にかかった時間は 3 時間（片道 1 時間 30 分）。よって，中間地点の花屋までは A の家から 45 分。

これを A の自宅の時計で表すと，

出発 10：00 → 花屋 10：45 → 公園 11：30

A の自宅の時計をベースに考えると，花屋の時計は 15 分進み，公園の時計は 30 分遅れている。したがって，花屋の時計は公園の時計より 45 分進んでいる。

答 ①

第9章　順位・順序 (3) 追い越し・親族関係

（問題，本文58ページ）

No.1

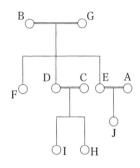

発言に沿って入れていくと図のようになる。

したがって 10 に J が入る。

答　⑤

No.2

条件に従って家系図を完成させると，以下のようになる。

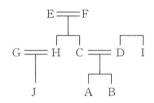

よって，正しいのは④。

答　④

第10章　位置

（問題，本文60ページ）

No.1

問題の条件を図示すると次のようになる。

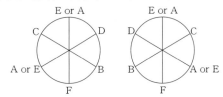

確実にいえるのは①のみである。

答　①

No.2

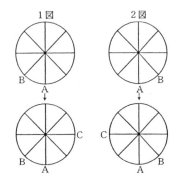

「GとHは向かい合っている」となっているが，空いている所は1図も2図も1カ所しかない。

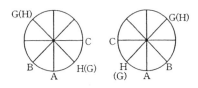

DとEの関係を書き加えると

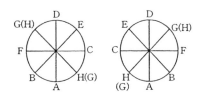

以上の通りとなる。

確実にいえるのは③のみである。

答　③

No.3

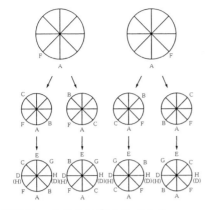

確実にいえるのは④のみである。

答　④

No.4

Dが条件の中に最も多く出てくるので，Dを中心に考える。

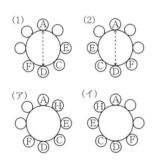

条件より(1)，(2)の２通りの場合が考えられる。

次にB，D，F，Gの４人はX社ではないということから，X社の人間はA，C，E，Hの４人。この４人が順不同で並んでいることから，(1)，(2)は，(ア)，(イ)になる。残りの２つの席にB，Gが座ることになるが，条件だけからはわからない。したがって，確実にいえるのは③のみである。

答　③

No.5

　　　　この部分だけ調べてない。

したがって漏水しているのはCD間である。

答　④

No.6

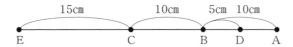

E		C		B	D	A

BC＝10cm でBはAとCの中点なので，AC＝20cm でその中点がBとなることがわかる。

また4番目の条件より，DはAとBの中点なので，DはA，Bから5cmのところにある点とわかる。

よってDCは 10 + 5 = 15cm。

CはDとEの中点なので，EC＝DC＝15cm となる。

以上より，AEの長さは　5 + 5 + 10 + 15 = 35cm。

答　②

No.7

発言の人物

アはBかC

ウはB

したがってアはC

するとイはAである。

左のようになる。

④の「Dは4号室に入っている」が正解。

答　④

No.8

上から2番目の条件から，「オの部屋が1号室の場合」と「オの部屋が2号室の場合」に分けて考える。

A　オの部屋が1号室の場合

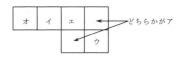

B　オの部屋が2号室の場合

答　③

No.9

まず最初の5つの条件を図示すると，次のようになる。

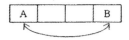 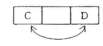

さらにこれらを組み合わせて位置を決めていくと，次のようになる。

この図をもとに選択肢を見ていくと，あり得ないものは④となる。

答　④

No.10

Aの発言から，Aの部屋は203・303のいずれか。

1.　A＝203の場合⇒×　　2.　A＝303の場合⇒○

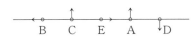

答　①

No.11

矢印は向いている方向

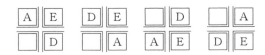

答　④

No.12

条件をまとめると，1番目と4番目の条件より，AとEは

の4通り（AとEの逆を入れれば8通り）のどれかであることがわかる。

また，2，3番目の条件より，B・C・Fについては，

であることがわかる。

以上より，この条件をすべて満たすことができる並びは次の2通り。

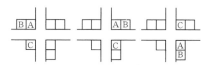

いずれの場合も，カの家に住んでいるのはB。

答　②

No.13

条件ア，イから考えられる位置は，次の3通り。

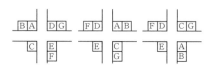

これに，条件ウ～オを加えると，下のようになる。

答　⑤

No.14

条件2と6から，A，C，空の並びは，

<table>
<tr><td>空</td></tr>
<tr><td>C</td></tr>
<tr><td>A</td></tr>
</table>
か
<table>
<tr><td>A</td></tr>
<tr><td>C</td></tr>
<tr><td>空</td></tr>
</table>
になる。

ア．
<table>
<tr><td>空</td></tr>
<tr><td>C</td></tr>
<tr><td>A</td></tr>
</table>
の場合

向かって右側の列（201の列）には条件5から入らないので，向かって左側の列の場合のみ考える。

条件3から201がE。Dを203に入れるとCのコンピューターがwindowsなので，条件4に矛盾する。したがって，202にD，203にBを入れると，矛盾なく完成する。

イ．
<table>
<tr><td>A</td></tr>
<tr><td>C</td></tr>
<tr><td>空</td></tr>
</table>
の場合

向かって右側の列に入れると，条件4からDが入らないので，向かって左側の列の場合のみ考える。

アの場合を上下逆にすれば，矛盾なく埋められる。

以上のことから，空きブースになる可能性があるのは，101と103。

答　①

No.15

3番目の条件より，Cは202号に住んでいることがわかる。また，1番目，5番目の条件より，AとEは3階に住んでいることがわかる。

このとき，4番目の条件より，Dの上は空室であること，3階は2室とも人が住んでいることか

ら，Dの部屋は1階で，202号室の下ではないことがわかる。

よって，Dは101号か103号，さらに2番目の条件より，Bの下はFであることから，Bは201号室，Fは101号室，もしくは，Bは203号，Fは103号であることがわかる。これらを図にすると以下のようになる。

3階	301号室 AかE	302号室 AかE	
2階	201号室 B	202号室 C	203号室 空室
1階	101号室 F	102号室 空室	103号室 D

3階	301号室 AかE	302号室 AかE	
2階	201号室 空室	202号室 C	203号室 B
1階	101号室 D	102号室 空室	103号室 F

どちらの場合にも，「102号室は空室」ということが確実にいえる。

答 ④

No.16

条件を入れていく。

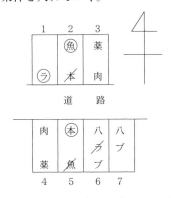

・条件Bから，肉屋と薬屋は3と4にしか入らない。（どちらが肉屋かはわからない。）

・条件Bを入れると，条件Cの本屋と魚屋は2と5にしか入らない。（どちらが本屋かはわからない。）

・3には薬屋か肉屋が必ず入ることから，条件Dの八百屋は6か7にしか入らない。同時に2が魚屋，5が本屋が確定する。

・条件Eから，ブティックは6か7。7ならラーメン屋は1か6，6ならラーメン屋は1になる。しかし，1に入る可能性があるのはラーメン屋だけなので，1＝ラーメン屋は確定。

問題からわかるのはこれまで。

各選択肢を見ていくと，⑤はもう確定しているし，①，③，④だと肉屋と薬屋の位置関係は確定するが，八百屋とブティックの位置が確定しない。

②だと，すべての位置が確定する。

答 ②

（問題，本文68ページ）

No.1

Aさんが歩いた道筋をたどり，最後に方角を合わせるとよい。

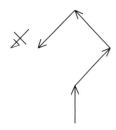

図より，最終的に向いていた方角を出発時にあてはめると，南東を向いていたことがわかる。

答　③

No.2

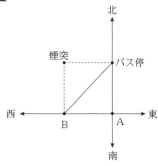

答　④

No.3

問題文中，Fが一番よく出てくるので，Fを中心にして考える。

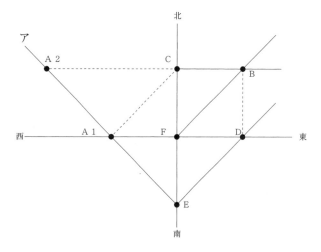

※Aの家は，アの線分上にある。

① Bの家の南にDの家がある→○

② Aの家の東にFの家がある→○（図中A1のとき）

③ Cの家の南西にAの家がある→○（図中A1のとき）

④ Bの家の西にAの家がある→○（図中A2のとき）

⑤ Eの北東にBの家がある→Eから見た北東の線（EDを結ぶ線）とFBを結ぶ線は平行なので，Eの家の北東にBの家が来ることはない。

答　⑤

No.4

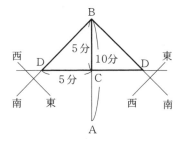

AとBの中間点をCとする。

CB間の移動時間は5分。

南に走った後，最初の進行方向に対して直角になるようにまがった地点（図のD）からCまでも5分。

自転車の速さは一定なのでCBとDCの距離は同じ。

よって△BCDは直角二等辺三角形になる。B→Dが南なので，考えられるのは図の2通り。したがって北東か北西。

答　③

No.5

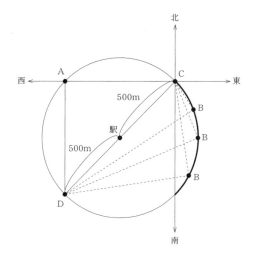

Cを中心に問題文を図示すると，上のようになる。

駅を中心に線ＣＤを直径とする円を描き，『直径の円周角は 90°』であることをふまえると，Ｂの発言から，Ｂの家の位置は直径ＣＤの円の円周角ということになる。

なおかつＣの発言から，Ｂの家は太線上にあることがわかる。これは駅を中心とした半径 500m の円上にあることに他ならないので，Ｂの家が太線上のどの位置にあっても，駅との直線距離は 500m になる。

答　②

第12章　集合

(問題，本文70ページ)

No.1

以下のように図示して，記号をつけると，

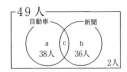

$a + c = 38$　……(1)

$b + c = 36$　……(2)

$a + b + c = 49 - 2 = 47$　……(3)

(3)−(2)より，$a = 11$

(3)−(1)より，$b = 9$　∴$c = 27$

自動車がなく，新聞を購読しているのはbであるから，9人。

答　②

No.2

図のように区分けをすると，条件より，

塾通い＝ $b + c = 158$（人）……(1)

部活動＝ $c + d = 78$（人）……(2)

行わず＝ $a = 8$（人）……(3)

全体＝ $a + b + c + d = 200$（人）……(4)

となる。求めるのはcなので，

$$(1)+(2)+(3) = a + b + c + c + d$$
$$= (a + b + c + d) + c$$
$$= 8 + 158 + 78$$
$$= 244（人）$$

よって，(4)より

$200 + c = 244$

$\qquad c = 44$（人）となる。

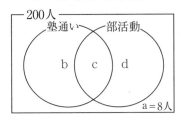

答　⑤

No.3

条件をベン図にすると，以下のようになる。

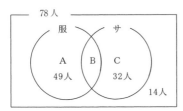

$A + B + C = 78 - 14 = 64$　……(1)

$A + B = 49$　……(2)

$B + C = 32$　……(3)

(2)＋(3)

$A + 2B + C = 81$　……(4)

(4)－(1)

$B = 17$　∴ 17人

答　①

No.4

ベン図を描くと，

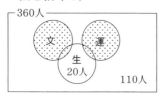

$360 = 110 + 20 + 247 - x$

$x = 17$（人）

答　⑤

No.5

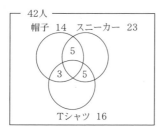

$42 - (14 + 23 - 5) = 10$（人）

$14 + 23 - 5$

〔別解〕

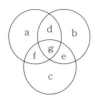

$a + b + c + d + e + f + g = 42$

$a + b + c + 2(d + e + f) + 3g = 53$

$$\begin{cases} a + d + g + f = 14 \\ b + d + e + g = 23 \\ c + e + f + g = 16 \end{cases}$$

$-) \quad d + e + f + 3g = 13$

$\quad a + b + c + d + e + f = 40$

$$\begin{cases} d + g = 5 \\ g + e = 5 \\ g + f = 3 \end{cases}$$

$g = 2$ 人　∴ $c = 10$ 人

答　③

No.6

図のように区分けをすると，条件より，

1問目正解 $= a + b + d + e = 32$（人）……(1)

2問目正解 $= a + b + c + f = 19$（人）……(2)

3問目正解 $= a + c + d + g = 17$（人）……(3)

3問全て正解 $= a = 11$（人）……(4)

また生徒は全部で40人なので，

$a + b + c + d + e + f + g = 40$　……(5)となる。

求めるのは2点の生徒（$b + c + d$）なので，

(1)+(2)+(3)より，

$(a + b + d + e) + (a + b + c + f) + (a + c + d + g)$

$= 3a + 2b + 2c + 2d + e + f + g$

$= 32 + 19 + 17 = 68$（人）……(6)

ここで，(6)から(5)を引くと，

$(6) - (5) = (3a + 2b + 2c + 2d + e + f + g) - (a + b + c + d + e + f + g)$

$\qquad = 2a + b + c + d$

$\qquad = 68 - 40$

$\qquad = 28$

(4)より，$2a + b + c + d = 2 \times 11 + b + c + d = 28$

$\qquad 22 + b + c + d = 28$

以上により，$b + c + d = 6$（人）となる。

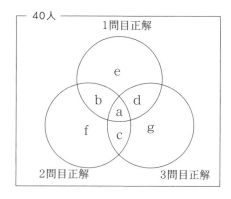

No.7

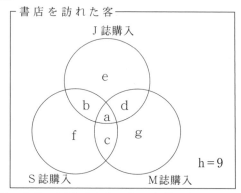

図のように区分けをすると，条件より，

J誌購入 = a + b + d + e = 60 （人）……(1)

また，e = 28 （人）……(2)

S誌購入 = a + b + c + f = 50 （人）……(3)

また，f = 24 （人）……(4)

M誌購入 = a + c + d + g = 38 （人）……(5)

また，g = 18 （人）……(6)

2冊のみ購入 = b + c + d = 21 （人）……(7)

購入しない = h = 9 （人）……(8)

求めるのは客の総数なので，a + b + c + d + e + f + g + h

となる。

(1)，(2)より　a + b + d + 28 = 60　a + b + d = 32

(3)，(4)より　a + b + c + 24 = 50　a + b + c = 26

(5)，(6)より　a + c + d + 18 = 38　a + c + d = 20

これら3式と(7)を加えると，

(a + b + d) + (a + b + c) + (a + c + d) + (b + c + d)

= 3a + 3b + 3c + 3d

= 32 + 26 + 20 + 21

= 99

よって，a + b + c + d = 33 （人）……(9)

したがって

$$\begin{aligned}(9)+(2)+(4)+(6)+(8) &= a + b + c + d + e + f + g + h \\ &= 33 + 28 + 24 + 18 + 9 \\ &= 112（人）\end{aligned}$$

答　③

No.8

以下のような図で考える。

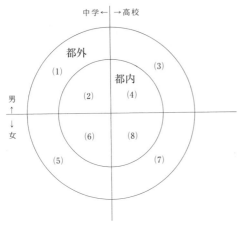

この図は，向かって右側が高校，左側が中学，上が男子，下が女子，小さい円の中が都内から通っているもの，小さい円と大きな円の間が都外から通っているものを表している。（たとえば(1)は，「中学男子で都外から通っているもの」，(8)は「高校女子で都内から通っているもの」を表す。）

この(1)～(8)を使って考えると，

中学生：(1)+(2)+(5)+(6)＝363 人→高校生：(3)+(4)+(7)+(8)＝751 － 363 ＝ 388（人）

男子：(1)+(2)+(3)+(4)＝419 人→女子：(5)+(6)+(7)+(8)＝751 － 419 ＝ 332（人）

都内：(2)+(4)+(6)+(8)＝312 人→都外：(1)+(3)+(5)+(7)＝751 － 312 ＝ 439（人）

高校女子：(7)+(8)＝160 人→中学女子：(5)+(6)＝332 － 160 ＝ 172（人）

都内，中学女子：(6)＝38 人→都外，中学女子：(5)＝172 － 38 ＝ 134（人）

都外，中学：(1)+(5)＝295 人→都外，中学男子：(1)＝295 － 134 ＝ 161（人）

中学生：(1)+(2)+(5)+(6)＝363 人→都内，中学男子：(2)＝363 －（38 ＋ 134 ＋ 161）＝ 30（人）

都内，男子：(2)+(4)＝133 人→都内，高校男子：(4)＝133 － 30 ＝ 103（人）

男子：(1)+(2)+(3)+(4)＝419 人→都外，高校男子：(3)＝419 －（161 ＋ 30 ＋ 103）＝ 125（人）

都外，高校女子：(7)＝439 －（161 ＋ 134 ＋ 125）＝ 19（人）

答　①

No.9

```
                        10              20
全 体  ○○○○○○○○○○│○○○○○○○○○○│○○○○○○○○○○
  白    ○○○○○○○○○○│○○○○○○○○○○│○○○○○○××××
ピンク  ××××××××××│××○○○○○○○○○○│○○○○○○○○○○
水 色  ○○○○○○○○○○│○○○○○○××××│×××××××○○○
```

選択肢①を例にして考える。

「少なくとも」＝最少人数を求める場合，それぞれの色が好きな人数をなるべく重ねないようにすればよい。（図示すると，上のようになる。）

これを計算するならば，全体（30人）から，白が好きではない人数（白の×），ピンクが好きではない人数（ピンクの×），水色が好きではない人数（水色の×）を引けばよい。

よって，30 － 4 － 12 － 10 ＝ 4（人）となる。

同様に，②〜⑤を求めると，

② ピンク，水色が好きな最少人数：30 － 12 － 10 ＝ 8（人）

③ 白，水色が好きな最少人数：30 － 4 － 10 ＝ 16（人）

④ 白，ピンク，オレンジが好きな最少人数：30 － 4 － 12 － 8 ＝ 6（人）

⑤ ピンク，オレンジが好きな最少人数：30 － 12 － 8 ＝ 10（人）

答 **④**

No.10

```
      1      5        10 12
      ○○○○○○○○○○○○
タ  イ  ○○○○○○○○○○
イワシ  ○○○○○○      ○○ ｝(イ)
イ  カ  ○○(ア)      ○○○○○
```

(ア)これは他のどこにおいてもタイ，イワシのある店と重複する。

したがって2軒が正しい。

(イ)重なりが最も少ないようにしてみる。

答 **①**

No.11

それぞれの人数から延べ人数を計算すると，

9 ＋ 13 ＋ 8 ＋ 8 ＝ 38（人）

延べ人数は，2種類の資格を持っている者は2人，3種類の資格を持っている者は3人として計算するので，重なっている人数分を引くことで実際の人数が出る。

つまり実際の人数は

38 － 11 － 2 － 2 ＝ 23（人）

2種類以上の資格を持っている者が13人いるので，

23 － 13 ＝ 10（人）

答 **⑤**

No.12

両方読んでいる生徒を x 人，Aだけを読んでいる生徒が a 人，Bだけを読んでいる生徒を b 人とする。

Aを読んでいる生徒 $(a + x)$ 人の $\frac{3}{4}$ がBも読んでいる。すなわち，Aを読んでいる生徒の $\frac{3}{4}$ が両方を読んでいることになる。

よって，$\frac{3}{4}(a + x) = x$ ……(1)

Bを読んでいる生徒 $(b + x)$ 人の $\frac{2}{5}$ がAも読んでいる。

よって，$\frac{2}{5}(b + x) = x$ ……(2)

また，学級の人数が40人なので，

$x + a + b + 6 = 40$ ……(3)

(1)より，$a = \frac{1}{3}x$

(2)より，$b = \frac{3}{2}x$ が得られる。

これを(3)に代入して x を求めると，

$x = 12$ 人が得られる。

答　②

（問題，本文 74 ページ）

No.1

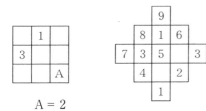

A = 2

答　①

No.2

下のような配置である。

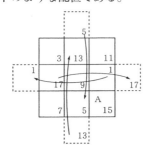

答　⑤

No.3

14 と 15 の位置から数字の配列は，図の通り。

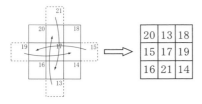

答　③

No.4

c	3	2	13
5			8
b		a	
4	15	14	1

16	3	2	13
5	10	11対	8
9	6	7	12
4	15	14	1

　1 〜 16 までの和は 136 なので，各列の和は 34 になっているはずである。したがって a には 12 が入る。またこの魔方陣は•に対して対象の位置にある数の和は等しく，すべて 17 になる。ゆえに b には 9，c には 16 が入る。残りの 4 つの数は 10 と 7，11 と 6 の組合せで上記右側の図のように入れれば縦・横とも 34 になる。

したがってAに7が入る。

答　②

No.5

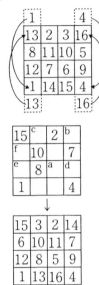

4×4 の16マスの魔方陣の場合，左図のように縦，横，斜めの和がすべて34で，しかも中心に対称の位置の枠の中の2つの数（13と4，7と10，8と9，3と14など）の和はすべて17になっている。

$$\left(\frac{1 + 2 + 3 + \cdots\cdots + 16}{4} = 34\right)$$

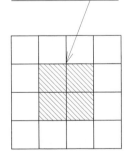

縦，横，斜めの和はすべて34なので，図のaには5が入るが，そうすると，中心に対称の位置にある枠の中の2つの数の和は19（4と15）と15（10と5）になっている。4×4 の魔方陣は2種類あって，すべて17で組み合わせるものと，19と15で組み合わせるものがある。この問題は後者のパターンというわけである。そうすると，1に対するbは14か18だが1〜16までの数字なので14しか入らない。したがってb = 14。

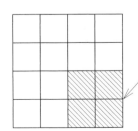

これだけわかれば後は4つの数の和が34だからc = 3，d = 9，e = 12，f = 6と，いもづる式にすべてわかる。

A = 11　B = 13　∴A + B = 11 + 13 = 24

答　⑤

No.6

4×4 の魔方陣は，どの魔方陣にも通用する原則が2つある。

ア．中央の4つの数の和は，1列の和と一致する。

イ．縦・横の真ん中で区切ったスペースの4つの数の和は，1列の和と一致する。

1 ～ 16 までの数の和は 136 なので，1 列の和は 136 ÷ 4 = 34

		1	
	7	12	
16	9	B	C
		D	A

まずアの原則を使うと
B = 34 - (7 + 9 + 12) = 6
Bが6なので，
C = 34 - (16 + 9 + 6) = 3
D = 34 - (1 + 12 + 6) = 15

		1	
	7	12	
16	9	6	3
		15	A

最後にイの原則を使って
A = 34 - (3 + 6 + 15) = 10
よってAには「10」が入る。

答　③

No.7

各マスに下図のように符号をつけると，題意より，次の(1)～(8)の関係式が成り立つ。

				計
1	ア	イ	6	27
A	16	14	ウ	43
エ	3	9	B	32
10	オ	カ	4	34
計 26	46	36	28	

ア + イ = 20　……(1)　　　A + エ = 15　……(5)
A + ウ = 13　……(2)　　　ア + オ = 27　……(6)
エ + B = 20　……(3)　　　イ + カ = 13　……(7)
オ + カ = 20　……(4)　　　ウ + B = 18　……(8)

残っている数字は 2，5，7，8，11，12，13，15 の8つ。まず(2)と(5)を考える。
(2)と残っている数字から，Aとウに入る数字の組合せは（2，11）か（5，8）。よってAに入る数字はこの4つのいずれか。(5)から A = 2ならエ = 13　A = 11ならエ = 4　A = 5ならエ = 10
A = 8ならエ = 7　4と10はすでに使われているので，Aは2か8。A = 2の場合ウ = 11。よって(8)よりB = 7。A = 8の場合ウ = 5。よって(8)よりB = 13。ここで(1)を考えると，アとイの組合せは（5，15），（7，13），（8，12）しかないのだが「A = 8」の場合は，これらの数字のうち，1つを使ってしまうため，アとイが成立しなくなる。
したがって，A = 2，B = 7 が確定する。

答　①

No.8

A	E	I	F	C
G	B	K	D	H
J	L	・	L	J
H	D	K	B	G
C	F	I	E	A

5×5の魔方陣で，中心点の対称の位置にある2つの数（左図の同じアルファベット）の和が，いずれも26になっているものがある。
この問題でも「5」と「21」（左図だとB），「4」と「22」（左図だとJ），また5×5の魔方陣に1～25を入れた場合1列の和が65になることを考えると，数字はわからないが，Lに該当する部分の和も26になる。

17	24			15
	5			
4		13		22
			21	
C		25	B	A

以上のことから，左図のAの位置に「9」が，Bの位置に「2」が，Cの位置に「11」が入ることがわかる。したがって★部は，
65 － (9 + 2 + 25 + 11) = 18

答 ④

No.9

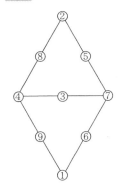

左図の通りである。
a + b
d + e
共に10になる組合せは，
⑧－②，
⑦－③，
⑥－④
しかなく，⑥－④の4はすでに使われているので⑧－②，⑦－③の組合せしかない。

一番下に①があるので⑥の位置には8か7しか考えられない。8と7で試してみた結果⑥に7が入ることがわかる。

答 ④

No.10

一直線に並ぶ4個の数の和はすべて26になることから，次の式ができる。
A + B + C = 24 ……(1)
A + D = 15 ……(2)
B + F = 13 ……(3)
C + E = 11 ……(4)
D + E + F = 15 ……(5)
また，同じ数字は2度使わないから，当てはまるのは4，5，6，7，8，9である。
まず(5)に使える3つの数について考えると，3つの数を加えて15になるのは4 + 5 + 6以外にはない。これからD，E，Fはこのいずれかということになり，残りの7，8，9がA，B，Cに対応することになる。
これをふまえて(4)を考えると，2つの数の和が11になるもののうち，5 + 6は矛盾するので，4 + 7であることがわかり，E = 4，C = 7と決まる。
さらに，(2)と残りの5，6，8，9で和が15になるのは6，9だけだからA = 9，D = 6と決まり

B＝8，F＝5も決まる。よってA＋F＝14

答　④

No.11

9つの〇があるので各頂点の和は15

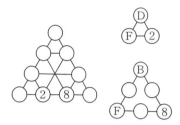

②の位置に関連して，右上のＤＦに入れるのは

6と7 ⎫
8と5 ⎬ 8は使えないので ⎰ 6と7
9と4 ⎭　　　　　　　　　⎱ 9と4

ＢＦに入れるのは

6と1 ⎫
5と2 ⎬ 2は使えないので ⎰ 6と1
4と3 ⎭　　　　　　　　　⎱ 4と3

両方に共通しているＦに入れるのは4か6である。

Ｆに4を入れてみる

　←7はここしか入らない

Ｆに6を入れてみる

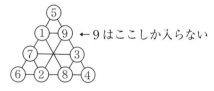　←9はここしか入らない

3はＢとＥに入る可能性がある。
したがって答えはＢである。

答　②

第14章　道順

（問題，本文 78 ページ）

No.1

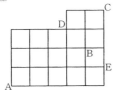

A→B 点に行くとき

$$\frac{6!}{4!\,2!}=15通り$$

A→C 点に行くとき

(1) B 点を通って行くとき

$$\frac{6!}{4!\,2!}\times\frac{3!}{2!\,1!}=45通り$$

(2) D 点を通って行くとき

$$\frac{6!}{3!\,3!}\times\frac{3!}{2!\,1!}=60通り$$

(3) E 点を通って行くとき

$$\frac{6!}{5!\,1!}\times1=6通り$$

(1)(2)(3)の計　111通り

〔別解〕

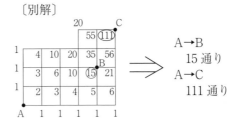

A→B
　15 通り
A→C
　111 通り

答　④

No.2

数を順にふっていくと以下の通りになる。

図1

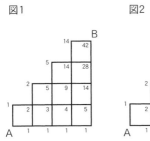

図2

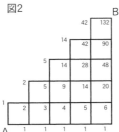

132 通り － 42 通り ＝ 90 通り

答　③

No.3

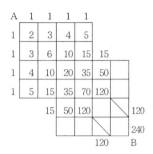

合計 240 通り

答　③

No.4

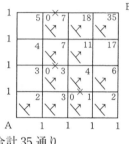

合計 35 通り

答　③

No.5

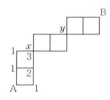

上図のコースと同じである。

A→x　3 通り

x→y　3 通り

y→B　3 通り

合計 3 × 3 × 3 = 27（通り）

答　②

No.6

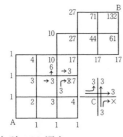

合計 132 通り

No.7

A→C→Bの最短コースは7つの区画を通らなければならない。

A→B→Cは6つの区画を通ればよい。更にDに行くのにBからだと4区画を通る必要があり，Cからだと3区画でよい。

したがってA→B→C→D→Eのコースが最短経路となる。各々の最短経路は

A→Bは　　　　　　　3通り

B→Cは　同じく　　　3通り
C→Dも　　　　　　　3通り
D→Eも　　　　　　　3通り
したがって，3×3×3×3 = 81（通り）

No.8

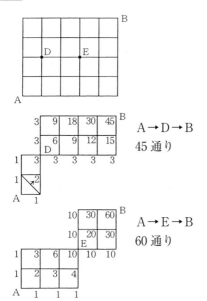

A→D→B
45 通り

A→E→B
60 通り

— 81 —

合計105通りだが，この数字はA→D→E→Bが二重に数えられている。
したがって，それを除かねばならない。

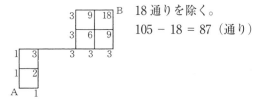 18通りを除く。

$$105 - 18 = 87（通り）$$

答 ③

No.9

1.　A→C→B：210通り

	6	24	60	120	210 B
	6	18	36	60	90
	6	12	18	24	30
1	3	6 C	6	6	6
1	2	3			
A	1	1			

2.　A→D→B：168通り

					56	168 B
					56	112
1	4	10	20	35	56 D	56
1	3	6	10	15	21	
1	2	3	4	5	6	
A	1	1	1	1	1	

この経路を合計すると 210 + 168 = 378（通り）となるが，これは
A→C→D→Bが二重に計算されているので，それを引かねばならない。

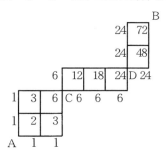

					24	72 B
					24	48
		6	12	18	24 D	24
1	3	6 C	6	6	6	
1	2	3				
A	1	1				

重なっているのは72通りなので，
$$210 + 168 - 72 = 306（通り）$$

答 ②

No.10

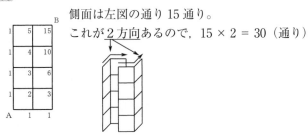

側面は左図の通り 15 通り。

これが 2 方向あるので，15 × 2 = 30（通り）

答　②

No.11

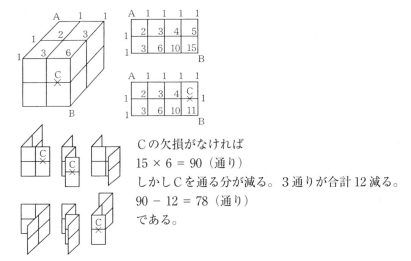

Cの欠損がなければ

15 × 6 = 90（通り）

しかしCを通る分が減る。3通りが合計 12 減る。

90 − 12 = 78（通り）

である。

答　④

No.12

一筆書きできるかどうかは，それぞれの頂点から何本線が出ているか，その線の数による。偶数本であれば，一筆書き可。奇数本の場合は，それが 2 カ所であれば可，しかしそれ以上だと不可ということになる。

1つ1つ見てみると，

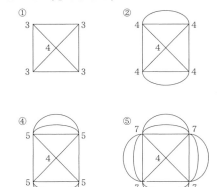

答　②

No.13

3本線の交点が2カ所までなら一筆書きができる。

出発点と終点は3本線の交点である。つまり，公園と寺である。

答　④

No.14

3本線の交点を2カ所までなら残しても一筆書きできるから，図のように3本消せばよい。

答　③

No.15

一筆書きをするには奇数線の交点を2カ所以内にしなければならない。AとBは奇数線の交点なので，それ以外の交点をなくすためには，最低4本を除く必要がある。たとえば下図の通り。

つまり最低4区間通れないのと同じである。

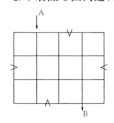

答　③

No.16

4本線の交点が1個 ⎫
　　　　　　　　　 ⎬ ある。
3本線の交点が6個 ⎭

①②③　交点の数は同じであるが，分割された平面の状況が異なるので×。

④　交点の数も，分割されている平面の状況も正しく一致している。

⑤　交点の数が異なるので×。

答　④

No.17

3本線の交点が8個ある。

① 3本線の交点 8 ……正解
② 3本線の交点 6
③ 3本線の交点 4 と 4 本線の交点 3
④ 3本線の交点 10
⑤ 3本線の交点 8 だが平面の構成が異なる

①

答 ①

No.18

a で 2 つの選択, b でさらに 2 つ, c でさらに 2 つの選択ができる。
したがって, $2 \times 2 \times 2 = 8$ (通り)

答 ③

No.19

a 点で 3 通りの選択がある。
同様に b 点でも 3 通り, c 点でも 3 通りあるので
合計 $3 \times 3 \times 3 = 27$ (通り)

答 ⑤

No.20

各辺すべて 1 km である。

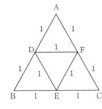

A→F→D→E→C
　　　E …… ×
　　　D→B→E→C
　　　　　F→E→C
　　　　　E→F→C

答 ③

No.21

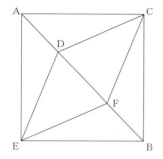

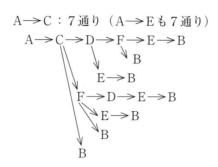

A→C：7通り（A→Eも7通り）

A→D：8通り

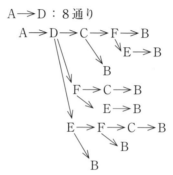

したがって，7 + 8 + 7 = 22（通り）

答 ③

No.22

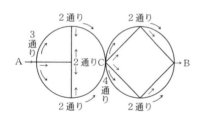

AからCまでは6通り。CからBまでは8通り。
したがって，合計 6 × 8 = 48（通り）

答 ②

No.23

下図のように

No. 1 のコース　3 通り
No. 2 のコース　3 通り
No. 3 のコース　3 通り　　計 13 通り
No. 4 のコース　4 通り

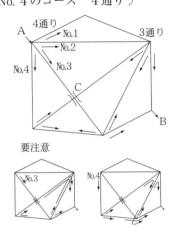

要注意

No. 3 の 3 通りと次の No. 4 の 4 通りは注意を要する。

答　④

No.24

図1のように対辺を往復するか，図2のように対角線を往復すればよい。

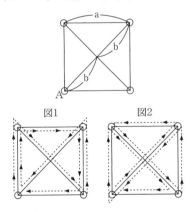

図1の場合の距離は　$6a + 4b$　……(1)
図2の場合の距離は　$4a + 8b$　……(2)
(1)× 2　$12a + 8b$
(2)× 3　$12a + 24b$
より，図1の方が短い。

答　③

（問題，本文 87 ページ）

No.1

12 個の玉を a，b，c，d 4 つのグループに分け，a と b，c と d を天秤にかければどのグループに重い玉があるかわかる。そのグループがわかればそのグループの中の 2 個をとり出し，もう 1 度天秤にかければ，傾けば下がった方の玉，平均すれば残りの 1 個が重い玉である。計 3 回

答　①

No.2

15 個を 3 つの任意のグループに分ける。

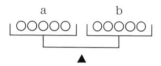

まず，a と b を天秤にかける。

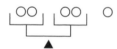

平均がとれれば，残りの 5 個の中に重い 1 個がある。

傾けば下がった 5 個の中に重い 1 個がある。5 個の中から 1 個の重い玉を選び出すには 2 回の天秤操作でよい。

したがって，合計 3 回の天秤操作で充分。

答　①

No.3

物体 100 個を ⓐ 33 個，ⓑ 33 個，ⓒ 33 個，ⓓ 1 個の 4 つに分ける。

最初に ⓐ と ⓑ を天秤にかける（1 回目）。

天秤が傾けば傾いた方を，傾かなければ ⓒ を，11 個，11 個，11 個の 3 つに分ける。そのうち任意の 2 つを天秤にかけ（2 回目），傾けば傾いた方を，傾かなければ残っていた 1 つを，ⓔ 3 個，ⓕ 3 個，ⓖ 3 個，ⓗ 2 個の 4 つに分ける。

ⓔ と ⓕ を天秤にかけ（3 回目），傾けばその 3 個のうち任意の 2 個を天秤にかければ重い物体が分かるが，つり合った場合は ⓖ の中から任意の 2 個を選び，その 2 個と ⓗ を天秤にかける（4 回目）。傾けば傾いた方の 2 個を，つり合えば ⓖ の残り 1 個と ⓓ を天秤にかければ重い物体が分かる（5 回目）。

したがって，確実に探しあてるためには，最低 5 回の天秤操作が必要である。

答　③

No.4

7個の玉を3つのグループに分ける。

〇〇〇｜〇〇〇｜〇

この中に2個の重い玉が混じっており，その混じり方は次の3通りしかない。

〇●●｜〇〇〇｜〇 ……(1)

〇〇●｜〇〇●｜〇 ……(2)

〇〇●｜〇〇〇｜● ……(3)

　　　｜　　　｜　　　

　　a　　　b　　　c

グループにa b cと符号をつけ，aとbを天秤にかける。（1回目）

1. 平均すれば(2)のケース

aの中から2個を天秤にかければ1個のより分けは出来る。（2回目）

bも同様（3回目）

2. 一方に傾けば(1)と(3)のケース

まず重かった方から2個をとり出して天秤にかける（2回目）。平均すれば，その中の1個と残りの1個（cでもよい）を天秤にかけ（3回目）残りの1個が重ければその玉とcが重い玉，残りの1個が軽ければ，平均した2個が重い玉である。

したがって3回が正解。

答　①

No.5

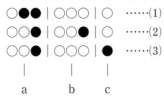

9個の玉をa，b，cの3つのグループに分けると，重い玉（上図の黒い丸）の混じり方は上図の通りの二種類である。

まず任意のグループを2つ取り出し天秤にかける（第1回）。

　▲もし釣り合ったら

　　(ア)の場合ならbとc

　　(イ)の場合ならaとb

どちらかわからないので1つのグループから2個をとり出し天秤にかける（第2回）。

釣り合ったらその中の1個ともう一度残りの1個を天秤にかけ（第3回）傾けば(イ)のケースでaからも1個選び出せばよい（第4回）。

また釣り合えば(ア)のケースでaグループに2個重い玉が混じっているわけだから，もう1度天秤を使えば選び出すことが出来る（第4回）。

　▲もし釣り合わなかったら

　　(ア)の場合ならaとb（またはc）

　　(イ)の場合ならcとa（またはb）

どちらかわからないので重かったグループから2個をとり出し天秤にかける（第2回）。

釣り合えばその中の1個ともう1度残りの1個を天秤にかける（第3回）。残りの1個が軽ければ(ア)のケースで重い2個はその釣り合った1個である。

残りの1個が重ければ(イ)のケースで，もう1つのグループからも天秤を1回使って1個を選び出すことになる（第4回）。

答　②

No.6

まず16枚を8枚ずつに分けて天秤にかける。（1回目）

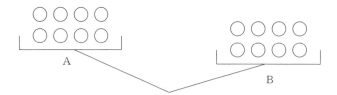

他と重さの異なっている1枚が，他よりも重いか軽いかがわかっているならば，問題で与えられた方の8枚（「軽い」ならばAの8枚，「重い」ならばBの8枚）をあと2回天秤にかけることで答えが得られるが，重いか軽いかがわかっていないので，とりあえずA・Bのどちらか8枚を4枚ずつに分けて天秤にかける。（2回目。ここではAを使って説明する。）

1. 釣り合わなかった場合

この場合，軽い方（図のCのグループ）に他の金貨よりも軽い金貨が混じっていることがわかるので，Cの4枚を2枚ずつに分け（3回目），軽い方の2枚を1枚ずつ天秤にかければ，他よりも軽い1枚が判明する。

したがって，4回の天秤操作が必要となる。

2. 釣り合う場合

この場合は「Aの中に軽い金貨が含まれていない」＝「Bの中に重い金貨が含まれている」ことがわかる。

Bの8枚から任意の6枚を抜き出し，3枚ずつ天秤にかける（3回目）。

・釣り合わなかったら，重い方の3枚から任意の2枚を天秤にかけ，釣り合わなかったら重い方の1枚が，釣り合えば残しておいた1枚が他より重いことになる。

・釣り合えば，残っている2枚のうち1枚が重いことがわかるので，2枚を天秤にかける。

したがって，この場合でも4回の天秤操作で他と違う重さの1枚が判明する。

答 ②

No.7

子どもは1人でも2人一緒でも渡ることができるので，いかに子どもをうまく使うかがポイント。大人を○，子どもを▲として解説する。

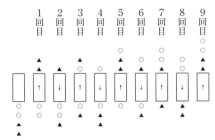

はじめに，子ども2人が対岸へ行き，子ども1人が乗って戻ってくる。次に大人1人が乗って対岸へ行き，対岸にいた子どもが1人で戻ってくる。そして子ども2人がまた対岸へ行き，子ども1人が戻ってくる。残っていた大人が1人で対岸へ行く。既に対岸へ渡っていた子ども1人が乗って戻ってくる。最後に子ども2人で対岸へ渡り完了する。

よって，最低9回必要となる。

答 ③

No.8

10LのビンをA，7Lの計量カップをB，3Lの計量カップをCとして，A→B→Cの順に水を移し替えていくとよい。

	A	B	C	
はじめ	10	0	0	
1回目	3	7	0	A→B
2回目	3	4	3	B→C
3回目	6	4	0	C→A
4回目	6	1	3	B→C
5回目	9	1	0	C→A
6回目	9	0	1	B→C
7回目	2	7	1	A→B
8回目	2	5	3	B→C
9回目	5	5	0	C→A（完了）

以上より，9回でこの作業は完成する。

答 ①

No.9

移動に条件が入っているので迷わされるが，Cからの移動は自由であることに気づけば手順を大幅に短縮できる。

Cは0.4L（1人分）を測り取れるので，Cを経由して各人に測り取ると考えればよい。

		A	B	C	D
1回目	A→B	0.4	0.7	0	0.1
2回目	A→C	0	0.7	0.4	0.1
3回目	B→A	0.7	0	0.4	0.1
4回目	C→B	0.7	0.4	0	0.1
5回目	A→C	0.3	0.4	0.4	0.1
6回目	D→A	0.4	0.4	0.4	0

「あと何回の操作か」を問われているので，2～6回目までの計5回となる。

答 ②

No.10

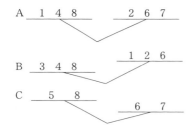

Aの状況から，

ア．1，2，4，6，7，8がすべて公式球で，残った3，5が練習球

イ．1，4，8に1つ，2，6，7に1つ練習球が入っている＝3，5は公式球

の2つが考えられる。

・アの場合

Bの状況から，「3が練習球で重い」ことが考えられるが，Cの状況は練習球であるはずの5が入っている方が軽くなっていて，矛盾している。

したがって，この場合は考えられない。

・イの場合

Bの状況から，

イ－1．4か8が練習球で重い＝1，2，6は公式球

イ－2．1，2，6のいずれかが練習球で軽い＝4，8は公式球

の2つが考えられる。

・イ－1の場合

Cの状況で5と8が軽いことから，4が練習球で重い。

1，2，6は公式球なので，7が練習球で重い。

したがって，「4，7が練習球で，公式球よりも重い」が成立する。

・イ－2の場合

1，4，8に1つ練習球が入っていることから，1が練習球で軽い。

2，6，7に1つ練習球が入っていることから，2か6が練習球で軽いはずだが，2が練習球だとすると，5，6，7，8はすべて公式球となるので，Cの状況に矛盾する。また6が練習球だとすると5，7，8が公式球で，軽い6を乗せた方が重くなっているCの状況に矛盾する。

したがって，「1，2，6のいずれかが練習球で重い」は成立しない。

答　③

No.11

最初	➡	6回目
①65kg		①66kg
②66kg		②67kg
③67kg		③68kg
④68kg		④69kg
⑤69kg		⑤70kg
⑥70kg		⑥71kg
⑦71kg		⑦65kg

「作業が最大となる場合」は，「前から順に体重が軽い順に並んでいる場合」と考えればよい。

たとえば左のように並んでいたとする。まず1と2が体重を教えあい，2の方が体重が重いので入れ替わる。これで作業1回。

2に65kgが座るので，3の67kgと教えあえば入れ替わらなければならない。これで作業2回目。

これを順次繰り返すと，作業6回目で65kgが7に来る。

6と7が比べ合ったので1と2に戻る。66kgと67kgなので入れ替わる。先ほどと同様に順次入れ替わっていくと，作業5回で6の位置に来る。ここで，7の位置に来ている65kgとは一番最初に教えあっているので，作業は行われない。

これを繰り返すと，一番最初の段階からでは，6回＋5回＋4回＋3回＋2回＋1回＝21回の作業で，体重が重い順に並び替わる。

答　④

第 16 章　曜日

No.1

ここで，1月1日からの日数を見てみよう。1月1日からの日数が（7の倍数＋1）になっている必要がある。

　2月1日は 32 日目　×
　3月1日は 60 日目　×
　4月1日は 91 日目　×
　5月1日は 121 日目　×
　6月1日は 152 日目　×
　7月1日は 182 日目　×
　8月1日は 213 日目　×
　9月1日は 244 日目　×
　10月1日は 274 日目　○
　11月1日は 305 日目　×
　12月1日は 335 日目　×

となっている。

平年の場合，1月と10月の曜日が同じ，2月と3月の曜日が同じ，1月1日と12月31日の曜日が同じ，ということは頭に入れておく必要がある。また，1年365日を7で割ると1余ることから，1月1日が火曜日なら翌年の1月1日は水曜日（1余った分），翌々年は木曜日と1曜日ずつずれていくことも覚えておく必要がある。ただしこの場合，うるう年の時は2曜日ずれる。

答　③

No.2

ある年の9月8日（水）から16年後の曜日は次のように計算する。
　平年の場合　1曜日ずれ
　うるう年の場合　2曜日ずれ
　　　16（年）＋4（回のうるう年）＝ 20 曜日のずれ。
　　　　　　　　　↓
　　　（20 ÷ 7 ＝ 2 ... 6　∴6曜日ずれる）

答　④

No.3

2002 年の元旦の曜日を求めた後で，2月10日を考える。
その間のうるう年は 2004 年。
1年前の同じ日→うるう年でない年は1つ前の曜日，うるう年は2つ前の曜日に戻す。
　2008 年元旦　火曜日
　2007 年元旦　月曜日
　2006 年元旦　日曜日
　2005 年元旦　土曜日
　2004 年元旦　木曜日（土曜から2つ前へ戻す）
　2003 年元旦　水曜日

2002年元旦　火曜日

元旦から数えて，2月10日までは31 + 10 − 1（元旦から数えているので，この1日を引く）= 40となる。

40 ÷ 7 = 5 ... 5

よって，火曜日から数えて5日後，つまり日曜日になる。

答　③

No.4

A…2日おき＝3日目ごと
B…4日おき＝5日目ごと　}この最小公倍数が次回に会う日である。
C…5日おき＝6日目ごと

    3)　3　5　6　　　30日
    ━━━━━━━━━
       1　5　2

したがって次の次に一緒になるのは，60日目である。

60日目の曜日は

60 ÷ 7 = 8 ... 4

木 | 金　土　日　月　火　水　木 |
　　　　　　　　一　週　間
　　　1　2　3　4

4日目は月曜日である。

答　②

No.5

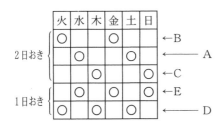

	火	水	木	金	土	日	
	○			○			←B
		○			○		← A
			○			○	←C
		○		○		○	←E
	○		○		○		← D

B，C，Eがア〜ウの条件から上のようになり，A，Dも上のように決まる。

したがって，CとEは土曜日に会わない。

答　④

第17章　その他の問題

（問題，本文 93 ページ）

No.1

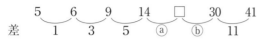

差が奇数の階差数列になっていることがわかる。
したがって@は 7，⑥は 9 で成り立つので
□の中には 21 が入る。

答　③

No.2

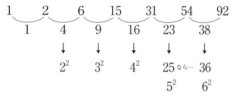

したがって 54 が間違っている。
正しくは，56 である。

答　④

No.3

この数列は，
1，2，3，4，5，4，3，2
の繰り返しであることがわかる。
$127 = 8 \times 15 + 7$
より，15 回繰り返して，さらに 7 番目が求める数である。
よって，127 番目は 3。

答　③

No.4

この数列は，前の 2 つの数字を足したものが次の数字になっている。

したがって （　）内に入る数字は，$55 + 89 = 144$

答　③

No.5

$$1,\ \frac{1}{2},\ \frac{1}{6},\ \left(\quad\right),\ \frac{1}{120},\ \frac{1}{720},\ \frac{1}{5040}$$

$$\underbrace{}_{\times\frac{1}{2}}\ \underbrace{}_{\times\frac{1}{3}}\ \underbrace{}_{\times\frac{1}{4}}\ \underbrace{}_{\times\frac{1}{5}}\ \underbrace{}_{\times\frac{1}{6}}\ \underbrace{}_{\times\frac{1}{7}}$$

これより，$\dfrac{1}{6}\times\dfrac{1}{4}=\dfrac{1}{24}$

答 ③

No.6

分母に注目すると，5，7，□，11となっているので，最初の2つの項の分母は，1，3と考えられる。

$$\frac{3}{1},\ \frac{12}{3},\ \frac{21}{5},\ \frac{30}{7},\ \frac{\square}{9},\ \frac{48}{11}$$

次に，分子は9ずつ増えているので，

□の値は$\dfrac{39}{9}=\dfrac{13}{3}$

答 ②

No.7

$$\begin{array}{cccccccccc}
& \times2 & \times2 & \times2 & \times2 & \times2 & \times2 & \times2 & \times2 & \times2 \\
1 \to & 2 \to & 4 \to & 8 \to & 16 \to & 32 \to & 64 \to & 128 \to & 256 \to & 512 \\
\hline
1 \to & 2 \to & 4 \to & 7 \to & 11 \to & 16 \to & 22 \to & 29 \to & 37 \to & 46 \\
& +1 & +2 & +3 & +4 & +5 & +6 & +7 & +8 & +9
\end{array}$$

整数を分数に直すのがポイント。

答 ④

No.8

$$\begin{array}{cccccccccc}
& +1 & +1 & +1 & +1 & +1 & +1 & +1 & +1 & +1 \\
1 \to & 2 \to & 3 \to & 4 \to & 5 \to & 6 \to & 7 \to & 8 \to & 9 \to & 10 \\
\hline
1 \to & 2 \to & 4 \to & 8 \to & 16 \to & 32 \to & 64 \to & 128 \to & 256 \to & 512 \\
& \times2 & \times2 & \times2 & \times2 & \times2 & \times2 & \times2 & \times2 & \times2
\end{array}$$

整数を分数に直し，約分された分数を元に戻すのがポイント。

答 ④

No.9

もし一定の法則があるとすれば，相対する数にあることがわかる。

つまり　$1^2 \to 1$

$2^2 \to 4$

したがって，$3^2 \to 9$である。

答 ②

No.10

上のように，a，b，c，dと符号をつけると，下の2つの三角形の真ん中の数dはa×b－cになっていることがわかる。

したがってAは

5 × 4 － 10 = 10

答 ③

No.11

8
3 ☐ 5
7

3 × 5 － 8 = 7 →

12
5 ☐ 6
18

5 × 6 － 12 = 18 →

6
4 ☐ 3
6

4 × 3 － 6 = 6 →

以上のことから，「左右の数を掛けて上辺の数を引く」と下の数になっていることがわかる。

したがって□の中は

15
8 ☐ 4
☐

8 × 4 － 15 = 17 →

答 ②

No.12

石は，1，3，5…と増えていく。これは，初項1，公差2の等差数列である。すなわち，石の数は，この等差数列の項の和にあたる。

n番目の石の数は，n番目までに増えた石の総数である。

よって，初項をa，公差をdとすると，

$S_n = \dfrac{n}{2} \{2a + (n-1)\,d\}$

$a = 1$，$d = 2$，$n = 12$なので，

$S_{12} = \dfrac{12}{2} \{2 \times 1 + (12-1) \times 2\}$

$\quad = 6 \times (2+22) = 144$（個）

答 ②

No.13

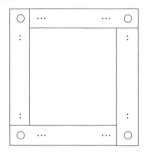

周りの数を数えるには（一辺 − 1）× 4 となる。

この問題の場合は，

（一辺 − 1）× 4 = 60

となるので，

60 ÷ 4 = 15

15 + 1 = 16（個）が一辺となる。

したがって，全部で 16 × 16 = 256（個）

答 ④

No.14

何マスずつ増えるのかを考えると，

1番目　　1個

2番目　　9個

3番目　　25個

4番目　　49個

5番目　　81個

これより，n 番目のとき，8（n − 1）個ずつ増えていく。

(1)白マスについて

白マスは奇数番号のときに増える。

すなわち，n = 3，5，7，9のとき，

1 + 8（3 − 1）+ 8（5 − 1）+ 8（7 − 1）+ 8（9 − 1）

= 1 + 16 + 32 + 48 + 64

= 161（個）

(2)黒マスについて

黒マスは偶数番号のときに増える。

すなわち，n = 2，4，6，8，10のとき，

8（2 − 1）+ 8（4 − 1）+ 8（6 − 1）+ 8（8 − 1）+ 8（10 − 1）

= 8 + 24 + 40 + 56 + 72

= 200（個）

よって，黒マスが39個多い。

答 ②

No.15

仮にそれぞれの縦列を下のように a 〜 h とおく。

a	b	c	d	e	f	g	h
1	2	3	4	5	6	7	8
16	15	14	13	12	11	10	9
17	18	19	20	21	22	23	24

列の数字を 16 で割ると

a 列：余りが 0 か 1
b 列： 〃　2 か 15
c 列： 〃　3 か 14
d 列： 〃　4 か 13
e 列： 〃　5 か 12
f 列： 〃　6 か 11
g 列： 〃　7 か 10
h 列： 〃　8 か 9　となる。

選択肢の数を 16 で割った余りは以下の通り。

① 111：余り 15，204 余り 12
② 129：余り 1，216 余り 8
③ 144：余り 0，237 余り 13
④ 163：余り 3，222 余り 14
⑤ 187：余り 11，231 余り 7

同じ列になるのは④のみ。

答　④

No.16

2 進法の応用である。

○ $2^3 = 8$
○ $2^2 = 4$
○ $2^1 = 2$
○ $2^0 = 1$

計 15（回）

答　④

No.17

5^0	○				a
5^1	○				b
5^2	○				c
5^3	○				d

a，b，c，d が 5^0，5^1，5^2，5^3 になっていることを見つければよい。

正解は $184 - 42 = 142$

答　③

No.18

3	2	1	5	5
4	3	2	4	4
5	4	1	3	3
1	5	1	2	2
2	3	4	5	1

☆　1
△　2
○　3
□　4
✚　5

模様を上のように数字に替えてみると真ん中から渦巻き状に1……5 → 1……5となっているのがわかる。

答　⑤

No.19

1～12の和は78であるので1つのグループは26。

これを参考にし，平行線の引き方を考えると，左の通りになる。

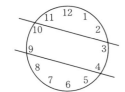

答　④

No.20

　　　　a　　b　　c　　d

ａｂから3枚を移したとする。

その結果

a：3，b：3，c：3，d：3になった。

3枚を移す前は

a：5，b：4，c：1，d：2

　　(4)　　　(5)　　　(2)　　　(1)

のいずれか。

5枚が最多である。

答　③

No.21

優勝が決まるまで69試合行われるわけだから，準決勝までで17日かかる。

したがって決勝戦は18日目である。

答　③

No.22

最も平均的な組合せ方法は次の通り。

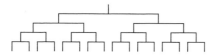

優勝者は総試合数15で決まる。次に優勝者のいるパートで優勝者と対戦した3人はもう一つの
パートの最強者とどちらが強いかわからないので、2位決定戦のために更に3試合する必要があ
る。

計18試合

計18試合

答　④

No.23

3枚使うとき

1枚目	2枚目	3枚目	合計
100	100	100	<u>300</u>
100	100	50	<u>250</u>
100	100	10	<u>210</u>
100	50	50	<u>200</u>
100	50	10	<u>160</u>
100	10	10	<u>120</u>
50	50	50	150
50	50	10	<u>110</u>
50	10	10	<u>70</u>
10	10	10	<u>30</u>

2枚使うとき

1枚目	2枚目	合計
100	100	200
100	50	150
100	10	110
50	50	100
50	10	<u>60</u>
10	10	<u>20</u>

1枚だけ使うとき

<u>100</u>
<u>50</u>
<u>10</u>

合計が同じものを除くと、10 + 6 + 3 − 4 = 15（通り）（下線が引いてあるものが答え）

答　④

No.24

$$\begin{cases} A = (10 - C) + 3 \\ B = (10 - A) + (10 - C) + 1 \\ C = 6 \end{cases}$$

A = 7
B = 8

答　③

No.25

1～9の和は45であるから残り5枚の表の和は45 − 24 = 21

残り5枚の表と裏の和は50であるから残り5枚の裏の和は50 − 21 = 29

答　④

No.26

B～Gに入る数は，それぞれ周りの6つの数にAをかけたものである。

つまり

B = A × 6

C = A × 1

D = A × 4

E = A × 3

F = A × 9

G = A × 8

この合計点数が279点なので，

$$B + C + D + E + F + G = A \times 6 + A \times 1 + A \times 4 + A \times 3 + A \times 9 + A \times 8$$
$$= A \,(6 + 1 + 4 + 3 + 9 + 8)$$
$$= 31\,A$$
$$= 279$$

よって，A = 9

答　①

No.27

この時計は1時間に20分進むから，この時計の80分間は正しくは60分間である。よって，この時計の2時から10時までの8時間は，この時計では

8 × 60 = 480（分間）経過しているが

これを正しい時間に直すと

$\dfrac{480}{80} = 6$　である。

答　④

No.28

分銅を2つ使ってうまく量ると4つの重さを量ることができる。たとえば1gと3gを使うと1g，3g以外に，3 − 1 = 2g，3 + 1 = 4gも量ることができる。あと5gから10gまで1g単位で量ることができればいいので，1g，3gの他に6gか7gか8gか9gのどれかがあればよい。よって答えは3個となる。（5gでは5 + 4gで10gが量れないため不適。また10gも10 − 4gで5gが量れないため不適。）

答　①

No.29

まず，Aの移動距離を考える。

エスカレータの距離をaとすると，上下エスカレータ間の距離は1.5a。

Aは2階下りエスカレータから間違って1階に降り（a），そこから上りエスカレータに移動し（1.5a），1階から4階に移動した（3a）。よって，移動距離は

a ＋ 1.5a ＋ 3a ＝ 5.5a

次にBを考えると，Aと同じ5.5a分の移動ということは0.5の端数があるので，1.5aの移動があることが分かる。待ち合わせが4階の上りエスカレータ乗り口なので，下りエスカレータ乗り口から上りエスカレータへ乗り口の移動（1.5a）と4階分（5.5a － 1.5a）の移動をしたことになる。

選択肢より，電話の時点でBがいたのは8階の下りエスカレータ乗り口である。

答 **③**

第18章　平面図形（1）平面構成

（問題，本文104ページ）

No.1

8本であるから，まず1本の直線をとって考えると，7個の交点がある。次の1本は6個，以下5，4，3，2，1となる。

したがってその和28個が交点の数である。

答　④

No.2

最小の三角形の面積を1として考えると

面積 1 の△ 16

面積 4 の△ 7

面積 9 の△ 3

面積 16の△ 1

　　　　　合計　27（個）

答　③

No.3

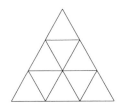

一辺についてまず考え，それを3倍すればよい。

台形の最も小さいもの

4×3＝12…この中に1つ逆さになっているのを見逃すので要注意。

二番目

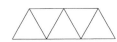　　　1×3＝3

最大のもの

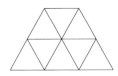　　　1×3＝3

合計18個

答　②

No.4

順序よく数えていくのがコツ。

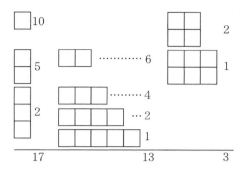

17　13　3

合計 33 個

答　①

No.5

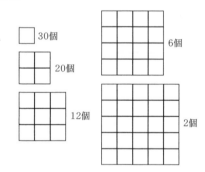

合計 70 個

答　④

No.6

最小の直角三角形の面積を1とすると

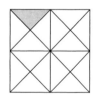

面積1…16
面積2…16
面積4…8
面積8…4
合計 44 個

答　①

No.7

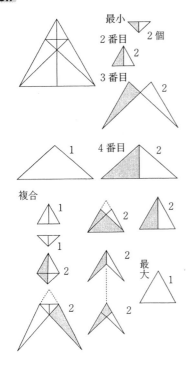

別解

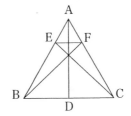

ＢＣを一辺とする三角形は４。
ＡＢを一辺とする三角形は２。
ＡＣを一辺とする三角形は２。
ＡＥを一辺とする三角形は３。
ＡＦを一辺とする三角形は３。
ＥＦを一辺とする三角形は４。
1/2 ＥＦを一辺とする三角形は４。
ＦＢを一辺とする三角形は１。
ＦＣを一辺とする三角形は１。
合計 24 個

答 ⑤

No.8

一辺の長さ１…９個
一辺の長さ２…４個
一辺の長さ３…１個
　　　　　　　計 14（個）
一辺の長さ$\sqrt{2}$…４個

一辺の長さ$\sqrt{5}$…２個
　　　　　　　合計 20（個）

答 ④

No.9

（それぞれの図形の数は，逆さまになっているもの，裏返しになっているものを含む。）

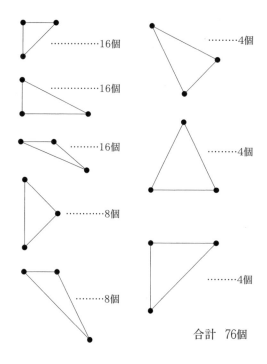

········16個

········4個

········16個

········16個

········4個

········8個

········8個

········4個

合計　76個

（別解）

9個の点から任意の3点を選ぶので，

$$_9C_3 = \frac{\overset{3}{\cancel{9}} \times \overset{4}{\cancel{8}} \times 7}{\underset{1}{\cancel{3}} \times \underset{1}{\cancel{2}} \times 1} = 84$$

このうち，直線は省かれるので　84 − 8 = 76（個）

答　②

No.10

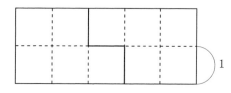

小正方形の1辺の長さを1として，与えられた図形を上図のように組み合わせて，縦2×横5の長方形を作る。

縦横の長さの最小公倍数を求めれば，いくついるのかがわかる。

2と5の最小公倍数は10なので，縦2×横5の長方形が10個あれば大正方形ができる。

これは与えられた図形を2個組み合わせているので，必要な数は

2 × 10 = 20（個）

答　④

No.11

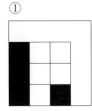

格子の白い部分の数を考える。
図2から，残っている白い部分は9つ。
各選択肢の白い部分は，①＝4，②＝2，③＝3，④＝1，⑤＝3。

①を使ってしまうと，残り3枚をどう組み合わせても，白い部分が9にならない。
したがって，いらないのは①。

答　①

No.12

①   ②   ③   ④   ⑤

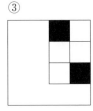

③は黒く塗られている部分が逆である。

答　③

No.13

小正方形1つの面積を1単位とすると，①は3単位，②・③は4単位，④・⑤は5単位となる。
完成形の大きな正方形は16単位なので，まず①～⑤のうちどれが不要かを考えるとよい。

3 + 4 + 4 + 5 + 5 − ○ = 16

21 − ○ = 16

よって○＝5となるので，不要なのは④か⑤のいずれかであることがわかる。
ここで，③の図形は置く場所が限定されるので，まず最初に場所を決定する。回転させて同じ型
になるものを除くと置き方は2種類しかないことがわかる。

A．このパターンはOK　　　B．このパターンは，左側に入る図形がない→NG

よってAの場合のみを考えるとよい。
④か⑤のどちらかが不要なので，Aでのそれぞれの置き方を考えてみると，

・④の場合

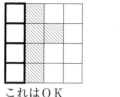

これはOK　　　　　　これは NG

・⑤の場合

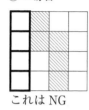 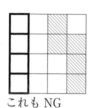

これは NG　　　　　　これも NG

以上より，⑤の図形が不要であることがわかる。

答　⑤

No.14

以上，4種類

答　③

No.15

例を作ると，下のようになる。正三角形はできない。

二等辺三角形　　　長方形　　　　平行四辺形　　　　台形

答　①

No.16

斜線が施されている三角形はすべて合同な直角二等辺三角形なので，作ることができる角は45の倍数になる。ところが選択肢の中に，すべての角が60°である正三角形が含まれている。この形は絶対に作ることができないということは明らかである。

なお，その他の形の完成図は次の通り。

答　①

No.17

一番最後の状態から，順に戻っていくとよい。

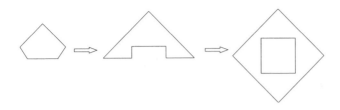

答　④

No.18

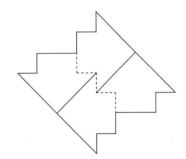

答　①

（問題，本文 112 ページ）

No.1

下の図のような軌跡になる。

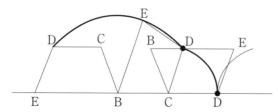

答　②

No.2

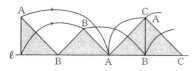

答　①

No.3

答　②

No.4

答　③

No.5

円上の円の回転は「円周上の円の回転＋内円の移動角」となる。

大円の $\frac{1}{4}$ 円周目に来た時，小円は図の位置にある。円周上で 1 回転，内円の移動角が $90° = \frac{1}{4}$ 回転なので $1\frac{1}{4}$ 回ったわけである。

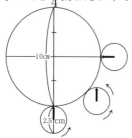

したがって元の位置まで来た時は

$1\frac{1}{4} \times 4 = 5$ （回転）している。

答　④

No.6

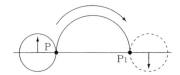

半径が $\frac{1}{2}$ だから大円の半円周が小円の円周である。したがって上図のように小円の点 P は P_1 に来るので，矢印は下を向いている。

答　③

No.7

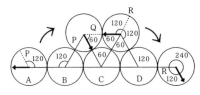

目安として矢印を A につけておくと矢印は上のように動いていく。上の図の数字は角度を示したものである。

まず P は次の P へ，Q は次の Q へ，R は最後の円の R へと動いていく。

矢印は $1\frac{2}{3}$ 回転したことになる。

答　④

No.8

大きな円の円周の $\frac{1}{4}$ と小さい円の円周が等しいので，半径も $\frac{1}{4}$ になる。

大きい円の半径：小さい円の半径＝4：1になる。

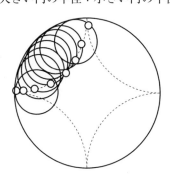

答　②

No.9

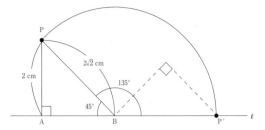

PA ＝ AB ＝ 2cm の直角二等辺三角形なので PB ＝ $2\sqrt{2}$cm

軌跡は上図のような弧を描くので

$$4\sqrt{2} \times \frac{135°}{360°} \times \pi = 4\sqrt{2} \times \frac{3}{8} \times \pi = \frac{3\sqrt{2}}{2}\pi \quad (\text{cm})$$

答 ④

No.10

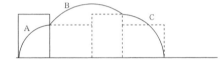

Aの部分

軌跡は円弧。半径は短い方の辺 ＝ 3 cm，回転角度は 90° なので，

$$\pi \times 3 \times 2 \times \frac{90}{360} = \frac{3}{2}\pi \quad (\text{cm})$$

Bの部分

軌跡は円弧。半径は長方形の対角線。この長さを r cm とおくと，三平方の定理より，

$$r^2 = 3^2 + 4^2 = 25 \quad \therefore r = 5 \quad (\text{cm})$$

よって円弧の長さは，

$$\pi \times 5 \times 2 \times \frac{90}{360} = \frac{5}{2}\pi \quad (\text{cm})$$

Cの部分

軌跡は円弧。半径は長い方の辺 ＝ 4 cm，回転角度は 90° なので，

$$\pi \times 4 \times 2 \times \frac{90}{360} = 2\pi \quad (\text{cm})$$

これをたして，

$$\frac{3}{2}\pi + \frac{5}{2}\pi + 2\pi = 6\pi \quad (\text{cm})$$

答 ④

第20章　立体図形 (1) 正多面体

（問題，本文 117 ページ）

No.1

④はAの対面が2つあり（斜線部）立方体にならない。他は立方体になる。

答　④

No.2

①　正六面体は立方体のみ。

②　正五面体はない。

③　Aの対面が2つあって×。

⑤　正十二面体は正五角形が12である。

答　④

No.3

立方体にリボンをかけると，真上と真下のみリボンが交差することがわかり，Aと向かい合う面が答えとなる。

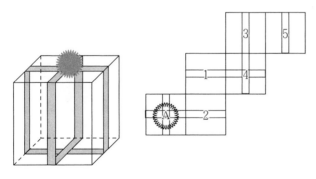

答　④

No.4

下図のように面を移動させると，辺 JM と重なることがわかる。

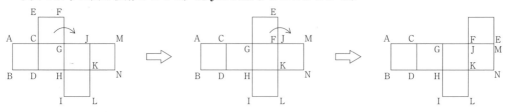

答　④

No.5

正八面体の平行面は，下図のようになる。
（同じアルファベットが平行面）

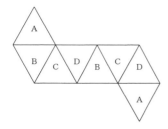

与えられた展開図を移動させると以下のようになる。よって⑤。

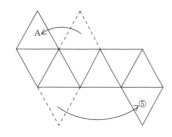

答　⑤

No.6

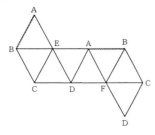

頂点が同じものには同じ符号をつけたのが上の展開図である。したがって問題の図で辺ＡＢと重なるのは辺ＩＨである。

答　①

No.7

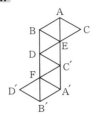

同じ頂点と同じ辺は上のようになっている。

① ＡＢとＢ′Ｄ′が重ならず　×
② ＡＣとＡ′Ｃ′が重なるので　○
③ ＣとＡ′，ＢとＤ′が別々で　×
④ ＡＣとＢ′Ｄ′が重ならず　×
⑤ ＢＤとＡ′Ｃ′が重ならず　×

答　②

No.8

①平行　②平行　③平行　④辺ＱＰ // 辺ＭＮ　⑤平行

答　④

No.9

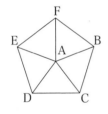

正二十面体の一つの頂点から見ると，左図のようになっている。正二十面体の頂点は12あるのでＡから対角線を引ける対象になる頂点は6個。したがってＡから対角線は6本引ける。

Ａから6 ⎫
Ｂから6 ⎬ 36本
⋮
Ｆから6 ⎭

この図の反対側に6個の頂点があるが，それからの対角線はすべて重複する。

答　②

No.10

平行面は5つ目

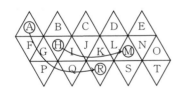

（面Ａ // 面Ｒに注意）

① 面Ａと平行なのは面Ｒである。
② 面Ｆと平行なのは面Ｋである。
③ 面Ｈと平行なのは面Ｍである。
④ 面Ｂと平行なのは面Ｓなので正しい。

― 117 ―

⑤　面Cと平行なのは面Tである。

答　④

No.11

頂点の数が6個，辺の数が12である正多面体は，正八面体。正八面体は上下4つずつ面があり，これを隣どうし結ぶと，

・頂点＝8個，辺の数＝12本

・それぞれの辺の長さは等しく，垂直に交わる

よって，正六面体（＝立方体）

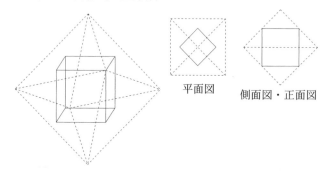

平面図　　　側面図・正面図

答　②

No.12

問題文の図形は，以下のようになる。

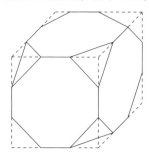

辺の数は，もとの12本に加えて $3 \times 8 = 24$ 本増えるので合計 $12 + 24 = 36$ 本。

また頂点の数は，もとの8個の頂点に対応してそれぞれ3つずつの頂点ができるので $8 \times 3 = 24$ 個である。

したがって，④が正解となる。

答　④

No.13

答　①

No.14

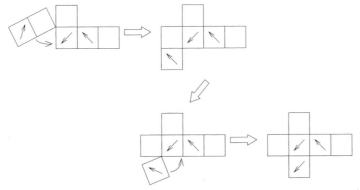

①～⑤を展開すると，

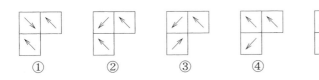

同じものは⑤

答 ⑤

No.15

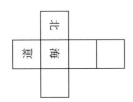

展開図を移動させていき，最終的にこの図のようになればよい。
正しいのは⑤。

答 ⑤

No.16

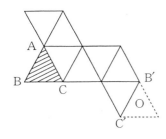

図のようにこの展開図は斜線部の辺ＢＣと辺Ｂ′Ｃ′は重なる。
したがって辺Ｂ′Ｃ′を一辺とする面Ｏが斜線部の面ＡＢＣと重なる。

答 ①

No.17

②以外はすべて方向や位置が異なる。

答　②

No.18

各面に番号をつけてみる。

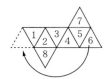

6を左端に移すことが可能なので移す。

この部分だけの展開図は次のようになる。

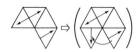

これは④と同じ

選択肢の部分展開図

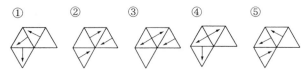

答　④

No.19

Aの展開図は1と2が向かい合う面となり，Bの展開図は2と5が向かい合う面となる。Cの展開図は3と5，1と2と5がそれぞれ重なるのでCのみが答えとなる。

答　①

No.20

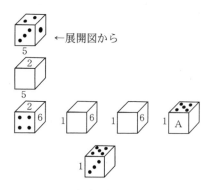

1－5－Aの時計回りでAは3。

答　②

No.21

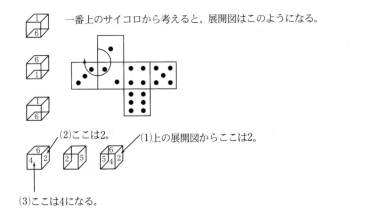

一番上のサイコロから考えると，展開図はこのようになる。

(2)ここは2。　(1)上の展開図からここは2。

(3)ここは4になる。

No.22

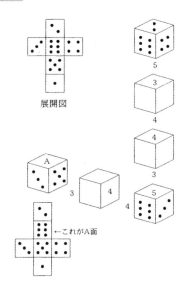

展開図

A

←これがA面

No.23

対面の数の和が7のサイコロの展開図は次の2通りある。

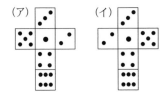

(ア)　(イ)

(ア)(イ)共⚃の回りは⚀, ⚁, ⚂, ⚅

接する面の目を考えると，⚅がくることはない。よって接する面の目は⚀か⚁か⚂。

そこで，それぞれの目について，場合分けする。

(ア)の場合

(a) 1のとき

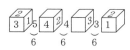

$$2 + 2 = \underline{4}$$

(b) 2のとき

4の目が重複するので×

(c) 5のとき

2個目のサイコロが3個目のサイコロと接する面の目の数が6になり，3個目の接する面の数字が当てはまらないので×

(イ)の場合

(a) 1のとき

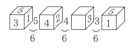

$$5 + 5 = \underline{10}$$

(b) 2のとき

(ア)の(b)と同様×

(c) 5のとき

(ア)の(c)と同様×

よってA＋Bは4か10。

答 ⑤

No.24

問題の上段左の展開図をベースにする。

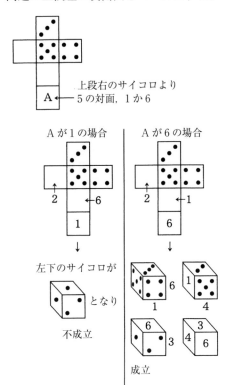

上段右のサイコロより
A ← 5の対面，1か6

Aが1の場合　　Aが6の場合

左下のサイコロが

となり

不成立

成立

No.1

上の段からブロックは1，2，3，4……となっているので

$$1 + 2 + 3 + \cdots + n \leqq 5000$$

$$\frac{n(n+1)}{2} \leqq 5000$$

$$n(n+1) \leqq 10000$$

nは自然数だから，これを満たす最大のnは99

よって，$1+2+3+\cdots+99=$

$$\frac{99 \times 100}{2} = 4950$$

$5000 - 4950 = 50$（個）

答　②

No.2

上の段との差

1段目：	1	
2段目：	5	4
3段目：	13	8
4段目：	25	12
5段目：	41	16
6段目：	61	20
7段目：	85	24
8段目：	113	28
計　：	344 (cm^3)	

答　④

No.3

この立体の場合は，平面図，側面図，正面図を描き，それぞれの面積を2倍（上下，左右，前後）にして足せば，表面積が出る。

A．平面図

$$5 + 3 + 3 + 2 + 1 = 14 \ (cm^2)$$

B．側面図

$$1 + 2 + 3 + 5 = 11 \ (cm^2)$$

Ｃ．正面図

$2 + 3 + 3 + 5 = 13$（cm^2）

したがって，$(14 + 11 + 13) \times 2 = 76$（cm^2）

答　④

No.4

この大立方体から，崩れないように１個の小立方体を抜く抜き方は，以下の３通りある。

Ａは白の面積が３面，Ｂは４面，Ｃは５面である。

したがって，最大は５面。

答　⑤

No.5

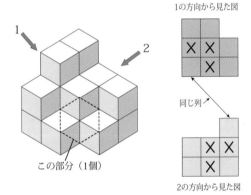

間に挟まれている立方体は１色塗れない。

（図中の×）→５個

答　②

No.6

切断面は下図の通り「ひし形」。

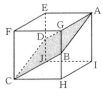

２列目と角(B)は上下２個が切られる。

24 個切ることになる。

No.7

まず A B と A D は直交しているし，長さの比は $\sqrt{2}$: 1 である。
次に A C は A B と 45° の角をなしている。
長さは 1 。
左図のように △A C D は位置している。したがって A B を軸に回転すれば次のようになる。
（ C D の長さは $\sqrt{2}$ だが △A C D は A B に対し斜めになっている）

答 ②

No.8

最大個数は，$3 \times 3 \times 3 = 27$（個），最小個数は以下の通りになる。

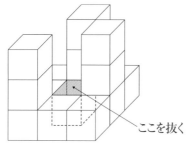

ここを抜く

1個	3個	1個
1個	0個	3個
3個	1個	1個

上から見た個数

したがって，14 個。
よって，$27 - 14 = 13$（個）。

答 ②

No.9

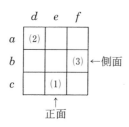

3×3 の平面図を描いてその上に何個の立方体が乗れば問題の図になるかを考えてみる。
最初に $b - f$ の(3)が決まる。
次に $c - e$ の(1)，$a - d$ の(2)が決まる。
これだけで充分である。（6 個）

答 ①

No.10

立体の投影図は通常，見える線を実線で，見えない線を破線で描く。

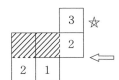

$a×a×a$ の立方体を1個として正面図から得られる情報を平面図に書き込むと，左のようになる（元の直方体が $a×a×2a$ なので，立方体は10個になる）。

これから，斜線部は立方体2個分，つまり直方体が1個分しかないことになり，斜線部の下の部分は空洞になっている。

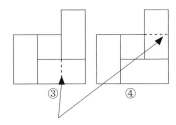

矢印の方から見るので，①と②は☆の位置が逆。
③と④は破線部分に立体がない。

答 ⑤

No.11

←このように切ると，五角形はできるが，正五角形はできない。他の図形は下のように切断するとできる。

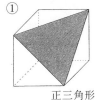 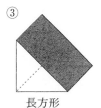 

① 正三角形　② 台形　③ 長方形　⑤ 正六角形

答 ④

No.12

正四面体は4枚の正三角形からできている。1回の切断で正方形，長方形，台形はできるが，ひし形はできない。

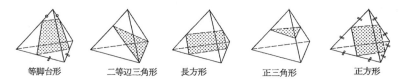

等脚台形　　二等辺三角形　　長方形　　正三角形　　正方形

※等脚台形…向かい合う2組の辺のうち，平行でない方の二辺の長さが等しい台形。

答　③

No.13

正二十面体を1つの頂点から見ると，図のようになる。1つの頂点を含んで切り取るのだから，最低五角形。

答　③

No.14

同じ面にある点どうしは結び，向かい合う面は平行に直線を引くとよい。

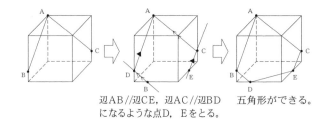

辺AB//辺CE，辺AC//辺BD
になるような点D，Eをとる。　　　五角形ができる。

答　④

No.15

図の直角三角形を m の周りに回転させると，できる立体は円すいとなる。円すいを切断してできる図形は選択肢にある5つの図形だが，この問題のように回転軸に対して斜めに切ると，切断面はだ円になる。

答　②

No.16

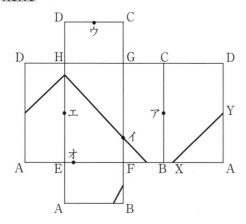

線分ＸＹから展開図にＡ～Ｈと切断面を書き込むと，上図の通り。

よって，イ。

答　②

第2編　資料解釈

第1章　資料解釈の基礎

（問題，本文136ページ）

No.1

1人当たりの工数は次の通り。

$$\frac{4}{1} = 4$$

$$\frac{9}{2} = 4.5$$

$$\frac{13}{3} = 4.3$$

$$\frac{22}{5} = 4.4$$

$$\frac{27}{7} = 3.8$$

$$\frac{35}{10} = 3.5$$

選択肢

① 2人が最大

② 順次減少はしていない

③ ×

④ ×

⑤ ○

答　⑤

No.2

① 一般：$\frac{274}{7} ≒ 39.1$

産業：$\frac{105}{9} ≒ 11.7$

観光：$\frac{17}{3} ≒ 5.7$

最も安いのは観光道路である。
これが誤り。

②④ 一般：$\frac{274}{45} ≒ 6.09$

産業：$\frac{105}{115} ≒ 0.91$

観光：$\frac{17}{27} ≒ 0.63$

したがって②，④はともに正しい。

③⑤ 一般：$\frac{45}{7} ≒ 6.4$

産業：$\frac{115}{9} ≒ 12.8$

観光：$\frac{27}{3} = 9$

全体：$\frac{187}{19} ≒ 9.8$

したがって③，⑤はともに正しい。

答　①

No.3

A 日本の女性とカナダの女性を比べると，
日本女性：勤務時間＝6：09
家事時間＝3：29
カナダ女性：勤務時間＝5：50
家事時間＝2：54
勤務時間は日本女性の方が長いが，家事時間はカナダ女性の方が短い。
したがって，この記述は誤り。

B 日本の場合，女性の方が睡眠時間が短い。

C この5カ国中，女性の家事時間が一番長いのはイギリス。女性の拘束時間が一番長いのは日本。したがって，「家事時間が長いほど，拘束時間全体がおおむね長い」とはいえない。

DとEは正しい。

答　②

No.4

① この表は，制作本数であって，上映本数ではない。

② この表から人口は求められない。

③ B　233÷405≒0.575＝57.5%

C　276÷395≒0.699＝69.9%

D　145÷198≒0.732＝73.2%

E　328÷615≒0.533＝53.3%

以上のことから最も多いのはD国

正しい。

④　A　460÷368≒1.3

　　B　405÷148≒2.7

　　C　395÷138≒2.9

　　D　198÷332≒0.6

　　E　615÷111≒5.5

以上のことから最も少ないのはD国。

⑤　年間平均鑑賞本数の大きいものを選べば
よく，最も大きいのはE国である。

答　③

No.5

（各選択肢を「前者」と「後者」にわけて解
説する。）

①　前者：171÷248≒0.690＝69.0%

　　後者：46÷71≒0.648＝64.8%

　　　　　69.0−64.8＝4.2（%）

　　5%未満である。

②　前者：5÷33≒0.152＝15.2%

　　後者：18÷109≒0.165＝16.5%

　　　　　16.5−15.2＝1.3（%）

　　2%未満である。

③　前者：71÷1576≒0.045＝4.5%

　　後者：114÷1576≒0.072＝7.2%

　　　　　7.2−4.5＝2.7（%）

　　2%を超えている。

④　前者：171÷828≒0.207＝20.7%

　　後者：109÷748≒0.146＝14.6%

　　　　　20.7−14.6＝6.1（%）

　　7%未満である。正しい。

⑤　前者：128÷828≒0.155＝15.5%

　　後者：89÷748≒0.119＝11.9%

　　　　　15.5−11.9＝3.6（%）

　　4%未満である。

答　④

No.6

①　2016年・2017年のデータがないので算出
不能。

②　$\dfrac{73596-(10938+5700)}{1673411-(19172+322)}=\dfrac{56958}{1653917}$

÷0.034　約3,400万円である。

③　商店数：14543÷1614067≒0.009＝0.9%

　　販売額：6750÷56029≒0.120＝12%

　　15%以下である。

④　百貨店：4613÷324≒14.24

　　セルフ：6750÷14543≒0.46

　　14.24÷0.46≒30.96

　　30倍以上である。正しい。

⑤　①と同様算出不能。

答　④

No.7

1kg当たりの生産費＝生産費÷収穫量

1kg当たりの売上げ＝売上げ÷収穫量

で求められる。

それぞれを計算すると，以下の通りになる。

	純益	1kg当たりの生産費	1kg当たりの売上げ
A	− 49,691	184.78	170.53
B	9,973	158.61	162.62
C	− 105,830	268.93	215.88
D	122,341	86.95	114.51
E	− 100,987	275.03	198.93
F	12,626	140.49	146.13

①　10倍に達していない。

②　100円以上である。

③　Aの方が多い。

④　最も高いのはEである。

答　⑤

No.8

①　各国の自給率は，以下の通り。

　　A国：34532÷68129≒0.507＝50.7%

　　B国：35391÷23681≒1.494＝149.4%

　　C国：57÷21267≒0.0027＝0.27%

　　D国：14524÷13881≒1.046＝104.6%

　　E国：40113÷8747≒4.586＝458.6%

　　自給率が最も高いのはE国，2番目に高
いのはB国である。正しい。

②　E国：31366÷40113≒0.782＝78.2%

　　B国：12740÷35391≒0.360＝36.0%

　　A国とD国は産出量に比べて輸出量が極
端に少なく，C国は輸出そのものがない
ので，40%以上にならないのは，計算し

なくても明白である。
したがって該当するのはE国のみである。

③　$1030 \div 23681 \doteqdot 0.043 = 4.3\%$
　　5％未満である。

④　①の計算から，0.2％は割っていない。

⑤　$31366 \div 40113 \doteqdot 0.782 = 78.2\%$
　　8割未満である。

答　①

No.9

①　精白米200gのエネルギー量：
　　$356 \times 2 = 712$（kcal）
　　サツマイモ300gと牛乳500gのエネルギー量：
　　$126 \times 3 + 59 \times 5 = 378 + 295 = 673$（kcal）
　　精白米200gの方がエネルギー量が多い。

②　同じ量のタンパク質を摂取するので，鶏卵には牛乳の何倍のタンパク質が含まれているかがわかればよい。
　　$12.3 \div 2.9 \doteqdot 4.24$
　　したがって4.24倍摂取すればよい。

③　リンゴ300gの糖質：$13.1 \times 3 = 39.3$
　　精白米50gの糖質：$75.5 \times 0.5 = 37.75$
　　リンゴ300gの方が糖質が多い。

④　リンゴ：$3 \div 50 = 0.06$
　　精白米：$6 \div 356 \doteqdot 0.017$
　　精白米の方が少ない。

⑤　リンゴ：$0.01 \div 0.1 = 0.1$
　　鶏卵：$0.08 \div 11.2 \doteqdot 0.0071$
　　精白米：$0.12 \div 1.3 \doteqdot 0.092$
　　サツマイモ：$0.1 \div 0.2 = 0.5$
　　牛乳：$0.03 \div 3.2 \doteqdot 0.0094$
　　2番目に大きいのはリンゴである。正しい。

答　⑤

No.10

①　福岡県の品種A：$36.8 \times 0.61 \doteqdot 22.4$
　　長崎県の品種B：$33.2 \times 0.58 \doteqdot 19.3$
　　福岡県の品種Aの方が多い。

②　鹿児島県の品種D：$41.7 \times 0.81 \doteqdot 33.8$
　　長崎県のこの作物の全収穫量は33.2なので，鹿児島県の品種Dの方が多い。正しい。

③　佐賀県の品種C：$51.4 \times 0.42 \doteqdot 21.6$
　　長崎県の品種C：$33.2 \times 0.26 \doteqdot 8.6$
　　$21.6 + 8.6 = 30.2$
　　大分県の品種A：$44.9 \times 0.71 \doteqdot 31.9$
　　大分県の品種Aの方が多い。

④　大分県の品種E：$44.9 \times 0.14 \doteqdot 6.3$
　　宮崎県の品種E：$53.1 \times 0.10 \doteqdot 5.3$
　　大分県の方が多い。

⑤　熊本県の品種Bと品種D：
　　$48.5 \times (0.57 + 0.26) = 48.5 \times 0.83 \doteqdot 40.3$
　　鹿児島県のこの作物の全収穫量は41.7なので，鹿児島県の方が多い。

答　②

No.11

①　フランス：$3085 \times 0.402 \doteqdot 1240.2$
　　イギリス：$3035 \times 0.374 \doteqdot 1135.1$
　　フランスの方が多い。

②　アメリカ：$3462 \times 0.235 \doteqdot 813.6$
　　日本：$2669 \times 0.471 \doteqdot 1257.1$
　　$813.6 \div 1257.1 \doteqdot 0.647 = 64.7\%$
　　60％を超えている。

③　アメリカ：$109.0 \times 0.663 \doteqdot 72.3$
　　フランス：$112.5 \times 0.679 \doteqdot 76.4$
　　フランスの方が多い。
　　※フランスの方がタンパク質摂取量が多く，割合も大きいので，計算しなくてもわかる。

④　動物性タンパク質の摂取量が19.2％なので，それ以外の摂取割合は80.8％
　　$63.6 \times 0.808 \doteqdot 51.4$
　　50gを超えている。正しい。

⑤　$54.6 \div 152.6 \doteqdot 0.358 = 35.8\%$
　　35％を超えている。

答　④

No.12

①　2004年，2007年，2016年の3回。

②　2004年：$61643 \div 86427 \doteqdot 0.713 = 71.3\%$
　　この年だけ7割を超えている。

③　全体：$43060 \div 96759 \doteqdot 0.445 = 44.5\%$
　　男性：$20969 \div 46957 \doteqdot 0.447 = 44.7\%$
　　女性：$22091 \div 49802 \doteqdot 0.444 = 44.4\%$

すべて45%を下回っている。正しい。

④ 2013〜2016年：

$51010 \div 49802 - 1 \div 0.0243 = 2.43\%$

2016〜2019年：

$52185 \div 51010 - 1 \div 0.0230 = 2.30\%$

この2回は，3％を下回っている。

⑤ $58269 \div 43060 - 1 \div 0.353 = 35.3\%$

35％を超えている。

答 ③

No.13

① B国：$1167 \div 1377 \div 0.847 = 84.7\%$

C国：$1150 \div 1340 \div 0.858 = 85.8\%$

C国の割合が最も高い。

② D国：$819 \div 1512 \div 0.542 = 54.2\%$

F国：$406 \div 562 \div 0.722 = 72.2\%$

2カ国ある。

③ 「人口＝自動車保有台数×1台当たり人口」

で求められる。

$980000 \times 545 = 534100000$

5億人を超えている。

④ F国の乗用車：$156 \div 562 \div 0.278 = 27.8\%$

G国のバス・トラック：

$95 \div 463 \div 0.205 = 20.5\%$

ほぼ同じとはいえない。

⑤ D国：$1512 \times 6.8 = 10281.6$

B国：$1377 \times 3.7 = 5094.9$

$10281.6 \div 5094.9 \div 2.02$

2倍以上である。正しい。

答 ⑤

No.14

① B年のその他情報サービス業

：$2997 \div 118 \div 25.4$

A年のその他情報サービス業

：$2712 \div 120 \div 22.6$

A年のその他情報サービス業の方が少ない。

※A年の方が従業員数が少なく，事業所数は多いので，計算しなくても判断できる。

② A年のソフトウェア業

：$117348 \div 423 \div 227.4$

A年の情報処理サービス業

：$542181 \div 1885 \div 287.6$

情報処理サービス業の方が多い。

③ A年：$163807 \div 1885 \div 86.9$

B年：$235411 \div 2412 \div 97.6$

$97.6 - 86.9 = 10.7$

20人未満である。

④ その他の情報サービス業は

A年 ≒ 20.4，B年 ≒ 17.7 とB年の方が少ない。

A年の情報処理サービス業

：$542181 \div 163807 \div 3.3$

B年の情報処理サービス業

：$638282 \div 235411 \div 2.7$

情報処理サービス業もB年の方が少ない。

⑤ A年：$117348 \div 18950 \div 6.2$

B年：$298664 \div 28849 \div 10.4$

B年の方が400万円以上多い。正しい。

答 ⑤

No.15

数が大きいので，有効数字3ケタの考え方を利用する。

① 「2分の1弱」とは「2分の1に少したりない」ということである。

$2030 \div 2 = 1015$

登録ホテルの軒数は1,041軒なので，2分の1を超えている。

② 2012年度末：$2030 \div 69000 \div 0.029 = 2.9\%$

2013年度末：$2050 \div 67900 \div 0.030 = 3.0\%$

増加している。

③

※注意
この選択肢で2013年度末と2014年度末を計算する場合，有効数字3ケタの考え方を利用すると
2013年度末：$119000 \div 2050$
2014年度末：$119000 \div 2050$
となってしまい，差が出ない。こういう時はきちんと計算することが必要である。

2013年度末：$119454 \div 2050 \div 58.3$

2014年度末：$118803 \div 2045 \div 58.1$

減少している。

④ $66800 \div 8110 \div 8.2$　8倍以上である。

⑤　その通りである。正しい。

答　⑤

No.16

①　比例していない。

②　戦前のことは不明で比較のしようがない。

③　正しい。

④　苦しいかどうかはわからない。

⑤　必ずしもそうとはいえない。

答　③

No.17

①　4倍である。

②　具体的な仕入額は算出できないが，2番目に多いのはD社とE社である。

③　約18.25%

④　仕入数量がE社F社同数なので，仕入総額が高い方が平均単価が高くなる。E社の方が平均単価が高い。

⑤　④と同様に仕入総額が同じだが仕入数量の少ない方が平均単価は高い。D社よりE社の方が高い。正しい。

答　⑤

No.18

①　0.5m～1.0m：0.088－0.039＝0.049

　　1.0m～1.5m：0.163－0.088＝0.075

　　ここだけみても，積雪量が少ないほど多いわけではない。

②　0.383×20＝7.66

　　7.6を超えている。

③　40m²で3m：0.523×40＝20.92

　　80m²で2m：0.263×80＝21.04

　　差は0.12で0.1以上。正しい。

④　1.0m→3.0m：0.523÷0.088≒5.94

　　2.0m→6.0m：1.695÷0.263≒6.44

　　1～3mの3倍は6倍弱だが，2～6mの3倍は6倍以上になる。

⑤　0.5m→1.0m：0.088÷0.039≒2.26

　　1.0m→2.0m：0.263÷0.088≒2.99

　　1～2mの2倍は約3倍だが，0.5～1mの2倍は3倍とはいえない。

答　③

No.19

歩道のガードレール敷設延長は，歩道延長×ガードレール敷設率で求められる。

各市のガードレール敷設延長を求めると

A市：637.3×0.520≒331.4km

B市：425.6×0.337≒143.4km

C市：397.1×0.693≒275.2km

D市：227.4×0.988≒224.7km

E市：199.4×0.922≒183.8km

F市：151.3×0.743≒112.4km

①　正しい。

②　331.4÷112.4≒2.95　3倍未満である。

③　275.2－183.8＝91.4　100km未満である。

④　230km未満である。

⑤　275.2÷331.4≒0.830＝83.0%

　　80%を超えている。

答　①

No.20

①　A国の大豆の輸出量：38×53.6%≒20.4

　　A国の大豆の生産量：158×47.4%≒74.9

　　20.4÷74.9≒0.272＝27.2%

　　正しい。

②　割合だけ見ると約1.1倍だが，全生産量にかなりの差があるため，明らかに違う。

③　A国のとうもろこしの輸出量：

　　75×56.2%≒42.2

　　A国のとうもろこしの生産量：

　　604×41.0%≒247.6

　　42.2÷247.6≒0.17＝17%

④　A国の米の輸出量：29×19.7%≒5.7

　　とうもろこしの輸出量は③参照。

　　とうもろこしの輸出量の方が多く「米の輸出量が約3.5倍」はありえない。

⑤　最も生産量が少ないのは，大麦である。

答　①

No.21

「世界の生産量・輸出量×割合」で，A国の生産量・輸出量は算出できる。

それを表にすると，以下のようになる。

（単位：百万 t）

	生産量	輸出量
小麦	96.1	18.4
大麦	12.1	2.8
米	164.4	2.8
トウモロコシ	253.5	52.3
大豆	75.3	23.0

① $18.4 \div 96.1 \fallingdotseq 0.191 = 19.1\%$
　2割以下である。

② 280万tなので，300万t未満である。

③ $164.4 \div 96.1 \fallingdotseq 1.7$
　約1.7倍である。

④ $52.3 \div 253.5 \fallingdotseq 0.206 = 20.6\%$
　2割を超えている。正しい。

⑤ $23.0 \div 12.1 \fallingdotseq 1.9$
　約1.9倍である。

答　④

No.22

①② このグラフからは判断できない。

③ 警察官1人当たりの負担人口が最も少ないことを言いかえると，人口1人当たりの警察官数が最も多いということになる。正しい。

④ $297 \div 562 \fallingdotseq 0.528 = 52.8\%$
　50%を超えている。

⑤ $386 \div 562 \fallingdotseq 0.687 = 68.7\%$

答　③

No.23

「1,000人当たりの医師数÷1,000×人口」で，医師の人数がでる。

この問題では，人口が単位1,000人なので，実際の人口は1000倍しなければならない。

したがって，「1,000人当たりの医師数×人口（単位：1,000人）」を計算すればよい。

A国：$16105 \times 3.3 = 53146.5$

B国：$10394 \times 2.1 = 21827.4$

C国：$10964 \times 4.4 = 48241.6$

D国：$7929 \times 3.4 = 26958.6$

E国：$10045 \times 4.5 = 45202.5$

よってA国→C国→E国→D国→B国の順。

答　①

No.24

固定金利とは借りた時の利率を適用し，それ以後利率が変動してもそれを反映させない金利のこと。

したがって各銀行の返済額は以下のようになる。

A銀行：$10億 \times (1 + 0.0175) \times (1 + 0.0175) \times (1 + 0.0175) \fallingdotseq 10.5342$

B銀行：$10億 \times (1 + 0.005) \times (1 + 0.005) \times (1 + 0.005) \fallingdotseq 10.1506$

C銀行：$10億 \times (1 + 0.0025) \times (1 + 0.0025) \times (1 + 0.0025) \fallingdotseq 10.0752$

したがって①が正しい。

※問題の性質上，省略算では計算しないこと。

答　①

第2章　構成比

（問題，本文154ページ）

No.1

① A市「0～5通」：10457×0.127≒1328
E市「0～5通」：9087×0.125≒1136
1328－1136＝192
A市の方が多いが，200人未満である。
誤り。

② 8477×0.309≒2619
2,700人以下である。誤り。

③ C市「6～10通」：8477×0.103≒873
D市「21～25通」：6109×0.141≒861
D市の方が少ない。誤り。

④ 7112×0.145≒1031
1,000人を超えている。誤り。

⑤ B市「21～25通」：5493×0.146≒802
F市「0～5通」：7112×0.124≒882
882－802＝80
B市の方が50人以上少ない。正しい。

答　⑤

No.2

① 生徒総数がわからないので，判断できない。

② 「未定」の中には進路未決定者も含まれており，浪人の割合が増加したために「未定」の割合が増加したかどうかは，この表からはわからない。

③ 2012年度増加率：27÷21－1≒0.286＝28.6%
2013年度　〃　：32÷27－1≒0.185＝18.5%
2014年度　〃　：40÷32－1＝0.25＝25%
2015年度　〃　：45÷40－1＝0.125＝12.5%
したがって正しい。

④ 割合は同じだが，生徒総数がわからないので判断できない。

⑤ この表からはわからない。

答　③

No.3

① 食料費は確実に増加している。

② 2019年度は食料費の増加率が住居費より高い。

③ 2011年度は減少している。

④ 正しい。

⑤ 2007年度　36.9%→110,700円
2011年度　41.8%→175,560円
増加額は64,860円で，7万円未満である。

答　④

No.4

① 2010年のDVD生産数割合：
2057÷7035≒0.292＝29.2%
2011年のDVD生産数割合：
2894÷8028≒0.360＝36.0%
2012年のDVD生産数割合：
3255÷8696≒0.374＝37.4%
2013年のDVD生産数割合：
3842÷9820≒0.391＝39.1%
2014年のDVD生産数割合：
3661÷9416≒0.389＝38.9%
4割を超えた年はない。正しい。

② 2010年のテレビ生産数割合：
4978÷7035≒0.708＝70.8%
この年は7割を超えている。

③ 2013年の録画機能付きDVD生産数割合：3490÷9820≒0.355＝35.5%
2014年の録画機能付きDVD生産数割合：3265÷9416≒0.347＝34.7%
この間は，割合が減少している。

④ 2011年のDVD生産数に占める再生専用DVD生産数の割合
245÷2894≒0.085＝8.5%
この年は9%を切っている。

⑤ 「DVD生産数＝再生専用DVD生産数＋録画機能付きDVD生産数」であることを考えると，この選択肢は「再生専用DVD生産数の割合が1割を超えない」場合に成立する。
「1割」はケタを1つずらせばいいので，各年度のDVD生産数は
2010年：205.7

2011年：289.4

2012年：325.5

2013年：384.2

2014年：366.1

となる。

2010年と2014年の再生専用ＤＶＤの生産数が，ＤＶＤ生産数の１割を超えているので，誤り。

答　①

No.5

① 2018年：8603.2÷10729.3≒0.802＝80.2％

この年だけ８割を超えている。

② 2016年：3435.5÷8549.1≒0.402＝40.2％

この年だけ40％を超えている。

③ 2016年：1412.8÷12837.9≒0.110＝11.0％

この年だけ10％を超えている。

④ 2019年：145.3÷8231.5≒0.018＝1.8％

この年だけ２％を切っている。

⑤ 2015年：5391.3÷7709.6≒0.699＝69.9％

2016年：5579.2÷8549.1≒0.653＝65.3％

2017年：5647.0÷8037.3≒0.703＝70.3％

2018年：5737.7÷8603.2≒0.667＝66.7％

2019年：5801.0÷8231.5≒0.705＝70.5％

６割を切った年はない。正しい。

答　⑤

No.6

① ５億1,000万km²

② 南半球が約１：4.2

③ 正しい。

④ 海洋は南半球が北半球の約1.3倍

⑤ この表からはわからない。

答　③

No.7

① 154.7×（0.023＋0.053＋0.036＋0.07）÷28.2

約2,820万km²になり，3,000万km²を超えていない。

② 実面積を出して比較してもいいが，基となる数（この問題の場合は154.7百万km²）が同じなので，割合でも比較できる。

9.7÷20.4≒0.475

$\frac{1}{2}$は0.5なので，それ以下。正しい。

③ 154.7×0.163≒25.2

2,500万km²を超えている。

④ 問題文意を考えると北緯０°〜20°の海洋面積の合計が50％を超えていたら正解になる。

22.0％＋20.4％＝42.4％

50％を超えていない。

⑤ 13.4÷3.6≒3.72

４倍未満である。

答　②

No.8

各項目とも，「総面積×割合」で面積が出る。それを表にまとめると，以下のようになる。

	A国	B国
農地	124,768	103,501
住宅・商業地	202,748	214,484
工業地	134,794	69,832
山地・その他	428,890	574,867
海洋	222,800	284,316

A国の方がB国よりも面積が大きな項目は，農地と工業地の２つ。

答　②

No.9

① 石油からのエネルギー供給割合は減少傾向にあるが，それがオイル・ショックによるものかどうかはわからない。

② 6.4÷1.8≒3.56

したがって1985年を100としたときの1995年は約356。

③④ エネルギー供給量は，このグラフからは計算できない。

⑤ 9.8÷6.4－1≒0.531＝53.1％　正しい。

答　⑤

No.10

① 2000年の食費：3120000×0.314＝979680

この年だけ100万円を切っている。

② 同じ年なので，割合をかける基の金額が

同じ。割合も同じなので，計算するまでもなく同じ金額になる。正しい。

③ 2000年の雑費：3120000×0.071＝221520
2005年の雑費：4250000×0.05＝212500
この項目だけ下がっている。

④ 6490000×0.078＝506220
50万円を上回っている。

⑤ 住居費：5140000×0.16＝822400
教育費：5140000×0.149＝765860
822400－765860＝56540
5万円を超えている。

答 ②

No.11

① 955.2×58.3%÷556.9
約5億5,700万人。
50,000万人＝5億人を超えている。

② 日本の0～14歳の人口：
126×14.8%÷18.6
この段階で，すでにオーストラリアの全人口より多い。正しい。

③ インドの65歳以上の人口：
955.2×4.4%÷42
日本の65歳以上の人口：
126×17%÷21.4
インドの方が多い。

④ オーストラリアの65歳以上の人口の方がアメリカ合衆国の65歳以上の人口に比べて割合，総人口共に少ない。明らかに誤り。

⑤ スウェーデンの0～14歳の人口：
8.8×18.7%÷1.65
約165万人となり，180万人もいない。

答 ②

No.12

①④⑤ このグラフから，実際の生徒数を求めることはできない。

② 2005年：15.2÷53.2÷0.286＝28.6%
2015年：17.4÷46.5÷0.374＝37.4%
37.4%－28.6%＝8.8%
増加しているが，10%未満である。

③ 文系大学：

46.5÷50.9－1÷－0.086＝－8.6%
理系大学：33.3÷31.7－1÷0.051＝5.1%
専門学校・就職：
17.4÷14.1－1÷0.234＝23.4%
その他：2.8÷3.3－1÷－0.152＝－15.2%
伸び率の大きい順に，「専門学校・就職」，「理系大学」，「文系大学」，「その他」となる。正しい。

答 ③

No.13

① （2019年÷1964年）－1＝国内総生産割合伸び率
金融・保険業：（14÷9）－1÷0.556＝55.6%
運輸通信業：（11÷6）－1÷0.833＝83.3%
運輸通信業の方が伸び率が大きい。

② 2019年÷1964年＝就業者数上昇倍率
製造業は1.56倍，通信運輸業1.17倍である。

③ 同じ年度であれば，国内総生産割合÷就業者割合＝就業者1人当たりの生産額が算出できる。
金融・保険業：9÷1＝9で最も高い。
正しい。

④ 両年の生産額が示されていないので比較できない。

⑤ ④と同じ。

答 ③

No.14

※単位を億円として計算する。

① 176360×0.084＝14814.24
1兆5,000億円未満である。

② 1994年：81700×0.166＝13562.2
2004年：114810×0.211＝24224.91
小数点以下を四捨五入して
24225÷13562－1÷0.786＝78.6%
80%未満である。

③ 1994年：81700×0.631＝51552.7
2004年：114810×0.627＝71985.87
71985.87－51552.7＝20433.17
2兆円以上である。正しい。

④ 114810×0.048＝5510.88

　　5,500億円を超えている。

⑤　2004年：114810 × 0.024 = 2755.44

　　この年だけ3,000億円を下回っている。

答　③

No.15

①　オーストラリアの第一次産業従事者数：

　931 × 0.044 ≒ 40.96

　アルゼンチンの第一次産業従事者数：

　802 × 0.013 ≒ 10.43

　40.96 ÷ 10.43 ≒ 3.93

　4倍未満である。

②　日本の第二次産業従事者数：

　6412 × 0.306 ≒ 1962.1

　中国の第二次産業従事者数：

　73740 × 0.214 ≒ 15780.4

　10分の1を超えている。

③　ロシアの第一次産業従事者数：

　6041 × 0.118 ≒ 712.8

　トルコの第三次産業従事者数：

　2029 × 0.435 ≒ 882.6

　トルコの第三次産業従事者数の方が多い。

④　アルゼンチンの第三次産業従事者数：

　802 × 0.791 ≒ 634.4

　日本の第三次産業従事者数：

　6412 × 0.645 ≒ 4135.7

　634.4 ÷ 4135.7 ≒ 0.153 = 15.3%

　およそ15%。

⑤　トルコの第二次産業従事者数：

　2029 × 0.233 ≒ 472.8

　オーストラリアの第三次産業従事者数：

　931 × 0.752 ≒ 700.1

　700.1 − 472.8 = 227.3

　200万人以上少ない。正しい。

答　⑤

No.16

各項目の金額：その年度の総額 × 各項目の割合

各項目の増減率：2014年の金額 ÷ 2004年の金額 − 1

この計算式にしたがって各項目の金額を算出すると，次のようになる。

	2004 年	2014 年	金額差	増減率
食料	77,988	69,684	8,304	− 10.6%
住居	21,389	19,087	2,302	− 10.8%
家具・家事用品	12,504	9,998	2,506	− 20.0%
保健医療	9,872	12,119	2,247	22.8%
交通・通信	32,906	39,084	6,178	18.8%

したがって，一致するのは③。

答　③

No.17

①　40〜49歳階層の「移転すべき」：

　1833 × 0.108 ≒ 198

　回答者全体の「移転すべき」：

　6000 × 0.113 = 678

　678人の3分の1は226人なので，3分の1未満である。

②　33.6% + 34.1% = 67.7%

　1684 × 0.677 ≒ 1140

　1,200人以下である。

③　50〜59歳階層の「移転すべきではない」：1014 × 0.206 ≒ 209

　20〜29歳階層の「移転すべきではない」：841 × 0.103 ≒ 87

　60〜　歳階層の「移転すべきではない」：628 × 0.229 ≒ 144

　87 + 144 = 231なので，50〜59歳階層の方が少ない。

④　両方とも回答者全体がベースとなるので割合が大きい方が人数が多い。

　質問2：48.1%

　質問1：33.2% + 17.2% = 50.4%

　「環境が整えば利用を考える」の方が少ない。

⑤　「どちらかといえば移転した方がいい」：6000 × 0.345 = 2070

　質問2で「機会があれば利用する」か「環境が整えば利用を考える」のどちらかを回答した者

　：6000 × (0.314 + 0.481) = 4770

　質問2で「機会があれば利用する」か「環境が整えば利用を考える」以外を回答した者は

　6000 − 4770 = 1230（人）

— 139 —

これらが全員質問1で「どちらかといえば移転した方がいい」と回答したとしても，

2070－1230＝840（人）

は，少なくとも質問1で「どちらかといえば移転した方がいい」と答え，質問2で「機会があれば利用する」か「環境が整えば利用を考える」のどちらかを回答している。よって，これが正しい。

答 ⑤

第3章　増減率

（問題，本文168ページ）

No.1

① A国：12000÷11970－1≒0.0025＝0.25%
B国：6130÷6090－1≒0.0066＝0.66%
B国の方が大きい。

② 2015年の対前年人口増加率は，2014年の人口がわからないので，求められない。

③ A国：12030÷12000－1＝0.0025＝0.25%
B国：6150÷6130－1≒0.0033＝0.33%
B国の方が大きい。

④ 2015年のB国：6090÷1905≒3.2
3人を超えている。

⑤ A国：12100÷4250≒2.85
B国：6180÷2110≒2.93
B国の方が多い。正しい。

答 ⑤

No.2

数字が大きいので，有効数字3ケタを使って計算する。

① 233000÷76400≒3.05
約3倍なので正しい。

② C村：2540÷2050≒1.24
E町：19600÷15700≒1.25
E町の方が増加率が高い。

③ 23700÷230000≒10.3%
11%を超えていない。

④ 19600÷5400≒3.6
4倍以上ではない。

⑤ 減少しているものもあるし，10年単位の表なので，年々かどうかはわからない。

答 ①

No.3

① 3691÷747≒4.94
5人未満である。

② 2011年：3729÷733≒5.09
2012年：4022÷664≒6.06
2012年の方が多い。
※2012年の方が2011年よりも出動要請件数が少ないにも関わらず，出動人数が多

いことから，計算しなくても誤りである
ことがわかる。

③ $987 \div 795 \div 1.24$
1.2台を超えている。正しい。

④ 2013年：$1977 \div 747 \div 2.65$
2014年：$1977 \div 751 \div 2.63$
2013年の方がわずかに多い。
※2014年の方が出動要請件数が多いにも
関わらず，救急車ののべ出動台数が2013
年と同じであることから，2014年の方が
2013年よりも若干少ないことがわかる。

⑤ $747 \div 664 - 1 = 0.125 = 12.5\%$
増加率は10%を超えている。

答　③

No.4

① A国の対前年増加率が最も大きいのは
2019年である。

② 人口がわからないので，求められない。

③ この表からは判断できない。

④ 有効数字3ケタの考え方を使う。
2016年のA国：$384000 \div 0.977 \div 393040$
2016年のB国：$102000 \div 0.876 \div 116438$
$393000 \div 116000 \div 3.39$
3.5倍未満である。

⑤ ④の計算から正しい。

答　⑤

No.5

① 5月は4月よりも0.9%減少している。

② 4月・5月は同数で6月はさらに0.5%
減少している。

③ 各項目の1・2・3月の増減率を見ると
増加率の方が上回っている。正しい。

④ 生産・在庫は6月がさらに減少している。

⑤ 6月は99.79で1月を下回っている。

答　③

No.6

① $100(1 + 0.05)(1 + 0.1)(1 - 0.15) \div 98.2$
100は超えていない。

② A・B社双方の売上額がわからない以上，
比較できない。

③ 2014年の売上げを100とすると，
$100(1 + 0.1)(1 + 0.05)(1 + 0.05)(1 - 0.2)$
$\div 97.0$
2014年の方が売上げが多い。

④ ②と同じく，比較できない。

⑤ 2014年のA社の売上げを100とすると，
B社の売上げも100である。
A社の2016年の売上げ：
$100(1 + 0.05)(1 + 0.1) = 115.5$
B社の2016年の売上げ：
$100(1 + 0.1)(1 + 0.05) = 115.5$
正しい。

答　⑤

No.7

① 2015年：$38502 \div 76998 \div 0.500 = 50.0\%$
2016年：$39124 \div 75915 \div 0.515 = 51.5\%$
2017年：$40599 \div 76037 \div 0.534 = 53.4\%$
2018年：$39994 \div 75664 \div 0.529 = 52.9\%$
2019年：$40102 \div 75982 \div 0.528 = 52.8\%$
50%を切った年はない。正しい。

② 2018年：$9267 \div 75664 \div 0.122 = 12.2\%$
2019年：$9149 \div 75982 \div 0.120 = 12.0\%$
この間は減少している。

③ 2017年：$16784 \div 76037 \div 0.221 = 22.1\%$
2018年：$17081 \div 75664 \div 0.226 = 22.6\%$
2018年の方が大きい。

④ 2019年は前年より減少しているので，増
加率が1%を超えることはありえない。

⑤ 2016年：
$9844 \div 10699 - 1 \div -0.0799 = -7.99\%$
-7%を超えている。

答　①

No.8

① 「競争倍率＝受験者数÷合格者数」で求
められる。最も高いのは2019年度の総務
Ⅱである。

② 合　計：$14632 \div 13623 - 1 \div 0.074 = 7.4\%$
総務Ⅰ：$4058 \div 3961 - 1 \div 0.024 = 2.4\%$
総務Ⅱ：$4955 \div 4230 - 1 \div 0.171 = 17.1\%$
営業Ⅰ：$3869 \div 3574 - 1 \div 0.083 = 8.3\%$
合計の値に最も近いのは営業Ⅰ。正しい。

※営業Ⅱ，技術は人数が減少しているので，計算する必要はない。

③ $182 \div 225 - 1 \fallingdotseq -0.191 = -19.1\%$
20％を超えていない。

④ 2018年度の不合格者数：
$13623 - 872 = 12751$
2019年度の不合格者数：
$14632 - 671 = 13961$
$13961 \div 12751 - 1 \fallingdotseq 0.095 = 9.5\%$
8％を超えている。

⑤ 2018年度の不合格者数：
$3574 - 301 = 3273$
2019年度の不合格者数：
$3869 - 215 = 3654$
$3654 - 3273 = 381$
2019年度の方が多いが，400人以上ではない。

答　②

No.9

① $2203 \div 2009 - 1 \fallingdotseq 0.097 = 9.7\%$
10％未満である。

② 2012年：$1032 \div 1350 \fallingdotseq 0.764 = 76.4\%$
2013年：$1112 \div 1412 \fallingdotseq 0.788 = 78.8\%$
2014年：$959 \div 1238 \fallingdotseq 0.775 = 77.5\%$
2014年は前年度に比べて減少している。

③ 2012年：$655 \div 4167 \fallingdotseq 0.157 = 15.7\%$
2013年：$769 \div 5211 \fallingdotseq 0.148 = 14.8\%$
2014年：$638 \div 4793 \fallingdotseq 0.133 = 13.3\%$
年々減少している。正しい。

④ $3934 \div 10164 \fallingdotseq 0.387 = 38.7\%$
4割未満である。

⑤ 2012年の男子合格者全体：
$10164 - 4167 = 5997$
2013年の男子合格者全体：
$12540 - 5211 = 7329$
$7329 \div 5997 - 1 \fallingdotseq 0.222 = 22.2\%$
20％を超えている。

答　③

No.10

① 人口＝国内消費量÷1人当たり消費量
$8216 \div 68.34 \fallingdotseq 120.22$

約1億2,000万人である。

② この表からはわからない。

③ 2009年に減少している。

④ 2010年から2011年の増加率：
$59.51 \div 56.37 - 1 \fallingdotseq 0.056 = 5.6\%$
2014年から2015年の増加率：
$85.24 \div 74.72 - 1 \fallingdotseq 0.141 = 14.1\%$
正しい。

⑤ 2003年の比：$1260 \div 79 \fallingdotseq 15.9$
1998年の比：$1099 \div 52 \fallingdotseq 21.1$
輸出量と輸入量の比が最大なのは1998年。

答　④

No.11

① ペットボトル：$243070 \div 172605 \fallingdotseq 1.41$
プラスチック製容器包装：$757050 \div 389272 \fallingdotseq 1.94$
プラスチック製容器包装のほうが大きい。

② ペットボトルの2016年度と2017年度は上回っている。

③ プラスチック製容器包装：$401697 \div 486585 \fallingdotseq 0.826 = 82.6\%$
ペットボトル：$211753 \div 214209 \fallingdotseq 0.989 = 98.9\%$
ペットボトルのほうが大きい。

④ この表からは分からない。

⑤ 紙製容器包装：$63031 \div 71012 \fallingdotseq 0.888 = 88.8\%$
ペットボトル：$244026 \div 251962 \fallingdotseq 0.969 = 96.9\%$
プラスチック製容器包装：$538123 \div 558997 \fallingdotseq 0.963 = 96.3\%$
紙製容器包装が最も小さい。正しい。

答　⑤

No.12

① 2010年：$342672 - 281117 = 61555$
2015年：$331594 - 269027 = 62567$
2015年の方が1,000人ほど多い。

② $266809 \div 243592 - 1 \fallingdotseq 0.095 = 9.5\%$
10％を超えていない。

③ $346278 \div 5506 \fallingdotseq 62.9$
63人未満である。

④ 2000年の女子生徒：5178 － 2609 ＝ 2569
2005年の女子生徒：5623 － 2830 ＝ 2793
2793 ÷ 2569 － 1 ≒ 0.087 ＝ 8.7%
9％を超えていない。

⑤ 「女子生徒が50％を超えない」ということは，「男子生徒が50％を超えている」ということ。
1995年：2330 ÷ 4622 ≒ 0.504 ＝ 50.4%
2000年：2609 ÷ 5178 ≒ 0.504 ＝ 50.4%
2005年：2830 ÷ 5623 ≒ 0.503 ＝ 50.3%
2010年：2374 ÷ 4725 ≒ 0.502 ＝ 50.2%
2015年：2091 ÷ 4165 ≒ 0.502 ＝ 50.2%
正しい。

答 ⑤

No.13

（題意に基づき，人数はすべて小数点以下第1位を四捨五入する。）
各年のPC購入計画がある者は，「回答者数×購入計画がある者の割合」で求められる。
A年：8192 × 0.391 ≒ 3203
B年：8657 × 0.379 ≒ 3281
C年：9412 × 0.403 ≒ 3793
購入計画の内容は，この人数の内訳になっているので，各項目は「PC購入計画がある者の数×各項目の割合」で求められる。それぞれを計算すると，下の表のようになる。

		A年	B年	C年
新機種購入	デスクトップPCの購入	663	653	827
	ノートPCの購入	1233	1237	1498
	自作型PCの購入	253	279	307
中古デスクトップPCの購入		362	433	463
中古ノートPCの購入		471	446	436
知人から譲ってもらう		176	197	209
その他		45	36	53

以上をふまえて，各選択肢を見ていく。
① 3281 － 3203 ＝ 78
80人未満である。
② 「中古ノートPCの購入」だけ人数が少ない。
③ 307 － 279 ＝ 28
30人未満である。
④ 433 ÷ 362 － 1 ≒ 0.196 ＝ 19.6%

20％に達していない。
⑤ 1498 ÷ 1237 － 1 ≒ 0.211 ＝ 21.1%
20％を超えている。正しい。

答 ⑤

No.14

① 44523 ÷ 100100 ≒ 0.44
0.5回未満である。
② 1月：80141 ÷ 44523 ≒ 1.80
2月：104742 ÷ 45540 ≒ 2.3
3月：90154 ÷ 46233 ≒ 1.95
4月：90464 ÷ 56540 ≒ 1.6
5月：102900 ÷ 49032 ≒ 2.10
2月と5月の2度，2kmを超えている。正しい。
※「2kmを超える」ということは，輸送人キロがのべ乗客者数の2倍を超えているということ。それに気づけば，比較的容易に答えを導くことができる。
③ 1月：44523 ÷ 31 ≒ 1436.2
2月：45540 ÷ 28 ≒ 1626.4
3月：46233 ÷ 31 ≒ 1491.4
4月：56540 ÷ 30 ≒ 1884.7
5月：49032 ÷ 31 ≒ 1581.7
多い順に並べると4月，2月，5月，3月，1月となる。
④ 2月：45540 ÷ 44523 － 1 ≒ 0.023 ＝ 2.3%
3月：46233 ÷ 45540 － 1 ≒ 0.015 ＝ 1.5%
2倍とはいえない。
⑤ 105.0 ÷ 109.3 － 1 ≒ － 0.039 ＝ － 3.9%
－ 4％に達していない。

答 ②

No.15

① 女子合格者 ÷ 女子合格者割合 ＝ 全合格者
A年　525 ÷ 0.324 ≒ 1620
B年　628 ÷ 0.336 ≒ 1869
C年　642 ÷ 0.352 ≒ 1824
D年　685 ÷ 0.357 ≒ 1919
E年　723 ÷ 0.378 ≒ 1913
F年　846 ÷ 0.376 ≒ 2250
C年とE年は減少している。
② 数が大きいので，有効数字3ケタの考え

方を使って計算する。

全合格者÷全受験者＝合格率

①の計算から全合格者はわかる。

A年　1620÷13700≒0.118＝11.8%

B年　1870÷12600≒0.148＝14.8%

C年　1820÷11400≒0.160＝16.0%

D年　1920÷12500≒0.154＝15.4%

E年　1910÷13200≒0.145＝14.5%

F年　2250÷14300≒0.157＝15.7%

正しい。

③④　全受験者の男女別数が不明で，算出できない。

⑤　B年　62÷0.104＝62÷534

　　E年　129÷0.182＝129÷580

　　580÷534－1≒0.086＝8.6%

答　②

No.16

それぞれの年の割合を求めると，以下のようになる。

（単位：%）

世帯人数	1人	2人	3人	4人	5人	6人	7人以上
1970年	20.26	13.81	17.57	22.73	12.90	7.54	5.21
1985年	20.79	18.39	17.94	23.67	11.06	5.23	2.93
2015年	27.60	25.10	18.83	16.94	6.77	3.10	1.66

答　①

No.17

① このグラフは入場者数の推移を表しているだけなので，売上げはわからない。

② 48820÷32166－1≒0.518＝51.8%

50%を超えている。

③ 2月：78540÷77743－1≒0.0103＝1.03%

3月：79636÷78540－1≒0.0140＝1.40%

4月：79920÷79636－1≒0.0036＝0.36%

4月だけ1%を割り込んでいる。

④ 3月のBビル：

56077÷63109－1≒－0.1114＝－11.14%

5月のAビル：

43216÷48820－1≒－0.1148＝－11.48%

減少率が最も大きいのは5月のAビル。

⑤ 56266÷50098－1≒0.123＝12.3%

10%を超えている。正しい。

答　⑤

No.18

① 輸出比率27%　輸入比率12%から

中小企業の輸出件数 1150×0.27＝310.5

中小企業の輸入件数　890×0.12＝106.8

310.5÷106.8≒2.9　3倍弱である。

② A年：510×0.18＝91.8

B年：450×0.15＝67.5

C年：820×0.22＝180.4

D年は①のとおり。正しい。

③ A年からB年にかけては，差が拡大している。

④ C年：820÷450－1≒0.822＝82.2%

D年：1150÷820－1≒0.402＝40.2%

対前年度増加率はC年の方が高い。

⑤ A年・B年：950×0.14＝133

C年：1,100×0.16＝176

D年：890×0.12＝106.8

176÷133－1≒0.323＝32.3%

C年が最も多いが，A年から見ると32.3%増加している。

答　②

No.19

① 2017年の対前年度増加率：

1533÷1468－1≒0.0443＝4.43%

2018年の対前年度増加率：

1609÷1533－1≒0.0496＝4.96%

いずれも5%を下回っている。正しい。

② 「減少率が－15%を上回る」とは，－15%よりマイナスが大きいということ。

765÷892－1≒－0.1424＝－14.24%

－15%を上回っていない。

③ 2017年：1533×0.185%≒283.6

2018年：1609×0.171%≒275.1

2017年の方が多い。

④ 2015年：892×0.215%≒191.8

2017年：811×0.241%≒195.5

2017年の方が多い。

⑤ ③より，2018年は対前年比でマイナスに
なっている。

答　①

No.20

① $12.2 \div 6.8 - 1 \div 0.794 = 79.4\%$
8割は超えていない。

② 2015年のリサイクル率：
$4.2 \div 18.6 \div 0.226 = 22.6\%$
2018年のリサイクル率：
$16.8 \div 38.0 \div 0.442 = 44.2\%$
$44.2 \div 22.6 \div 1.96$
倍には達していない。

③ 2016年の増加率：
$26.4 \div 18.6 - 1 \div 0.419 = 41.9\%$
この年は40%を超えている。

④ 2015年と2018年は②を参照。
2016年のリサイクル率：
$6.8 \div 26.4 \div 0.258 = 25.8$
2017年のリサイクル率：
$12.2 \div 31.7 \div 0.385 = 38.5$
2019年のリサイクル率：
$22.2 \div 42.5 \div 0.522 = 52.2$
年々上昇している。正しい。

⑤ 2019年の生産量の増加率：
$42.5 \div 38.0 - 1 \div 0.118 = 11.8\%$
2019年の収集量の増加率：
$22.2 \div 16.8 - 1 \div 0.321 = 32.1\%$
$32.1\% - 11.8\% = 20.3\%$
21%未満である。

答　④

No.21

① 2010年：$9220 \div (9220 + 771179) \div 0.0118 = 1.18\%$
2011年：$8797 \div (8797 + 795081) \div 0.0109 = 1.09\%$
2012年：$8681 \div (8681 + 841682) \div 0.0102 = 1.02\%$
2013年：$8707 \div (8707 + 923227) \div 0.0093 = 0.93\%$
2014年：$8414 \div (8414 + 938755) \div 0.0089 = 0.89\%$
2015年：$7993 \div (7993 + 928728) \div 0.0085 = 0.85\%$
年々減少している。正しい。

② 常に1%を割っている。

③ 2014年：$8414 + 938755 = 947169$
2015年：$7993 + 928728 = 936721$

ここだけ前年を下回っている。
※グラフが両方下がっているので，計算
しなくても判明する。

④ $923227 \div 841682 - 1 \div 0.0969 = 9.69\%$
10%未満である。

⑤ $(9006 + 1050397) \div (9211 + 990675) - 1 \div 0.0595 = 5.95\%$
6%未満である。

答　①

No.22

① 2010年：$5852346 \times 0.172 \div 1006604$
2015年：$6824526 \times 0.178 \div 1214766$
$1214766 \div 1006604 - 1 \div 0.207 = 20.7\%$
20%以上である。正しい。

② $4792146 \times 0.424 \div 2031870$
200万人を超えている。

③ 2010年：$5852346 \times 0.058 \div 339436$
2015年：$6824526 \times 0.118 \div 805294$
$805294 \div 339436 - 1 \div 1.372 = 137.2\%$
130%を超えている。

④ 2005年：$6212562 \times 0.451 \div 2801865$
2010年：$5852346 \times 0.486 \div 2844240$
$2844240 \div 2801865 - 1 \div 0.015 = 1.5\%$
2%未満である。

⑤ 2005年：$6212562 \times 0.304 \div 1888619$
2010年：$5852346 \times 0.284 \div 1662066$
$1888619 - 1662066 = 226553$
23万人未満である。

答　①

No.23

① 各年の平均宿泊旅行総回数は，各項目の
数値をたすことで求められる。
2015年：2.34
2016年：2.20
2017年：2.39
2018年：2.48
2019年：2.85
そうすると，2016年の平均宿泊旅行総回
数に占める観光のみの割合は，
$1.07 \div 2.20 \div 0.486 = 48.6\%$
となり，この年だけ50%を超えていない。

— 145 —

② 0.19÷0.18−1≒0.056＝5.6％
　　5％を超えている。正しい。

③ 0.59÷0.51×100≒115.7
　　115を超えている。

④ 2018年の仕事の対前年度上昇率：
　　0.36÷0.27−1≒0.333＝33.3％
　　この項目のみ，30％を超えている。

⑤ 0.14÷2.85≒0.049＝4.9％
　　4.5％を超えている。

答　②

No.24

問題条件から，完全失業者人口（労働力人口−就業者人口），労働力人口比率，完全失業率を算出すると，以下のようになる。

	2015年	2016年	2017年	2018年	2019年
完全失業者	1,183	1,195	1,158	1,126	1,099
労働力人口比	67.6％	66.4％	65.8％	65.0％	64.2％
完全失業率	20.8％	21.0％	20.4％	19.9％	19.5％

これをふまえて，各選択肢を見ていく。

① 2016年は前年よりも増加している。

② 正しい。

③ 2016年：8578÷8403−1≒0.021＝2.1％
　　この年のみ2％を超えている。

④ 2018年の方が大きい。

⑤ 「減少率が大きい」とは，「マイナスが大きい」ということ。
　　1099÷1126−1≒−0.024＝−2.4％
　　減少率は2.5％未満である。

答　②

No.25

① 2・3月の売上げが増加していることから，売上高は明らかに4月の方が高い。

② 100×1.14×1.08＝123.12
　　1月の売上げを100として，3月の売上げが約123なので，約23％上回っている。正しい。

③ 3月は増加率が減少しただけで，売上げそのものは伸びている。

④ 2月の売上げを100とすると4月の売上げは
　　100×1.08×0.93＝100.44
　　わずかに多い。

⑤ 2月の売上げを100とすると，6月の売上げは
　　100×1.08×0.93×1.06×1.1≒117.1
　　約17％上回っている。

答　②

No.26

まず，2007年を100とした，各年の電力供給量を考える。

2008年：100×（1＋0.062）≒106.2
2009年：106.2×（1＋0.103）≒117.1
2010年：117.1×（1＋0.047）≒122.6
2011年：122.6×（1＋0.024）≒125.5
2012年：125.5×（1−0.051）≒119.1
2013年：119.1×（1＋0.14）≒135.8

これをふまえて，各選択肢を見ていく。

① 実際の供給量が減少しているのは，増加率がマイナスになった2012年だけである。

② 最も少なかったのは，2008年。

③ 22.6％増加している。これが正しい。

④ 最も多かったのは，2013年。

⑤ 19.1％多いので，20％以上ではない。

答　③

No.27

① 100（1＋0.026）（1＋0.044）（1＋0.040）
　　（1＋0.016）（1＋0.021）（1＋0.048）
　　（1＋0.038）≒125.71
　　2012年を100とすると，2019年は125.71になる。正しい。

② このグラフからは判断できない。

③ 2016年の総合物価指数：$\frac{101.6}{101.2}$≒1.004

　　2017年の総合物価指数：$\frac{102.1}{102.3}$≒0.998

　　下がっているので誤り。（ただ，分数を書いた段階で2016年が1以上，2017年が1以下なのはすぐにわかる。）

④ 対前年度伸び率がすべてプラスというこ

とから考えても，あまり変動がないということはありえない。

⑤ 「前年を100とした指数が102を超えない」ということは「前年と比べて1.02倍を超えない」ということである。

2012年の総合物価指数：$\dfrac{105.8}{103.0} = 1.027$

1.02倍を超えているので誤り。

答　①

No.28

このグラフ「増減率を表している」ことに注意する。

① $100 \times 1.07 \times 0.99 \times 1.01 \times 1.07 = 114.5$
115以下である。

② グラフは上昇しているが，いずれもマイナスの範囲なので，売上げは減少し続けている。

③ 全体の売上げはいずれの月もプラスにあるので，増加し続けている。一方C店は，3月以降いずれもマイナスの範囲にあるので，売上げが減少し続けている。全体の売上げが上がって，C店の売上げが下がっているのだから，全体に占めるC店の売上げの割合は，3月以降減少し続けているといえる。正しい。

④ このグラフでは，他店との売上げ比較はできない。

⑤ D店の増加率が常にプラスの範囲にあることから，D店の売上げは上昇し続けている。

答　③

No.29

① マイナスの領域で，右上がりであっても年々減少している。

② $100(1 + 0.03)(1 + 0.015)(1 + 0.01)$
$(1 + 0.005)(1 + 0.005) \fallingdotseq 106.6$
106を超えている。正しい。

③ Dスーパーの2009年の収益を100とすると

$100(1 - 0.015)(1 - 0.005)(1 - 0.01)$
$(1 + 0.005)(1 - 0.005)(1 + 0.01) \fallingdotseq 98$

約98％である。

④ グラフ上では横ばいであるが毎年前年より3〜3.5％ずつ減少している。

⑤ 収益はわかるが，売上げはわからない。なおかつ，基準の数値がわからないので，違うスーパーの金額比較はできない。

答　②

第4章　指数

（問題，本文 191 ページ）

No.1

① 2019年は2.6％である。

② 2015年の指数が異なるので，同じになることはない。

③ 教育費：$114 \div 109.4 - 1 \fallingdotseq 0.042$
　　総合：$106.4 \div 105 - 1 \fallingdotseq 0.013$
　　3倍を超えている。正しい。

④ 家具の方が低い。

⑤ この表は指数であって金額は推定できない。

答　③

No.2

① 2013年：$826 \times 1.022 \fallingdotseq 844$
　　2012年：$826 \times 1.028 \fallingdotseq 849$
　　2013年の方が5人少ない。

② 2011年：$1163 \times 1.028 \fallingdotseq 1196$
　　この年のみ1,200人を割っている。

③ 2013年：$410 \times 1.054 \fallingdotseq 432$
　　2012年：$410 \times 1.037 \fallingdotseq 425$
　　$432 \div 425 - 1 \fallingdotseq 0.0164 = 1.64\%$
　　1.6％を超えている。正しい。

④ 2012年：$697 \times 0.994 \fallingdotseq 963$
　　2012年は690人以上いる。

⑤ 2012年：$533 \times 1.126 \fallingdotseq 600$
　　2011年：$533 \times 1.009 \fallingdotseq 538$
　　$600 \div 538 - 1 \fallingdotseq 0.115 = 11.5\%$
　　11.6％未満である。

答　③

No.3

「給与総額指数÷平均給与指数」で，2014年を100とした職員指数が出る。

2015年：$106 \div 103 \fallingdotseq 1.029$
2016年：$109 \div 105 \fallingdotseq 1.038$
2017年：$116 \div 111 \fallingdotseq 1.045$
2018年：$122 \div 117 \fallingdotseq 1.043$
2019年：$119 \div 115 \fallingdotseq 1.035$

以上から，最も多かったのは2017年，最も少なかったのは2015年。

答　①

No.4

① B年：104.8
　　C年：$104.8 \times 1.044 \fallingdotseq 109.4$
　　D年：$109.4 \times 1.042 \fallingdotseq 114$

② ①の計算から教育が上回っている。

③ 総合：$103.3 \times 1.016 \times 1.013 \fallingdotseq 106.3$
　　家具：$100.8 \times 1.012 \times 0.998 \fallingdotseq 101.8$
　　光熱：$102.3 \times 1.001 \times 1.007 \fallingdotseq 103.1$
　　正しい。

④ $102.9 \times 1.032 \times 1.016 \fallingdotseq 107.9$
　　8％以上は増加していない。

⑤ 今後下落するかどうかはわからない。

〔別解〕

この問題の増加率は，数字が極めて小さいので省略算を用いてもよい。

① B年：104.8
　　C年：$100 \{1 + (0.048 + 0.044)\} = 109.2$
　　D年：$100 \{1 + (0.048 + 0.044 + 0.042)\} = 113.4$

③ 総合：$100 \{1 + (0.033 + 0.016 + 0.013)\} = 106.2$
　　家具：$100 \{1 + (0.008 + 0.012 + 0.002)\} = 101.8$
　　光熱：$100 \{1 + (0.023 + 0.001 + 0.007)\} = 103.1$

④ $100 \{1 + (0.029 + 0.032 + 0.016)\} = 107.7$

答　③

No.5

② $(90 + 80 + 70 + 80 + 70 + 90) \div 6 = 80$　80％

③④⑤　このグラフは，A店の売上高を100として表したものであるので，A店の実際の売上高がわからない限り，各店の売上高の増減はわからない。

答　①

No.6

2011年のチョコレートの生産量を求めることを考える。

2012年の生産量を100としたときに2015年の生産量が115ということは，2012年に比べて2015年は1.15倍の生産があったということ。

そして2011年の生産量が、2012年の$\frac{80}{100}$だったことを考えると、2011年のチョコレートの生産量は、$20000 \times \frac{100}{115} \times \frac{85}{100} \fallingdotseq 14782.6$ となる。

要するに、各年度の各種お菓子の生産量は、2015年のそのお菓子の生産量×（当該年度のそのお菓子の指数÷2015年のそのお菓子の指数）で求めることができる。

これをふまえて選択肢を見ていく。

① $9000 \times (65 \div 74) \fallingdotseq 7905.4$
　　8,000kg未満である。

② （増加率は指数でやっても構わない。）
　　$109 \div 102 - 1 \fallingdotseq 0.069 = 6.9\%$
　　7％未満である。

③ 2012年のポテトチップスの生産量：
　　$5000 \times (100 \div 99) \fallingdotseq 5050.5$
　　2013年のポテトチップスの生産量：
　　$5000 \times (106 \div 99) \fallingdotseq 5353.5$
　　$5353.5 - 5050.5 = 303$
　　300kg以上増加している。正しい。

④ 2012年のチョコレートの生産量：
　　$20000 \times (100 \div 115) \fallingdotseq 17391.3$
　　2012年のあめの生産量：
　　$15000 \times (100 \div 121) \fallingdotseq 12396.7$
　　$17391.3 - 12396.7 = 4994.6$
　　5,000kg以下である。

⑤ 生産量が最も多かった年は、指数が最も大きかった年である。
　　したがって2011年。

答　③

No.7

各市の指数×（全国の指数÷100）で、2012年の全国平均を100とする平均使用量が求められる。それを表にすると以下の通り。

	2012年	2013年	2014年	2015年
A市	134	137.86	126.36	116.28
B市	73	99.44	90.72	93.48
C市	95	90.4	86.4	67.26
D市	155	160.46	153.36	165.3
E市	116	118.65	113.4	124.26

① 2015年のD市が最も多い。

② 2013年は増加している。

③ 2013年の方が多い。

④ 増加している。

⑤ 正しい。

答　⑤

No.8

① $88 \div 126 \fallingdotseq 0.698 = 69.8\%$
　　6割は超えている。

② 船：$130 \div 126 - 1 \fallingdotseq 0.032 = 3.2\%$
　　航空：$85 \div 81 - 1 \fallingdotseq 0.049 = 4.9\%$
　　航空の増加率のほうが多い。

③ 1.1倍ということは、指数が110以上になる。
　　指数が約105なので、1.1倍もない。

④ $100 \div 112 - 1 \fallingdotseq -0.107 = -10.7\%$
　　およそ1割の減少である。

⑤ $107 \div 81 \fallingdotseq 1.32$
　　1.2倍以上増加している。正答。

答　⑤

第5章　特殊なグラフ

（問題，本文198ページ）

No.1

これはグラフを読み取る力さえあれば簡単に解くことができる。

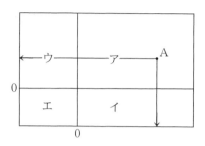

このグラフは右にいくほど2017年の対前年人口増加率が大きく，上にいくほど，2018年の対前年人口増加率が大きくなる。そして，それぞれの人口増加率の交点に点がうたれている。

たとえば，問題のA市の場合，2017年の人口増加率が約22％，2018年の人口増加率が約12％となるのである。

また，縦軸，横軸それぞれ0の値を境にア，イ，ウ，エと区切ると，

　ア：2017年，2018年共に人口増加
　イ：2017年は増加，2018年は減少
　ウ：2017年は減少，2018年は増加
　エ：2017年，2018年共に人口減少

となる。

以上のことをふまえて選択肢をみていくと，

①　2018年の増加率はA市が約12％，B市が約22％。
②　C市の2017年の増加率は約16％，2018年は約28％。
③　H市は2017年は増加，2018年は減少。
④　J市は2017年約2％の増加。
⑤　正しい。

答　⑤

No.2

このグラフは，下の図の○部をそれぞれの数値として読み取る。

第1次産業の就業割合が30％を超えている部分は，下図の網かけ部分である。

答　④

No.3

三角グラフは，下図のように割合を読み取る。

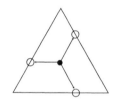

①　金メダル獲得割合が50％強であることを考えると，40個にはならない。
②　銅メダルの獲得割合はほぼ同じだが，銀メダルの獲得割合は明らかに差がある。
③　B国とG国がある。
④　正しい。
⑤　銀メダルの獲得割合が35％にもいっていないことを考えると，30個にはならない。

答　④

No.4

①　A市：2322×1.143≒2654
　　B市：6819×0.697≒4753
　　C市：4482×1.334≒5979
　　D市：9974×0.748≒7461
　　E市：2817×1.357≒3823
　　最も多いのはD市。
②　9974×0.19≒1895
　　2,000人以下である。

③　B市の「喉が痛い」：
6819×0.762≒5196
B市の総人口を100,000人とすると，全体の5％を超えている。正しい。

④　「複数回答可」のアンケートなので，各市の人口はわからない。

⑤　A市：2322×1.384≒3214
B市：6819×0.558≒3805
C市：4482×0.896≒4016
D市：9974×0.605≒6034
E市：2817×1.110≒3127
4,000人を超えている市が2つある。

答　③